国家社会科学基金：
财务共享服务中心的功能定位与实现路径研究（项目批准号：17BGL194）

财务共享服务中心
功能定位与实现路径

程　平◎著

中国财经出版传媒集团

经济科学出版社
Economic Science Press

图书在版编目（CIP）数据

财务共享服务中心功能定位与实现路径/程平著
. --北京：经济科学出版社，2023.6
ISBN 978 - 7 - 5218 - 4851 - 9

Ⅰ. ①财…　Ⅱ. ①程…　Ⅲ. ①企业集团-财务管理-研究-中国　Ⅳ. ①F279.244

中国国家版本馆 CIP 数据核字（2023）第 110268 号

责任编辑：杜　鹏　武献杰
责任校对：蒋子明
责任印制：邱　天

财务共享服务中心功能定位与实现路径

程　平◎著

经济科学出版社出版、发行　新华书店经销
社址：北京市海淀区阜成路甲 28 号　邮编：100142
编辑部电话：010-88191441　发行部电话：010-88191522
网址：www. esp. com. cn
电子邮箱：esp@ esp. com. cn
天猫网店：经济科学出版社旗舰店
网址：http：//jjkxcbs. tmall. com
北京时捷印刷有限公司印装
710×1000　16 开　20 印张　320000 字
2023 年 7 月第 1 版　2023 年 7 月第 1 次印刷
ISBN 978 - 7 - 5218 - 4851 - 9　定价：118. 00 元

前　言

近些年来，以移动互联网、云计算、大数据、机器人流程自动化技术（RPA）、人工智能、区块链为代表的新一代信息技术的发展与应用，以及企业在战略发展过程中受降低成本、提高效率、风险控制和财务转型等因素的驱动，越来越多的企业开始建设财务共享服务中心，这极大地促进了企业财务工作向数字化、自动化、智能化方向发展。财务共享服务中心作为一种新型的财务管理模式，叠加云计算等新一代信息技术，会对企业的组织结构、财务流程、会计核算、会计管理与决策带来深刻影响的严峻挑战。

功能定位和实现路径是企业建设财务共享服务中心需要考虑的重要内容。财务共享服务中心的功能定位可以分为会计服务、风险控制和价值创造三个维度，根据企业所处的行业、企业的性质、经营的特点等差异而有所侧重，并且随着企业财务业务的变化与拓展及其数智化技术的升级与应用，财务共享服务中心的功能定位会随之动态演化。企业财务共享服务中心功能定位的过程，本质上是在会计服务、风险控制和价值创造三个维度上进行需求的表达、获取、评价、映射和实现等方面的过程。财务共享服务中心的实现路径涉及建设方和实施方两个主体，实施需求的选择和优先级顺序对财务共享服务中心的最优化实施起着重要作用。因此，研究考虑功能定位的财务共享服务中心需求的获取、评价、优化、映射以及实现路径等科学问题就显得尤为重要。

本书以财务共享服务中心作为研究对象，查阅并梳理了财务共享服务中心相关研究文献，通过实地调研和发放问卷调查了企业财务共享服务中心建设情况，实地考察了供应商如何进行财务共享服务中心建设，并对涉及 83 家企业财务共享服务中心的问卷调查结果从功能定位、运营管理与需求演化、信息系统与信息技术应用、实现路径与建设实施进行了多层次、多维度的深入分析，然后在综合理论分析、问卷调查结果分析的基础上，研究财务共享服务中心的需求建模与获取策略、需求评价与优化策略、需求与软件模块映射策略等功能定位及其考虑从建设方和实施方进行需求选择和需求优先级排序的实现路径科学问题。

首先，针对财务共享服务中心的需求建模与获取策略研究问题，定义了财务共享服务中心需求的概念并进行了分类；引入本体论，构建了基于本体的需求表达模型；将财务共享服务中心建设划分为初始建设阶段和运营管理两个阶段，分别构建了基于 SECI 知识螺旋模型的初始建设阶段需求模型和基于需求模式的运营管理阶段需求获取模型，并分别确定了需求获取后的需求项。

其次，针对财务共享服务中心的需求评价与优化策略研究问题，设计了需求评价机制的总体框架和运行机理，并针对财务共享服务中心的初始建设阶段和运营管理阶段，在分别设计需求评价指标体系的基础上，分别采用决策树（CART）算法和神经网络（SOM）算法构建了两阶段需求的初始评价模型和动态评价模型，并给出了根据评价结果进行需求优化的策略。

再次，针对财务共享服务中心的需求与软件模块映射策略研究问题，分析了基本需求、增强需求与财务共享服务软件模块的映射关系；运用QFD 质量功能展开和 DSM 设计结构矩阵，分别构建了初始建设阶段用户需求到软件模块的映射模型、运营管理阶段用户需求到软件模块的映射模型；在确定需求与模块之间、不同模块之间的相关性以及模块的重要度的基础上，运用 DEMATEL 法对模块的重要度进行修正，构建了需求演化下软件模块变更影响模型；制定了两个阶段用户需求与软件模块相应的映射策略。

最后，针对财务共享服务中心的实现路径研究问题，从财务共享服务中心建设方的角度，基于 0-1 整数规划法，在需求价值、需求预算、变革风险以及技术成熟度等复杂约束条件下，以需求总体价值最大化为目标进行需求的最优化选择；从财务共享服务中心实施方的角度，为了提高交付质量和用户满意度，综合考虑需求价值、需求的共享程度、需求之间的协同程度、需求实现的技术复杂程度等因素的影响，运用层次分析方法进行需求综合评价，根据评价结果进行需求优先级排序，从而为实施方制定科学的实现路径提供支撑。

综上，通过对企业财务共享服务中心的功能定位与实现路径进行研究，建立了财务共享服务中心功能定位与实现路径的基本理论、方法和策略，推动了财务共享服务中心功能定位与实现路径基础理论的探索与创新，有助于应对财务共享服务理论发展过程中的重要科学挑战。同时，本书以ZJRH 集团财务共享服务中心和财务共享软件厂商 LC 集团为对象进行了实例研究，有效解决了因业务变化与技术发展对财务共享服务中心建设所带来的复杂性、开放性、演化性等一系列问题，有助于为企业优化和重构财务共享服务中心的功能定位提供科学的规划与实施方案，有助于财务共享服务软件厂商对资源进行优化配置和合理规划，并为研发用户满意度高的高质量财务共享软件产品提供指导。

程 平

2023 年 6 月

目　录

第 1 章

绪　论

1.1　研究背景与问题提出

1.1.1　研究背景

按照国际财务共享服务管理协会（IF‐SS）的标准定义，财务共享服务中心（financial shared service center，FSSC）是基于信息技术，基于市场视角为内外客户提供专业化财务信息服务的财务管理模式，是网络经济与企业管理共享思想在财务领域的融合应用。财务共享是指企业将下属成员单位相同的财务职能予以集中，由一个相对独立的财务共享服务中心来行使。应用财务共享服务模式，借助流程标准化，可以显著地降低成本、提升效率，解放出更多财务人员从事更高附加值的工作，从而促进财务职能转型，提升企业整体价值。

自从 20 世纪 80 年代福特公司建立全球第一家财务共享服务中心开始，财务共享服务已经逐步在全球大型企业集团建设和推广开来。1999 年，摩托罗拉在中国天津成立了一个财务共享服务中心，这是财务共享服务在国内的首次呈现。2005 年，中兴通讯构建了国内第一家财务共享服务中心，后来成了国内企业争先效仿的典型。随后十余年，海尔、宝钢、美的、中兴、华为、中国移动等一批管理领先的企业在财务共享服务模式的基础上，进行了更多有价值的实践，并取得了积极的应用效果。近些年来，随着移动互联网、云计算、大数据、RPA、人工智能、区块链等新一代信息技术的发展与应用，在财政部、国资委等政府有关部门相关文件的指导下，企业的财务共享服务中心建设掀起新的热潮，同时也推动了企业财务共享服务进入自动化、智能化的发展新阶段。

2013 年 12 月，在《财政部关于印发〈企业会计信息化工作规范〉的通知》中，第三十四条明确指出"分公司、子公司数量多、分布广的大型企业、企业集团应当探索利用信息技术促进会计工作的集中，逐步建立财务共享服务中心"。这项规定为企业探索建立财务共享服务中心提供了政策支持。

2015 年 1 月，财政部发布《关于全面推进管理会计体系建设的指导意见》。文件指出，鼓励大型企业和企业集团充分利用专业化分工和信息技术优势，建立财务共享服务中心，加快会计职能转变和管理会计工作的有效开展。这意味着企业通过财务共享，促进会计人员形成了更为明细的专业化分工，让各类会计人员能够将更多时间集中在各自擅长的领域，提升了会计人员的专业水平。同时，财务共享将会计核算工作从企业各成员单位的财务部门中相对剥离，使财务部门有更多时间和精力发挥会计的管理职能。

2017 年 7 月，国务院印发了《新一代人工智能发展规划》，明确提出要将人工智能作为新一轮产业变革的核心驱动力，推动经济社会各领域向智能化加速跃升。人工智能开始全面进入财务工作的各个方面。2017 年底，国际四大会计师事务所相继推出"财务机器人"软件。财务机器人作为机器人流程自动化技术与人工智能的结合应用，能够代替会计人员完成一些标准程度高、逻辑清晰、重复性强的资金支付、凭证记账、报表编制或者进行一些简单的指标分析和预算控制工作，而这些工作普遍存在于企业的财务共享服务中心。

2021 年 11 月，财政部制定并印发的《会计改革与发展"十四五"规划纲要》提出了"以数字化技术为支撑，以会计审计工作数字化转型为抓手，推动会计职能实现拓展升级"的总体目标和"切实加快会计审计数字化转型步伐"的主要任务。该文件指出，在"十四五"时期，会计改革与发展的总体目标是数字化进程取得实质性成果，会计基础性服务功能得到充分发挥，以实现更高质量、更加公平、更可持续的发展，更好服务我国经济社会发展大局和财政管理工作全局。

2022 年 2 月，国务院国资委印发了《关于中央企业加快建设世界一流财务管理体系的指导意见》（以下简称《指导意见》），为国有企业对标世界一流财务管理、建设和完善企业财务管理能力，提供了长期、全面的指导方向。根据文件精神，构建世界一流财务管理体系是央企发展成为世界一流企业的必由之路，而智能化的财务共享服务中心的建设又是央企构建世界一流财务管理体系的"加速器"。财务共享服务从体制、组织、人员、制度、流程和系统等方面重构央企财务运营管理体系，能够为央企公司治理和财务管理体系从提升财务信息透明合规，优化央企集团公司治理结构；建立"战略财务、经营财务和共享财务"模式；优化财务人员结构，挖掘财务人员价值；构建集团层面标准统一的端到端服务流程体系；构建业财一体数智财务共享服务中台等方面带来较大价值。

当前，新一轮科技革命和产业变革深入发展，数字化转型已经成为大势所趋。《中华人民共和国国民经济和社会发展第十四个五年规划和 2035 年远景目标纲要》提出，加快数字化发展，建设数字经济、数字社会、数字政府，营造良好数字生态，打造数字中国。国务院印发的《"十四五"数字经济发展规划》，就不断做强做优做大我国数字经济提出具体举措。数字时代对会计数字化转型提出了必然要求。加快推进以财务共享服务中心建设为核心的企业会计数字化转型，一方面是贯彻落实国家信息化发展战略、推动数字经济和实体经济深度融合、建设数字中国的必然选择；另一方面对于推动会计职能拓展、提升我国会计工作水平和会计信息化水平具有重要意义。

1.1.2 问题提出

随着移动互联网、云计算、大数据、RPA、人工智能等新一代信息技术在财务共享服务中心应用的不断深化，财务工作和信息技术不断的融合，这为企业财务共享服务中心的会计服务、风险控制和价值创造功能发挥提供了强有力的支撑。通过流程再造，财务共享服务中心整合了经济活动中重复且分散的财务业务环节，然后将信息技术嵌入标准化、流程化、制度化的财务流程中，提高了会计服务效率，加强了风险控制力度。同时，基于财务共享服务中心会计服务的财务数据和部分经济业务的数据沉淀，为企业在费用报销、采购与应付、销售与收款，成本核算、薪酬核算、资金结算、预算控制等核算业务环节，以及通过与业务信息系统的业务数据进行融合后在企业的研发、采购、生产、制造、销售等价值链活动，通过数据分析与可视化技术进行多视角、多层次、多维度的价值分析，科学有效地助力了企业价值创造。

财务共享服务中心的功能定位覆盖需求获取、需求评价、需求映射、需求实施全流程，形成了一个财务共享服务中心需求管理的闭环。其中，从会计服务、风险控制和价值创造等方面进行财务共享服务中心的需求获取。需求评价通过建立评价指标体系和采用科学的评价方法，对获取需求的质量进行评价。需求映射依据需求与软件模块之间的关联性，运用映射方法将需求转换到软件模块。需求实施考虑建设方和实施方的不同约束条件，针对需求对财务共享服务中心的实现路径进行规划。

企业建设财务共享服务中心，不仅能满足企业战略发展要求、推动财务管理转型升级、提高集团管控能力及标准化建设，还能促进业务快速发展、降低财务运营成本和提高财务工作效率。然而由于不同企业在其公司治理、企业文化、发展战略、管理模式、业务特征等方面存在较大的差异，因此必须结合自身的情况找到一条适合自己的提升会计服务水平、提高运营效率、提升风险控制能力、提高价值创造能力的道路，这就是如何科学确定一个企业财务共享服务中心的功能定位和实现路径问题。

有鉴于此，在企业财务共享服务中心的初始建设阶段和运营管理阶段，如何科学、有效地确定其功能定位和实现路径，如何准确地进行用户需求的获取、评价、映射和实现，无疑是影响企业财务共享服务中心功能发挥效果的最值得研究的问题。

1.2　研究意义

通过对财务共享服务中心的功能定位与实现路径进行研究，不仅能在学术上推动财务共享服务相关理论的探索与创新，还能为企业建设财务共享服务中心提供实践指导。

1.2.1　学术价值

基于会计学、财务管理、需求管理、计算机科学等内容，结合业务的变化与拓展、IT 技术的升级与迭代,围绕财务共享服务中心的功能定位和实现路径进行研究,建立财务共享服务中心的需求建模与获取策略、财务共享服务中心需求评价与优化策略、财务共享服务中心需求到软件模块的映射策略,以及财务共享服务中心的实现路径规划,具有重要的学术价值。具体体现在以下方面。

1. 可望推动财务共享服务中心功能定位与实现路径基础理论的探索与创新。本书综合考虑业务的变化与拓展、IT 技术的升级与迭代对财务共享服务中心功能定位的影响,定义了财务共享服务中心需求的概念与内涵,构建了基于本体的需求表达模型;将需求划分为基本需求和增强需求两类,然后分别基于 SECI 知识螺旋模型、需求模式构建了财务共享服务中心初始建设阶段需求获取模型和运营管理阶段需求获取模型。针对财务共享服务中心的需求进行评价,设计了评价机制,分别建立了初始建设阶段和运营管理阶段的需求评价指标体系,然后利用 CART 决策树算法和 SOM 神经网络算法分别构建了需求的初始评价模型和动态评价模型,并针对评价结果制定了需求的优化策略。针对财务共享服务中心初始建设阶段的用户需求和运营管理阶段的用户需求,用质量功能展开(QFD)和设计结构矩阵对用户需求与软件模块进行建模,研究了在财务共享服务中心的初始建设阶段和运营管理阶段如何科学有效地实现从需求到 IT 系统的静态映射和动态映射。从财务共享服务中心的建设方和实施方两个角度研究实现路径,建设方考虑需求重要性、需求预算、变革风险和技术成熟度等约束条件下基于需求的总体价值进行最优化的需求选择,实施方考虑在需求价值、需求的共享程度、需求之间的协同程度、需求实现的技术复杂程度等影响因素下进行需求优先级排序。

本书的研究不仅为财务共享服务中心用户需求获取提供了新思路,有助于推动财务共享服务中心需求评价方法的创新与应用,促进财务共享服务中心需求到 IT 系统映射研究的理论、方法的创新,有助于丰富财务共享服务中心实现路径的研究内容,为我国研发高水平财务共享软件提供理论与技术支撑。

2. 有助于应对财务共享服务理论发展过程中的重要科学挑战。移动互联网、大数据、云计算、RPA、人工智能等新一代信息技术的应用促进了财务共享服务中心的快速发展与功能升级,对财务共享服务中心功能定位的理论、方法和策略进行深入而系统的研究，有利于积极应对财务共享服务中心发展中所面临的复杂性、开放性和演化性等一系列重要挑战，促进了财务共享服务中心功能定位的理论、方法和策略的源头创新。

财务共享服务中心的业务的变化与拓展、IT技术的升级与迭代，促使用户需求不断变化，建立动态变化环境下的科学的财务共享服务中心功能定位和实现路径理论对于财务共享服务理论的发展具有重要的学术价值。针对财务共享服务中心初始建设阶段和运营管理阶段中的需求差异，研究如何建立相应的需求评价指标体系、评价模型和评价机制，研究如何科学有效地实现从用户需求到软件模块的映射、最优化实现路径，有利于积极应对财务共享服务中心发展中所面临的复杂性、开放性和演化性等一系列重要挑战，促进了财务共享服务中心功能定位理论、方法和策略的源头创新。

1.2.2 应用价值

本书通过对财务共享服务中心的功能定位和实现路径进行研究，实现了需求从表达与获取、评价与优化、映射，再到最优实现路径规划的全过程管理，为我国研发与改进财务共享软件提供技术应用支撑，促进财务共享服务中心科学有效的规划与实施，促使企业财务共享服务中心在财务数字化转型背景下良好、有序的运行，提高企业的财务管理水平，具有重要的应用价值。具体体现在以下几个方面。

1. 有助于为建设方优化和重构财务共享服务中心的功能定位，提供科学的规划与实施方案。从财务共享服务中心建设方角度来看，不同企业由于自身在企业性质、企业文化、发展战略、业务特征、管理模式、财务职能等方面存在差异，因此其财务共享服务中心的功能定位与实现路径存在差异。财务共享服务中心的建设与运行是一个动态的、复杂的、具有不确定性的过程，是外部冲击与内部变化共同决定的，明晰企业在初始建设和运营管理阶段对财务共享服务中心的期望目标和具体需求，这能为功能定位的优化和重构提供参考依据，同时也为实施方对于财务共享软件产品的开发和升级奠定基础。同时，采用科学的方法与策略对建设方进行需求的准确获取、表达、评价与优化，同时，考虑需求重要性、需求预算、变革风险和技术成熟度等约束条件下基于需求的总体价值进行最优化的需求选择，有助于为建设方提供科学的规划和实施方案，从而有效地保障财务共享服务中心的落地实施和优化发展。

2. 有助于实施方对资源进行优化配置和合理规划，并指导研发用户满意度高的高质量财务共享软件产品。在新一代信息技术的影响下，决定财务共享服务中心实施效果影响因素更为复杂。实施方在满足功能定位的前提下，根据需求的选择以及资源的优化配置，使得财务共享服务中心的实施结果满足功能定位升级预期需求。通过对实施过程的评估、分析和管理，考虑在需求价值、需求的共享程度、需求之间的协同程度、需求实现的技术复杂程度等影响因素下进行需求优先级排序，能够对资源进行优化分配，精准施策，合理规划，优化财务共享服务软件产品研发与实施流程，提高产品交付质量，提高过程中的人力、物力和财力利用程度和效益，设计能够达成用户满意度最大化的实施规划方案，为财务共享服务中心软件产品的开发和升级提供一定的实践指导意义。

1.3 国内外研究现状

近年来，随着大数据技术的迅猛发展以及各企业业务的不断发展壮大，大中型企业对于财务共享服务中心的建设需求越来越强烈，财务共享服务中心在大中型企业中的应用也越来越广泛。来自特许会计师公会（ACCA）与德勤管理咨询联合发布的《中国企业财务共享服务现状与展望》报告显示，中国已有近 50% 的企业开始实施财务共享服务中心，涵盖了各行各业。中兴通讯、河北电信、河北联通、海尔、蒙牛、航天机电、长虹电器、永辉超市等企业从实际出发，从问题入手，纷纷建立财务共享服务中心实现财务管理集约化，以此提升效率、降低风险和创造价值。

财务共享服务中心的功能定位和实现路径是企业建设财务共享服务中心须要考虑的重要内容。本书将财务共享服务中心功能定位划分为需求建模与获取策略、需求评价与优化策略、需求到软件模块的映射策略三个方面，并研究财务共享服务中心的实现路径。

1.3.1 财务共享服务中心的需求建模与获取策略研究

需求建模与获取是指从需求文本或记录中获取显性和隐性的需求，并通过表格化、图形化、文档化等方法构建相应模型的过程①。对于财务共享服务中心而言，需求建模与获取是财务共享服务中心建设开发过程的第一步，它为后续财务共享服务中心的需求分析与评价提供基础，旨在提高财务共享服务中心的建设效率和建设质量，提升其运行的可用性和可靠性。与此同时，随着经济社会智能化的发展，用户对财务共享服务中心的智能自动化需求越来越多、越来越高，传统的财务共享服务中心已不能满足智能化的需求②。因此，对财务共享服务中心进行需求建模与获取策略的研究极其重要。

本书关于需求建模与获取策略的研究内容可以分为需求表达、需求获取和需求建模三个方面，其框架如图1-1所示。

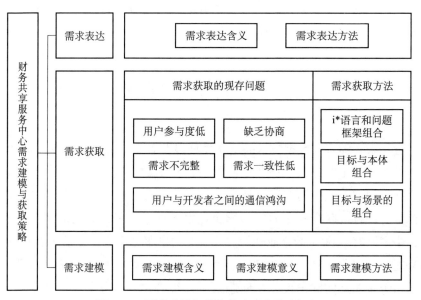

图1-1　需求建模与获取策略研究内容框架

下面基于图1-1的研究内容框架对需求建模与获取策略的国内外研究现状进行具体的综述。

1. 需求表达的相关研究。需求表达是需求建模的首要环节，是需求分

---

①　汪烨，等. 智能需求获取与建模研究综述 [J]. 计算机研究与发展，2021，58 (4)：683 – 705.

②　范询. 考虑用户偏好的智能财务共享服务中心需求获取研究——基于 A 财务共享软件厂商视角 [D]. 重庆：重庆理工大学，2018.

析和需求实现等其他后继环节的基础，也是影响产品设计、产品质量和顾客满意度的重要因素。目前，国内外学者对需求信息表达进行了多方面的研究。

库珀（Cooper，1998）详细分析了需求信息收集与分析的偏误对 PLC 各环节造成的影响和损失，结果显示，需求获取阶段的错误结论在 PLC 中造成的成本损失呈指数增长，在装配这样的后期阶段的损失是设计早期阶段损失的几十倍甚至上千倍。库珀针对行业特点分别提出了汽车行业和 IT 技术行业的需求建模流程，将需求获取活动划分为 3 个步骤：信息收集、信息转换、需求生成。曾（Zeng，1999）提出了包括结构需求和性能需求在内的产品设计需求形式化方法，基于集合论的表达框架用于描述动态设计过程中的设计对象。整个形式化模型的定义基于结构特征和行为特征，从不同的复杂度和抽象度出发在统一的框架中描述设计对象，并给出相应的表达模型。中国科学院数学所金芝（2000）以企业信息系统为研究背景，提出了基于本体的需求自动获取方法。以企业本体和领域本体为线索，建立基于共享知识的需求获取模型，引导领域用户参与需求获取活动，可以自动实现对需求信息的一致理解和准确的目标需求模型的建立。该方法系统阐述了企业本体、领域本体和应用本体的形式化定义及其映射关系。该研究是针对应用软件系统的需求模型，但对制造业产品设计的需求建模也具有借鉴和应用价值。

2. 需求获取的相关研究。需求获取处于软件开发的第一个步骤，是极其重要的阶段。目前需求获取存在用户参与度低、获取的需求不完整、不一致和用户与开发者之间存在知识鸿沟等问题。如何解决这些问题成为学者们的研究热点。

（1）针对较低的用户参与度。图雷特肯（Turetken，2012）提出了情景协同的需求诱导方法、问题框架驱动的协同需求的方法、图雷特肯表格驱动的交互式需求获得方法、借助情节串联板表格确认交谈数据，建立可靠的需求获取和建模[1]这些模式引导的需求并不全面，只是需求的局部。总而言之，这些技术和方法的使用大大提高了用户的参与度，但缺乏用于提高

① Palomares C，Quer C，Franch X. PABRE-Man：Management of a Requirement Patterns Catalogue. 2011 19th IEEE International Requirements Engineering Conference（RE），2011：341 –342.

用户参与度的相对通用的方法。

（2）针对协商不足。张瑞民等（2009）提出了双赢协商模式、四维沟通框架、个性领域和场景协同协商。通过可视化协同、多维的方式加强沟通，以此消除协商不足的情况。

（3）针对不完整的需求。需求遗漏是在需求获取中常见现象，巴尔吉（Bargui，2011）提出了利用需求模式，通过领域或领域模型的抽象和精化操作，将用户作为主导实现需求获取的方法。例如，根据用户特点，通过需求定义为用户提供个性化的领域知识支持，促使用户开发完整的软件需求。

（4）针对需求缺乏一致性。需求不一致往往发生在需求阶段，这也是一个很难处理的问题。针对需求缺乏一致性的问题，目前的相关研究工作包括从知识转移模型和构建知识功能支持的角度解决客户与开发人员背景知识不对称导致的不一致问题，从形式化的角度避免不一致。例如，利用判断相关矩阵一致性的方法[1]、行为描述语言检查系统中的行为冲突[2]、二元关系和扩展 KAOS 的目标模型语义框架[3]、面向领域的软件需求一致性验证方法的研究。为全面理解当前需求工程中的不一致需求管理方法和技术，多视点需求工程方法也得到一定程度的应用，如利用视点集成或扩展视点获取需求[4]，利用视点和视点 Agent 检测、消除和验证需求不一致性[5]。

（5）针对用户和开发之间存在的知识鸿沟。用例指导和说明最终客户的工作流和情景、用本体、领域知识来弥补知识的不足[6]等方式消除二者之间的知识鸿沟从而获取用户需求，使用知识的方式完成需求获取。上述需

---

[1] 陈迎欣. 需求过程的建模仿真方法［J］. 武汉大学学报（理学版）. 2009，55（4）：479 - 485.

[2] 姚昱，毋国庆，吴怀广，等. 一种软件需求描述语言的设计与实现［J］. 计算机工程与应用，2009，45（21）：185 - 188.

[3] 朱雪峰，金芝. 关于软件需求中的不一致性管理［J］. 软件学报，2005，16（7）：1221 - 1231.

[4] Kaiya H, Shimizu Y, Yasui H, et al. Enhancing domain knowledge for requirements elicitation with web mining. Proceedings 2010 17th Asia Pacific Software Engineering Conference（APSEC 2010）. Software for Improving Quality of Life，2010：3 - 12.

[5] Zowghi D. A priority-based negotiations approach for handling inconsistencies in multi - perspective software requirements. Journal of Systems Science and Complexity，2008，21（4）：566 - 588.

[6] 陆汝钤，金芝，陈刚. 面向本体的需求分析［J］. 软件学报，2000，11（8）：1009 - 1017.

求获取方法还处于手工阶段，自动获取程度较低。目前，上下文识别和本体自动需求获取①等几种自动需求获取方法已被提出，但由于缺乏工具的支持而未得到广泛应用。

组合多种需求获取方法，形成新的需求获取方法。例如，基于目标和场景的组合、在分布式的开发环境下，通过目标分类框架与建模方法组合②。此外还有基于上下文感知和本体、机器学习和数据挖掘的自动需求获取③，将机会发现和需求工程技术结合，在此基础上建立场景获取的方法④。

3. 需求建模的相关研究。针对需求分析者而言，需求建模有利于梳理出应该询问的问题，增强对需求的认知，查找模型的漏洞，从而发现未知或模糊不清个人行为，揭露需求的不一致性⑤。对用户而言，通过用与原始请求截然不同的方法再次描述需求，促使自身认真仔细地检查该模型以保证模型的准确性。

对于财务共享服务中心而言，伴随着模型的开发，需求分析人员越来越不太了解财务共享服务中心业务的一些问题和客户不了解技术相关的问题会变得越来越清晰。张瑞君等（2010）以中兴通讯公司财务共享服务中心改革创新的路线为例，提炼并明确了组织、技术、流程及绩效考核是中兴通讯公司财务共享服务中心的关键所在。何瑛等（2013）基于流程再造角度制定了财务共享服务中心核心要素分析模型，实证检验了我国集团公司执行财务共享服务中心的关键成功要素以及相互之间的关系，得出流程规划、管理制度、组织架构、信息管理系统和战略发展规划是财务共享服务中心建设的关键因素。

将模型、工具和框架的应用到需求建模中，如提出了增强型 UML/UP

---

① 刘春，王越，金芝. 基于知识的软件可信性需求获取 [J]. 电子学报，2010, 38 (2A): 188 - 193.

② 陈彬，王智学，李宗勇，等. 基于三维目标建模的需求分析方法 [J]. 系统仿真学报，2008, 20 (15): 3986 - 3990, 4005.

③ Duan C, Laurent P, Cleland-Huang J, et al. Towards automated requirements prioritization and triage [J]. Requirements Engineering, 2009, 14 (2): 73 - 89.

④ Shieh M, Yan W, Chen C. Soliciting customer requirements for product redesign based on picture sorts and ART2 neural network [J]. Expert Systems with Applications, 2008, 34 (1): 194 - 204.

⑤ 谭良，周明天. XSSRA/ADL: 一种基于 XML 的安全需求体系结构描述语言 [J]. 计算机研究与发展，2007, 44 (5): 737 - 747.

的方法①，以概念图为元表达语言的多视点需求建模方法②，用例驱动的软件需求获取过程模型③，原型驱动的需求获取④，实现框架的系统实现⑤和运用建模语言 Agent。针对繁杂的项目，有半自动式的需求获取框架⑥。针对能够调节需求集成的多模型表示的使用和需求信息数量的选择，建立了需求调节模型⑦，界定了元服务与过程词义库或面向服务的用户需求获取算法⑧。需求形式化建模完毕后，对需求一致性和完整性的验证将转化成需求模型的一致性和完整性的验证。例如，为了能清除模型中对需求描述的二义性，一般使用全方位的搜索方法来检测全部有可能出现歧义的需求。这是一项工作量巨大的任务，往往需要工具的支持，这方面在国外应用不是很普遍，主要原因是缺乏工具支持。

1.3.2 财务共享服务中心需求评价与优化策略研究

财务共享服务中心需求评价与优化是建设方（企业用户）和实施方（软件供应商）都非常关注的问题。如何针对财务共享服务中心初始建设阶段和运营管理过程中心的需求质量进行科学、准确的评价对财务共享服务中心的建设成效有着重要的影响。

财务共享服务中心的需求机制与优化策略研究主要体现在需求评价指

---

① Kassou M, Kjiri L. A maturity metric based approach for eliciting SOA security requirements. Proceedings of the 2012 National Days of Network Security and Systems（JNS2），2012：7 – 11.

② Xiaojie X, Xiaohong B, Minyan L, et al. A study and application on airborne software safety requirements elicitation. Proceedings of 2011 9th International Conference on Reliability, Maintainability and Safety（ICRMS 2011），2011：710 – 716.

③ Sonia, Singhal A. Development of Agile Security Framework Using a Hybrid Technique for Requirements Elicitation. Advances In Computing, Communication And Control, 2011：125, 178 – 188.

④ Haibo H, Dan Y, Hong X, et al. Towards a Semantic Web-enabled Knowledge Base to Elicit Security Requirements for Misuse Cases. Proceedings of the 8th International Workshop on Security in Information Systems（WOSIS 2011）. In conjunction with ICEIS 2011, 2011：103 – 112.

⑤ Rohani V A, Siew H O. Eliciting Essential Requirements for Social Networks in Academic Environments. 2011 IEEE Symposium on Computers & Informatics（ISCI），2011：171 – 176.

⑥ 周宁，许沪敏，冯东雷，等. 一种扩展 UML/UP 的需求分析方法 [J]. 计算机应用与软件. 2007, 24（3）：78 – 80.

⑦ Xiaoshuan Z, Shunyi L, Xu M, et al. Applying evolutionary prototyping model for eliciting system requirement of meat traceability at agribusiness level. Food Control, 2010, 21（11）：1556 – 1562.

⑧ Atladottir G, Hvannberg E T, Gunnarsdottir S. Comparing task practicing and prototype fidelities when applying scenario acting to elicit requirements. Requirements Engineering, 2012, 17（3）：157 – 170.

标设计、评价机制、评价方法和优化策略四个方面, 其研究内容框架如图 1 - 2 所示。

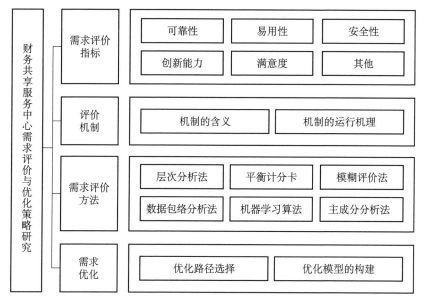

图 1 - 2 需求评价机制与优化策略研究内容框架

1. 需求评价指标相关研究。在需求评价指标研究方面, 何昱衡 (2021) 从技术环境、职能定位、业务流程、功能质量、功能效率五个方面构建了财务共享服务中心需求动态评价体系。彭兰雅 (2021) 基于财务共享服务中心功能定位的视角, 以会计服务、风险控制、价值创造为准则层, 构建了财务共享服务中心功能评价指标体系。尹赤 (2019) 将流程管理、信息系统、质量管理和效率管理作为评价维度, 设计了系统功能完备性、影像扫描退单率、付款效率等13 个功能性需求评价指标, 构建了财务共享服务中心需求的动态评价模型。魏明和黄锦鸽 (2018) 基于能力成熟度模型和生命周期理论, 提出了财务共享服务中心的能力成熟度模型。

陈翼 (2018) 基于价值创造的视角, 运用平衡计分卡法构建了"大智移云"时代下财务共享服务中心绩效评价体系, 结合专家赋分法和层次分析法确定指标权重。毕海天 (2019) 以银行软件非功能性需求为例, 提出了一个基于模糊理论、前景理论的非功能性需求评价体系和评价指标体系。曾锃等 (2017) 结合电力系统的特点, 从可靠性、易用性、效率、可维护性、可移植性等维度构建了电力系统需求评价指标体系。

陈世基（2014）从业务需求、用户需求、功能需求、非功能需求和设计约束需求五个方面对软件需求的可信性进行了评价，其中功能需求主要从完整性、准确性、一致性进行评价，非功能需求则是从可靠性、可用性、安全性、维护性、移植性进行评价。王世安（2010）从非功能需求、风险水平以及定制代价三个维度构建了软件非功能属性度量指标体系，其中非功能需求主要是从性能、可重用性、可靠性、可用性、安全性、可扩展性以及适应性进行的度量。陈友玲等（2017）结合资源供给方的偏好，将需求订单作为效率评价的关键指标，建立资源需求评价流程。金燕等（2017）从情感和认知两个方面深入分析用户需求，在此基础上建立信息质量评价体系。侯玉龙（2018）在遵循软件性能指标制定规则下，分别从资源与能力、时间、扩展性、稳定性、可用性五个方面建立了软件性能评价体系。

文杏梓等（2016）从可信属性、技术特征、质量特征以及社会—经济属性四个方面设计了软件的非功能性需求评价指标体系，并基于改进前景理论，综合考虑到评价者的有限理性及评价结果的不确定性，构建软件非功能性需求评价模型。党建民等（2017）从创新绩效、资源整合能力、支撑服务能力、核心能力绩效和辐射带动能力五个维度构建了国家大学科技园功能需求评价指标体系，并将评价指标归类为基础指标和核心指标，以体现评价体系的多元化。专家学者们在不同需求评价领域，构建各自的评价指标体系，再通过 TOPSIS[1] 评价方法建立需求评价模型，并对其有效性进行了验证。

2. 评价机制相关研究。机制的含义是指在系统当中，各个分元素之间的相互联系与相互作用的过程和功能，就是一种由相互有联系的指标所构成的活动体系[2]。一般而言，机制主要存在于复杂的系统结构中，可以通过系统结构的不同部分之间的联系来理解规模化的系统规律，这些组成部分之间有联系和约束作用，在此基础上可以人为地调整其运行和整体功能[3]。

莫磊（2019）以 2008～2010 年沪深主板 A 股央企所属上市公司为基本

---

[1] 王致杰，刘珊珊，薛松，等. 基于熵权与 TOPSIS 法的需求侧响应资源价值评价模型研究 [J]. 华东电力，2014，42（1）：143–149.

[2] 柯清超，郑大伟，张文，等. 国家教育资源公共服务平台评价机制研究 [J]. 中国电化教育，2016（9）：8–15.

[3] 吕会霖. 新世纪思想政治工作 [M]. 上海：上海人民出版社，2005.

研究样本，通过基于 EVA 业绩评价机制实施前后的纵向对比回归和基于 PSM 的横向对比回归，对公司薪酬支付的价值创造效应进行了实证检验，验证了公司实施业绩评价和薪酬支付的协同作用与公司价值的相关性，为改进业绩评价机制、激励人力资本进行创造性劳动、提升公司价值提供了经验数据和有益参考。彭秋莲（2016）采取平衡计分卡与关键绩效指标相结合的方法，设计一系列的基本支出和项目支出绩效评价指标体系，建立以效果为导向的高校预算绩效评价机制。

3. 需求评价方法相关研究。针对需求评价相关方法的应用，国内外有大量的研究。经典的评价方法有层次分析法[1]、模糊评价法[2]、主成分分析评价法[3]，多属性决策评价方法有基于 TOPSIS 的评价法[4]、数据包络分析法[5]、遗传算法[6]、基于神经网络[7]的评价法等。王致杰等（2014）运用熵权法计算指标体系的整体权重，并用灰色关联度改进的 TOPSIS 评价方法对某地的需求侧响应资源价值进行综合评价，得到量化评价结果。孙旻等（2017）结合需求价格弹性和灰色综合评价法，从目标设定、评价指标建立、权值确定等方面建立用户需求评价机制和流程。侯芳（2019）依据复杂网络理论分析服务型制造网络 Holon 协同需求问题，给出一种考虑以直觉正态模糊数表示且多 Holon 协同的服务型制造网络协同需求评价方法。张芳兰等（2017）通过 Kano 模型分析方法实现用户需求分类，利用四象限模型识别重要用户需求，建立了用户满意度与产品质量之间的函数关系并定义

---

① WANGS, LIU Z, SUN Q, et al. Towards an accurate evaluation of quality of cloud service in service-oriented cloud computing [J]. Journal of Intelligent Manufacturing, 2014, 25 (2): 283 – 291.

② ZHOU Bing, WANG Meiqing, GAN Jia. A method of cloud manufacturing service Qo S evaluation based on PCA [J]. Manufacturing Automation, 2013, 42 (14): 28 – 33.

③ WANG H Y, WANG S C. A novel user-based Web services evaluation and selection model [J]. Journal of Software, 2013, 8 (10): 2549 – 2553.

④ CHANDRASHEKAR JATOTH G R, GANGADHARAN, UGO F. Evaluating the efficiency of cloud services using modified data envelopment analysis and modified super-efficiency data envelopment analysis [J]. Soft Computing, 2016.

⑤ 倪苏云，攀登，吴冲锋. 基于遗传算法的基金绩效综合评价研究 [J]. 系统工程，2003（2）: 1 – 6.

⑥ 仲维清，侯强. 供应商评价指标体系与评价模型研究 [J]. 数量经济技术经济研究，2003（3）: 93 – 97.

⑦ 吴东平，周志鹏，卢建新. 基于 BP 神经网络的 PPP 项目绩效评价 [J]. 建筑经济，2019，40 (12): 51 – 54.

调整系数，最后提出了一种基于用户需求分类与重要度评价的产品创新方法。

机器学习与财务领域的结合已成为最热门的研究课题之一，为企业管理提供了一种新的方法。国内外对于机器学习算法应用的研究遍及诸多领域。穆罕默德·沙菲克（Muhammad Shafiq，2020）选择多种机器学习算法建立了物联网安全分析模型，帮助加强物联网安全控制。机器学习算法众多，常见的有 k NN、决策树算法、支持向量机算法以及 CART 决策树算法等。基于海量数据信息，机器学习使用经典算法进行分析和学习，从学习和训练中提取和选择对象特征，为预测、推断提供科学支撑[①]。荣飞琼等（2018）将混淆矩阵引入数据集分析中，充分考虑信用数据集处理特征，提高供应商信用模型稳健性。SOM 神经网络算法在信息预测、聚类分析、图像处理等方面应用较广。张以文（2018）基于 SOM 神经网络算法，对用户数据信息进行聚类，并考虑服务和用户信誉的关系。张发明（2014）对用户信誉等级进行了划分。为了实现对被评价对象的信用等级动态评价，构建 SOM – K 动态信用评价模型，对上市公司各时点财务报表数据进行聚类分析，通过对数据进行对比分析，使信用评价结果更真实。黄东等（2015）基于支持向量机对海洋风险预警进行了研究，利用 CART 决策树算法进行去噪选择，然后通过 FSVM 进行训练，发现相比文本方法改预警方法不确定性、模糊性更高。谢小鹏等（2018）将高斯混合算法与 CART 决策树算法结合应用到火点设备的预警研究当中。吴领航等（2019）通过 CART 决策树算法针对家庭经济困难同学的消费数据进行聚类，分析其消费特征的基础上提出消费预警。

4. 需求优化相关研究。在需求优化方面，程平等（2015）认为云会计环境下用户提出的 AIS 可信需求既要受到可信需求自相关关系、可信需求满足率的影响，又要受到交付时间、目标成本和行业平均可信水平等条件的约束，因此云会计供应商需要对 AIS 可信需求进行优化以最大限度地满足用户的可信度要求，最后提出了一种云会计环境下基于可信度的 AIS 可信需求优化模型。岳红权等（2020）为制定对大用户最合适的购电决策方案，先

---

① 朱庆锋，徐中平，王力. 基于模糊综合评价法和 BP 神经网络法的企业控制活动评价及比较分析 [J]. 管理评论，2013，25（8）：113 – 123.

对用户因转移电量产生的不适应成本进行分析，建立了大用户的需求响应模型，对大用户购电成本进行分析，构建了以购电成本最小为目标的购电优化决策模型，然后采用遗传算法对所提模型进行求解。阮旻智等（2016）采用边际算法对库存资源优化配置模型求解，得出最优配置方案。耿秀丽等（2018）针对模糊信息对需求评价结果的影响，将云模型引入优化方案中，从指标表达、重要度确定等方面设计需求优化配置框架。童泽平等（2018）建立供应链评价模型，采用博弈论进行优化路径选择。李汝鹏等（2018）设计了全新的需求优化方法，将用户需求标准化获取，并进行聚类处理以得到优化配置方案。

1.3.3 财务共享服务中心需求到软件模块的映射策略研究

映射是一个数学术语，指两个元素的集之间有一对一、一对多、多对一以及多对多的相互对应关系，即函数关系。财务共享服务中心需求到 IT 模块的映射是指用户需求和财务共享软件产品的软件模块之间存在相互对应关系。在财务共享服务中心建设过程中，用户需求如果不能准确、有效地映射到财务共享软件产品（包括财务共享服务中心的一系列软件）的 IT 模块，就可能会导致软件质量不高，不能满足用户的需求。另外，由于 IT 技术的升级与发展，会导致需求的演化，或者产生新的需求，进而促使财务共享软件产品也呈现不断升级与版本迭代的状态。因此，如何在财务共享服务中心的初始建设阶段和运营管理阶段有效地将用户需求映射转化为软件产品是财务共享服务中心建设的重要内容。

财务共享服务中心的需求到软件模块的映射策略研究可以分为映射策略研究、财务共享服务中心需求到软件模块的映射和演化需求传播三个方面，其研究内容框架如图 1-3 所示。

下面基于图 1-3 的研究内容框架对需求到软件模块的映射策略的国内外研究现状进行具体的综述。

1. 映射策略研究。保罗等（Pahl et al.，2000）提出目前已有的映射过程研究一般是根据获取的用户需求展开创造性分析，抽象化出产品的总功能；或者是马特兹尔等（Matzl et al.，1998）和唐等（Tang et al.，2022）提出的利用质量功能布置（quality function development，QFD）工具进行转换。

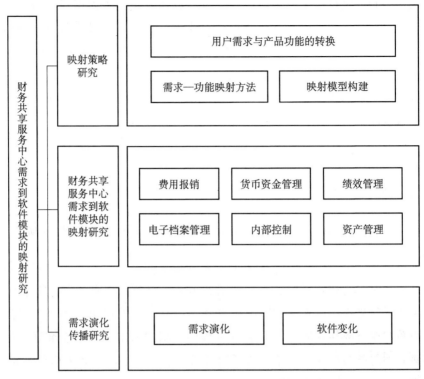

图 1-3 需求到 IT 模块的映射策略研究内容框架

与功能的抽象化的过程不一样，映射的过程大部分是根据经验的。一般，需求分析工具 QFD 间的需求转化是运用矩阵展开的方式将用户需求转换为产品功能要求，并可以确定每个需求对产品功能要求的重要性。韦里泽（Veryzer，1998）和单洪波等（2013）指出，虽然 QFD 为设计者提供了一个确定用户需求的框架，但缺乏得到用户需求的有效机制，耿秀丽等（2016）指出需要考虑功能需求之间缺乏自相关的情况。

用户需求的演变意味着 QFD 作为一种结构化的质量控制方法，无法适应市场的快速变化，导致转化结果不能反映真实的用户需求。新的映射研究方法不断出现，雷鸣等（2008）提出了基于灰色关联理论的进化推理模型。实现自动需求—功能映射，但现有的需求映射方法没有考虑到用户需求的变化性，映射出的功能需求往往与用户的动态需求不匹配，可能无法及时反映用户的真实需求。熊伟等（2010）借助 QFD 方法中的质量屋（HOQ）矩阵，将可信性需求映射到软件设计开发的整个过程，并在过程中追踪和控制这些需求，以使其在软件开发过程中得到正确而一致的实现，从而系统化地保证软件的可信性。

为了切实反映用户需求，黄敬猛等（2015）利用公理化设计方法，通过求解目标函数、设计变量和约束方程来完成映射模型的构建，为产品功能到产品结构的映射提供了一种框架，指导设计人员从产品功能域到产品结构域的映射，进而提升设计效率，加快设计速度。李安虎等（2019）在设计满足用户某种特殊需求的新产品时，通过将该设计问题抽象化或使用黑箱法，得到产品系统所要实现的总功能，具体步骤是先对产品功能进行分析，把复杂的总功能分解成易于实现的简单功能元，接着将功能相关、装配相关、空间相关和信息相关的模块进行相关性聚类，然后对产品族进行规划，最后结合广义模块的概念创建模块库。张建辉等（2017）研究在考虑客户需求动态变化的情况下，如何使产品的功能满足客户需求，设计了利用可拓理论中的物元的可拓性，构造功能物元系统，进而实现客户需求到产品功能的映射。首先对用户需求进行分析，其次利用物元的可拓性构造进行功能驱动的产品设计，再次确定产品的目的物元和构造功能物元系统，最后将功能物元进行变化处理，从而获取总功能需求，实现产品的功能特征能及时地反映用户的真实需求和动态进化的本质要求。

由于大规模定制模式下用户需求映射方法存在不足的问题，姜燕等（2009）将用户需求到产品族的映射分为两个阶段，分别是需求域的用户需求和产品域的产品功能，利用本体论的思路，分析用户需求到产品功能的映射关系，通过提取特征和概念相似度计算，实现用户需求到产品功能的映射转换。由于用户需求往往是模糊且变化的，而面向用户需求的产品配置一般不适用需求模糊时的产品配置，但斌等（2010）为此提出了一种面向用户需求处于模糊状态的产品配置方法。先分别将模糊用户需求本体通过需求参数映射规则集和模糊语言变量本体通过模糊语言变量规则集转变为产品配置知识本体表达，然后结合本体映射方法，计算本体中语义相关度和语义相似度，完成实例特征参数域用户需求特征参数之间的多级匹配，实现基于模糊形式的客户需求的产品配置。湛浩旻等（2013）结合 ISM 模型和 AHP 分析法，考虑系统的整体性和需求的层次性，提出了一种需求优先排序的方法，并在时间和成本约束下对需求进行优化，使项目风险需求最小。

2. 财务共享服务中心需求到软件模块的映射研究。在财务共享服务中心的建设过程中，纳米·卢克纳等（Naemi Luckner et al.，2015）通过访谈，探讨了财务共享服务中心的建设应当如何根据特定需求进行调整以及适应不同的服务模式，以促进组织者的监督和报告职责。在财务共享服务中心云平台的建设策略方面，程平等（2015）和朱蕾（2018）主要基于云计算技术，研究财务共享服务中心云平台的构建和实施时的关注点；有学者以云计算和财务共享服务等相关理论和技术为着手点，围绕大型跨国企业的财务管理问题深入探讨云计算环境下财务共享服务的优势、构建原则和构建流程（Changshuai Cao et al.，2021）。在财务共享服务中心需求到 IT 系统的映射实现机制方面，现有研究覆盖了费用报销、资金管理、绩效管理、电子档案管理、内部控制和审计等需求领域。

票据实物流转、原始凭证的调阅、离岸处理是企业财务共享服务模式下影像管理的核心业务。在费用报销方面，张真昊等（2013）研究了财务共享服务模式下的报销流程，程平等（2015）研究了大数据环境下基于云会计的财务共享服务中心的费用管控框架模型和报销初审、报销审批、报销结算和报销档案管理及员工报销信用评价等环节的 IT 功能实现。李赛娟（2013）和程平等（2016）研究了大数据时代基于云会计的财务共享服务中心影像管理框架模型，分析了影像采集、影像传输、影像存储和影像调用等企业财务共享服务中心影像管理过程的业务流程和 IT 功能实现。

货币资金作为企业流动性最强的资产，其周转和风险控制对企业的经营效率和收益有显著影响，赵晓铃等（2014）和程平等（2016）研究了大数据时代基于云会计的财务共享服务中心的货币资金管理框架模型，分析了银行存款控制、现金管理等财务共享服务中心货币资金管理等业务环节的 IT 功能实现。程平等（2017）以 A 集团为例，指出该框架实施时需要重点关注资金管理职能的转型、资金管理部的价值发挥和资金管理系统建设。

在财务共享服务中心绩效管理方面，张庆龙等（2012）和程平等（2016）研究了大数据时代基于云会计的财务共享服务中心绩效管理的框架模型和绩效管理目标制定、目标分解、预警监督、原因分析等环节的 IT 功能实现。有学者在区块链技术与金融共享服务中心结合的前提下，设计明确的管理结构，在平衡计分卡的基础上构建适合特殊共享模式的绩效评价指标体系，对绩效评价的五步流程进行重组确定，以达到对绩效评价的框架和流程进行优化和改进的目标（Xiaojun Chen et al.，2022）。

在财务共享服务中心电子档案管理方面，张庆龙等（2012）和程平等（2016）从实施环境入手，研究了大数据时代基于财务共享的电子会计档案管理框架模型和具体处理流程。谢瑶华（2019）提出可采取加强档案管理软硬件设施设备建设、实现档案信息系统接口对接、制定完善的会计电子档案管理制度、提高会计电子档案管理人员业务素质等举措。

财务共享服务中心的建设，给企业也带来了各种各样的风险，有学者提出了集团公司对财务共享服务中心引入的必要性，对财务共享服务中心中存在的内部控制风险进行了详细分析，以期防范内部控制风险的措施（Hang Sun et al.，2021）。此外，李广森等（2015）和程平等（2016）研究了大数据审计实施流程，张庆龙等（2012）和程平等（2016）研究了内部审计实施框架。程平等（2017）研究了大数据时代基于云会计的资产管理控制框架模型，李少武等（2021）和刘彬彬（2022）还研究了财务共享服务中心的内部控制体系问题。

3. 需求演化传播研究。演化（evolution）又称进化，原本的意思是指任何事物的生长、变化或发展。起初，演化通常用于生物学上，指生物族群里的遗传性状在世代之间的变化，而如今，演化的定义和分析方法逐步向信息系统和经济管理方向延伸。需求演化是一个动态的概念，具有高度的情景与时空依赖性，是随着社会经济与技术的发展而不断变化。胡旭初等（2006）提出用户需求虽然是广泛多样且不断变化的，但仍有共同的规律性和趋向性，并从用户需求内容、用户需求的可变性、用户需求的时间特性以及用户需求的满足度四个角度来分析用户需求演化特征。程平和邬蕊竹（2014）在考虑动态多变的云会计环境下，建立一个 AIS 可信需求演化影响框架，从企业用户、第三方机构和云会计供应商三个视角探讨 AIS 可信需求演化的影响。严玉清等（2012）利用排队理论构建需求演化排队模型，并分析了软件版本规约中需求变化请求的排队模型特征，进而指出排队论在指导用定量手段研究需求变化管理上的作用。张林姿和贾传亮（2018）通过考虑传播源的量和分布建立了基于路径的传播模型。

需求的演化往往会带来软件的变化，目前，国内外已经有大量文献对软件变化管理进行了多方面的研究，这些研究主要从软件实现的角度来捕捉软件的变化和变化传播的影响。需求变化管理研究属于软件变化研究范畴。纵观软件变化研究的历史，早在 1978 年人们就开始了软件变化传播的研究。20 世纪 90 年代初，随着基于 Internet 的分布式大规模软件系统的进一步应用，研究人员将软件功能变化甚至软件演化影响分析提到了比较关注的位置，如博格纳（Bohner，2002）在其论文中给出了软件变化分析的过程框架，巴克斯特等（Baxter et al.，1997）提出了通过将设计信息延伸到维护过程中来掌握软件的变化，马利克等（Malik et al.，2008）提出的类层次影响计算方法。从 20 世纪 90 年代中后期开始，软件变化影响分析研究在面向对象的软件系统中相对较多，各国学者主要从软件实体变化的角度来研究影响范围。布里奇等（Breech et al.，2004）主要从一个软件实体（函数、变量）变化对另一个软件实体影响的角度来研究和预测变化的影响范围；有学者则利用面向对象思想，使用属性和连接去描述包括设计文档、软件组件、外部数据和需求变化项目及其之间的关系，建立了一个基于对象、面向属性的软件变化影响分析模型（Chen et al.，2007）。21 世纪初，随着基于组件的软件复用技术的兴起和 UML 建模技术的广泛应用，王映辉等（2004）对软件的静态演化和动态演化进行了分析，提出了统一的软件演化描述模型，并对软件的需求变化传播机理及其性质做了较为完整的研究。此外，王映辉等（2006）还在博格纳研究的基础上从功能需求变化对基于组件的软件体系结构演化与波及效应进行了深入的分析，建立了软件功能变化跟踪的整体过程框架，提出了一种基于"场景—用例—对象—组件—软件架构"等多级映射的软件需求变化追踪方法，开创了从宏观需求角度研究变化传播对软件系统影响的先河。

1.3.4 财务共享服务中心的实现路径研究

财务共享服务中心建设是一个长期过程，涉及建设方和实施方两个主体。财务共享服务中心建设由于建设方和实施方在财务共享服务中心的实施过程中面临的制约因素不同，因此需从建设方和实施方两个角度对实施进行最优规划。需求的最优化选择有助于为建设方提供科学的规划和实施方案，而需求的优先级排序有助于实施方优化财务共享服务软件产品研发与实施流程。

财务共享服务中心的实现路径研究可以分为建设方基于总体价值最大化的需求选择和实施方面向需求优先级的实施规划两个方面，其研究内容框架如图 1-4 所示。

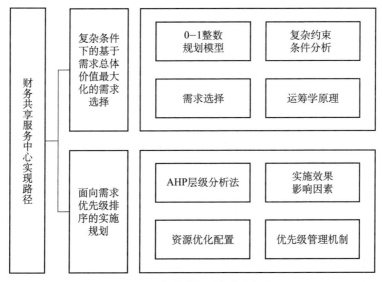

图 1-4 实现路径研究内容框架

1. 建设方基于总体价值最大化的需求选择。财务共享服务中心的功能需求实施需要综合考虑需求价值、需求预算、变革风险以及技术成熟度等的约束条件限制，有必要合理选用最优规划方法，通过需求的选择，从而制定出最大化需求总体价值的财务共享服务中心最优实现路径。多重条件约束下的优化模型研究是学术界关注的焦点。优化模型有线性规划、非线性规划、动态规划、整数规划以及系统科学方法，优化模型能反映经济活动中的条件极值问题，即在既定目标下，如何最有效地利用各种资源，或者在资源有限制的条件下，如何取得最好的效果。

苏志雄等（2019）认为最优规划本质上属于运筹学范畴，是系统工程学和现代管理科学中的一种基础理论和不可缺少的方法、手段和工具。它以约束条件下寻求全局最优为目标，对所研究的问题求出最优解，最终能为决策者提供意见，最优规划理论与方法主要针对在时间、资金等诸多约束条件下的实施路径优化和项目进度管理等问题进行最优资源调度与配置。约束条件下最优规划模型是学术界的研究热点。最优规划模型在经济管理工作中主要运用线性规划、非线性规划、动态规划、整数规划以及系统科学方法所确定的表示最优方案的模型。吴正阳等（2018）研究了在车载能源量、车辆载货能力等多资源约束下的车辆配送路线优化问题，建立了多资源约束下的配送路径优化模型。范伟达和曾莎洁（2016）采用动态规划方法得到项目实施的关键路径，并建立资源约束矩阵，进行资源最优化配置；陈勇强等（2009）基于分支定界法的思想提出了一种新的精确求解多资源约束下项目进度规划问题的最优化算法，合理权衡项目竣工时间与资源配置两者之间关系并以实例分析证明该方法对资源平衡优化的有效性；苏志雄等（2019）运用 0 − 1 规划模型对资源受限下平行工序进行了顺序优化；徐蔚（2014）基于多目标蚁群算法构建了知识型企业人力资源规划模型。程平和蔺书东（2015）提出了一种云会计环境下基于可信度的 AIS 可信需求优化模型，通过灰色关联分析得出各个可信需求的重要度，再结合隶属度函数建立了 AIS 可信度目标函数，考虑可信需求配置率、企业的目标成本和交付时间等复杂约束条件对可信需求规划求得最优解。对于资源受限的项目计划问题（RCPSP），可以通过建立活动持续时间的马尔可夫链，并运用动态规划来解决有限资源的优化问题（Choi et al.，2004）。刘煜明等（2007）针对资源约束条件下 PERT 施工进度计划的工期—资源优化问题，引进评价风险量的活动关键度和重要度两大关键指标，并结合 0 − 1 规划法建立资源配置优化模型并求解最优施工进度计划。

袁际军等（2018）提出一种产品配置更新优化方案，是基于客户配置需求变更的要求以及产品配置约束与生产约束，以客户新配置需求满足程度和剩余配置需求满足程度作为优化目标，构建了一个面向产品配置更新的多目标整数规划模型，运用多目标遗传算法，对该模型进行求解，得到满足客户需求的最优产品配置更新方案。王兴华（2017）对公共服务体系优化选配的要素进行分析，提出了一种效益成本分析的文化公共服务体系优化选配模型，首先根据文化公共服务体系建设的主要参数，构建一套指标体系，再建立基于价值工程的文化公共服务体系优化选配模型，提出优化评价指标和计算方法，构建文化公共服务体系优化选配方案。耿秀丽（2016）为以顾客满意度最大化为目标进行产品服务系统方案规划，提出了顾客需求驱动的产品服务系统模块选配方法，采用质量功能展开将顾客需求及重要度转化为产品服务系统方案模块属性及其重要度，采用三角模糊数处理不确定性的质量功能展开信息，基于相对偏好关系分析进行模糊质量功能展开计算，并量化定性的候选模块属性，考虑到模块属性间非线性的补偿关系，建立了以顾客满意度最大化为目标的 0 − 1 非线性规划模型。

陈学中等（2005）解决了具有资源约束的、多目标相互冲突且计量单位不可比的科研项目选择问题，提出了基于资源分配的科研项目选择的 0 – 1 目标规划模型。

在用最优规划研究的基础上进一步探讨发现，对于财务共享服务中心的实施也需要综合考虑诸如需求价值、需求预算、变革风险以及技术成熟度等复杂约束条件，其实现路径也可以理解为多个约束条件下基于总体价值最大化目标的最优规划和需求选择的问题，合理选用最优规划方法有助于制定出财务共享服务中心最优实现路径（见图 1 – 5）。

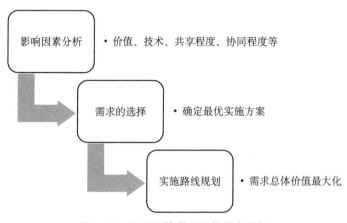

图 1 – 5　运用运筹学理论的需求选择

2. 实施方面向需求优先级的实施规划。财务共享服务的需求优先级排序，旨在通过实施的需求优先顺序，通过协同效应以及资源共享等考虑，通过由易到难由简单到复杂的顺序，合理的需求先后顺序，从而达到财务共享服务中心的建设的用户满意度最大化和最优的交付质量。

从财务共享模式的角度，伊万（Ioan，2016）基于价值管理理论，分析了企业内部价值模式的具体情况，认为财务共享模式可以作为多样化活动的集合、简单的迭代过程（如发票）、端到端会计过程或涉及其他功能领域的包容性解决方案进行管理，说明了财务共享模式的优点及财务共享模式的价值定位潜力。在财务共享中心的建设过程中，纳米·卢克纳等（Naemi Luckner et al.，2016）通过访谈，探讨了财务共享中心的建设应当如何根据特定需求进行调整以及适应不同的服务模式，以促进组织者的监督和报告职责。曾波等（2007）将系统中影响模块优先级的因素分析和计算归纳为四个方面，并由此建立了影响模块优先级因素的层次分析模型；通过构建估计矩阵、计算最大特征向量和特征向量、计算一致性指标和随机一致性比率等相关计算，得到按各指标汇总的目标层次排名结果；对结果进行一致性检验。上述分析和计算应与实际情况相符。通过解释影响模块优先级的因素和权重，就很容易对系统中模块的优先级进行量化和综合分析，而不是根据主观经验得出结论。冯立杰等（2021）为了提高用户满意度和项目成功率，提出了一种识别软件产品创新机会和优先级分析的方法，以解决传统软件开发中对产品创新和用户创新偏好的研究不足问题。

关于财务共享服务中心的实施影响因素的研究中，里克特（Richter，2016）通过文献研究法，总结了财务共享研究的问题主要集中于决定因素、过程、控制和结果这四个视角，从中确定 17 个主要研究领域，并提供相关方法论和理论基础，明确了财务共享研究的议程和未来的研究机会。国内学者陈虎和董皓（2008）认为共享服务是一个宽泛的概念，它包括人力资源共享、财务共享、IT 共享等各种信息资源共享的管理模式，并在《财务共享服务》一书中指出财务共享服务是通过将高重复性的易于标准化的流程进行标准再造，然后交由共享中心进行统一处理的管理模式。为了给中国企业集团的财务管理变革提供财务共享服务模式的理论支持，张瑞君和陈虎（2010）通过分析中兴通讯财务管理的分散到集中再到共享的变革过程，从组织、技术、流程和绩效考评等多维度明确了财务共享服务的构建关键因素。刘明朝和杜洋（2019）结合 D 公司的财务管理现状探讨了建设财务共享服务中心过程中存在的问题，突破了建设的瓶颈。对于共享服务质量的研究，李闻一等（2017）通过问卷调查，利用 SERVQUAL 测评模型，运用频数分析和 T 检验等方法对获得的服务质量等数据进行了分析，得到了财务共享中心服务质量差距的结果。

基于项目管理理论，楼伟峰（2012）将 ERP 的实施描述为项目实施的过程，对阶段进行分解，并在此基础上分析指标的相关性，将相关性高的指标剔除并合并，建立相关指标体系，然后利用基础理论分析指标的汇总，简化评分指标体系，并利用层次分析理论对 ERP 的实施过程进行了客观评估。温克勒等（Winkler et al.，2014）讨论了软件项目风险管理的不同方面，研究了基于风险的测试的资源优化分配，并为管理人员规划测试提供决策支持。在组织的现有测试过程中建立基于风险的测试的过程方法，并介绍了一个试点应用的评估结果。达瑞斯等（Darius et al.，2019）研究有关运行时和设计时质量属性管理的实践、过程和工具，以及它们之间的权衡。多梅尼科·阿马尔菲塔诺等（Domenico Amalfitano et al.，2020）研究在工业实践中执行基于调查表的差距分析（QBGA）过程的新方法，应用了生命周期管理（ALM）和模型驱动工程（MDE），为配置应用生命周期管理系统和支持流程执行提供了可行的解决方案。

唐爱国和胡春华（2017）在对软件项目风险管理过程分析的基础上，提出一种基于模糊理论的软件风险评估模型，使用模糊性语言评估风险后果及损失，度量多种风险对某种风险后果的组合影响以及单个风险对整体后果的综合影响，解决专家评估的不确定性问题，增强软件项目风险的预测和应变能力，为有效地降低风险发生概率、提高软件开发成功率提供了一种新途径。张婧文和刘新慧（2015）将软件研发项目需求管理、复杂性、风险管理的相关理论结合起来，探求软件研发项目需求复杂性与项目风险之间的路径关系和作用机理，并就如何促进软件研发项目需求阶段的高效运作提出建议。优先级排序如图1-6所示。

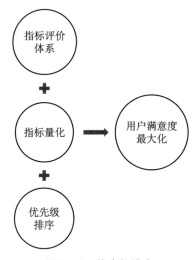

图1-6 优先级排序

1.3.5 研究述评

综观国内外研究现状，尽管目前有一些文献研究了财务共享服务中心功能定位相关方面的问题，但在需求的获取、需求评价与优化、软件模块的映射和实现路径方面还存在着一些不足，主要体现在以下方面。

（1）在财务共享服务中心的需求建模与获取策略方面，发现国内外学术界对于财务共享服务中心的需求表达、需求获取和需求建模等研究问题都给予了较多关注。关于财务共享服务中心对用户需求获取的相关文献查阅发现，国内外学者的研究主要聚焦于获取用户需求获取的技术和表达；关于需求表达的现有研究更多的是关注到了供应商和用户之间存在的通信鸿沟的问题。近年来已有不少学者运用本体论对需求进行表达，但是大多从技术层面讨论用户需求的获取和表达，很少从非技术层面识别和筛选用户需求方面进行研究。然而，用户需求作为一种既有主观意识，又有客观存在的信息，获取的方法不仅需要考虑技术层面，还需要考虑非技术层面。实际上，针对不同的需求，应该考虑需求的差异，应该考虑选择不同的需求获取方法。需求建模是需求分析的主要手段，它通过简化、强调来帮助需求分析人员厘清思路，达成共识。目前，需求建模主要集中在需求获取的模型研究上，但是将需求获取的模型应用在财务共享服务中心的研究相对比较匮乏。

（2）在财务共享服务中心需求评价与优化策略方面，对于需求评价指标相关研究现有文献主要从可靠性、易用性、效率、可维护性、可移植性、安全性、可信属性、技术特征、质量特征以及社会—经济属性等角度对用户的需求进行评价，上述评价指标较为零散，未形成统一的评价准则，且鲜有文献对财务共享服务中心需求评价进行系统的研究。对于评价机制的相关研究主要集中在机制的含义和运行机理两个方面，其中涉及需求评价机制领域的研究较为匮乏，对于财务共享服务中心评价机制的研究尤其稀少。现有文献涉及的评价方法有层次分析法、模糊评价法、主成分分析评价法，多属性决策评价方法、数据包络分析法、遗传算法、基于神经网络的评价法等，对于财务共享服务中心需求评价方法大多仍是采用问卷调查、专家打分等传统方法，此类评价方法主观性较强，评价结果无法客观反映财务共享服务中心需求的实际情况，评价结果不能有效服务于需求的优化。在需求优化方面，现有文献主要考虑时间、成本、可信水平等复杂约束条件下优化方案的配置。

（3）在财务共享服务中心功能需求到软件模块的映射策略方面，国内外虽有一些文献对需求—功能映射策略、财务共享服务中心需求到软件模块的映射、需求演化传播方面进行了研究，但映射方面的研究主要集中于设计映射研究方法和映射模型，映射方面的研究也主要为了在工业上将用户需求快速有效地在产品设计中得到体现。对于财务共享服务中心的相关研究主要聚焦在影响与价值创造、流程优化、组织架构等，在财务共享服务中心方面的映射研究也是主要聚焦于各需求领域，对其进行流程优化、需求分析等。很少有学者在相关研究中考虑在需求动态演化的基础上，将财务共享服务中心的用户需求与财务共享软件产品相结合，使财务共享服务中心用户需求到财务共享软件产品实现科学有效的映射与转换。

（4）在财务共享服务中心的实现路径方面，尽管财务共享服务有很多研究，但大多是集中在概念内涵、特点创新、优势应用方面，没有考虑财务共享服务中心的现状、总体需求价值以及用户满意度等方面，缺少对实施效果的把控。因此，分别从建设方（企业）与实施方（供应商），分析财务共享服务中心实施规划的约束条件、影响因素，综合考虑建设方与实施方的实施规划目的，从而对财务共享服务中心的实施进行全面、系统、科学且成效更高方案规划。建设方通过对财务共享服务中心的需求价值、需求预算、变革风险以及技术成熟度的复杂约束条件分析，展开对需求选择的研究，以需求总体价值最大化为目的，对所有需求合理取舍并整合。实施方在需求价值、需求的共享程度、需求之间的协同程度以及需求实现的技术复杂程度等因素的共同影响作用下，通过需求优先级排序，对具体的实施工作进行合理、科学、有序的安排，通过需求次序的合理排序，达到用户满意度最大化和角度质量最优的目的。综合建设方与实施方规划内容，从而构建、选择财务共享服务中心的最优实现路径，以推动财务共享服务中心实现路径研究的探索与创新。

鉴于此，本书考虑财务共享服务中心的特征，从财务共享服务中心的需求建模与获取策略、财务共享服务中心的需求评价与优化策略、财务共享服务中心的需求与软件模块映射策略和财务共享服务中心的实现路径四个方面进行研究；基于本体论对需求进行表达，分别利用 SECI 知识螺旋模型和需求模式理论研究财务共享服务中心的初始建设静态需求获取和运营阶段动态需求获取；分别采用 CART 决策树算法和 SOM 神经网络算法对财务共享服务中心需求进行初始评价和动态评价，并根据评价结果制定需求优化策略；运用质量屋技术构建初始建设阶段用户需求与软件模块静态映射模型，在质量屋的基础上增加"变化"维度，构建基于三维质量屋的运营管理阶段用户需求与软件模块动态映射模型；针对财务共享服务中心实现路径研究问题，从建设方角度，在需求价值、需求预算、变革风险以及技术成熟度的复杂约束条件下，基于 0 - 1 整数规划法确定对需求进行最优化选择以实现需求总体价值最大，从实施方角度分析影响用户满意度以及交付质量的重要因素，构建需求优先级评价以评定实施的优先级。

1.4　研究目的与内容

1.4.1　研究目的

财务共享服务中心的功能定位涉及会计服务、风险控制和价值创造三个维度，根据不同企业在所处的行业、企业文化、发展战略、业务特征、财务组织架构和财务管理模式等方面存在差异而有所侧重和不同。对于企业财务共享服务中心来讲，其功能定位的过程，本质上是在会计服务、风险控制和价值创造三个维度上进行需求的表达、获取、评价、映射和实现等方面的过程。

本书通过文献梳理、理论分析，并结合实地调研和问卷调查，针对财务共享服务中心的功能定位和实现路径问题，以 ZJRH 集团财务共享服务中心和 LC 集团的财务共享服务软件为重点调研对象，研究和解决财务共享服务中心的需求建模与获取策略、需求评价机制与优化策略、需求与软件模块映射策略和实现路径等关键科学问题，以期建立财务共享服务中心功能定位与实现路径的基本理论、方法和策略，并为企业建设财务共享服务中心和研发财务共享软件产品提供理论支撑和实践指导。具体来说，本书的研究目的包括以下四方面。

（1）需求获取是财务共享服务中心建设的重要环节，科学有效的需求表达和获取对财务共享服务中心的功能定位有着较大的影响。通过对财务共享服务中心需求建模与获取策略的研究，定义财务共享服务中心需求的概念和分类，建立初始建设阶段需求获取模型与运营管理阶段需求获取模型，运用科学的方法清晰、完整地获取财务共享服务中心的需求，能够丰富财务共享服务中心需求获取方法，补充和完善财务共享服务中心需求建模与获取理论，为企业实际中对财务共享服务中心初始建设阶段和运营管理阶段的需求获取提供理论支持。

（2）需求评价是进行财务共享服务中心需求优化的重要组成单元，评价机制是否健全在很大程度上制约着财务共享服务中心的发展。本书通过对财务共享服务中心需求评价与优化策略进行研究，建立了整体性、系统化的财务共享服务中心需求评价机制，涵盖评价流程、评价主体、评价方式、运行机理、评价结果反馈等要素，通过对财务共享服务中心初始建设管理阶段和运营管理阶段需求的初始评价和动态评价研究，能够得到高质量的科学、客观、合理的评价结果，进而为需求获取的优化提供科学依据，最终实现财务共享服务中心需求评价与优化的全流程动态管理。

（3）企业在建设财务共享服务中心时，映射作为财务共享软件产品开发最重要的一步，是需求转换为软件的桥梁。在财务共享服务中心的运营管理阶段，由于财务共享服务向着财务自动化、智能化、数字化的方向转变，其需求呈现动态变化的状态，财务共享软件产品也需要随之升级。通过研究财务共享服务中心需求与软件模块的映射策略，实现初始建设阶段用户需求、运营管理阶段用户需求与软件模块的映射，能够建立财务共享服务中心用户需求与软件产品映射的基本原理、方法和技术体系，并为从企业财务共享服务中心的需求到财务共享软件产品的映射与转换提供理论支撑和实践指导。

（4）建设方和实施方是财务共享服务中心建设的两大相关主体。通过对财务共享服务中心实现路径的研究，制定财务共享服务中心需求实施策略，设计面向建设方的考虑需求重要性、需求预算、变革风险和技术成熟度等约束条件下基于需求的总体价值进行最优化的需求选择方法，有助于为建设方提供科学的需求规划和实施方案，从而有效保障财务共享服务中心需求的落地实施和优化发展。通过设计面向实施方的考虑在需求价值、需求的共享程度、需求之间的协同程度、需求实现的技术复杂程度等影响因素的需求优先级排序方法，能够对资源进行优化配置和合理规划，优化财务共享服务软件产品研发流程，提高产品交付质量，设计能够达成用户满意度高的实施方案，为企业财务共享服务中心软件产品的研发提供指导。

1.4.2 研究内容

通过调查问卷观察企业财务共享服务中心在初始建设和运营管理过程中的功能定位及其实现路径，财务共享服务中心的功能定位主要涉及企业建设财务共享服务中心的需求获取、需求评价、需求映射和需求实施等核心科学问题，本书将研究内容分为如下五个部分。

1. 财务共享服务中心建设与运营管理现状调查分析

企业在战略发展过程中，受降低成本、提高效率、风险控制和财务转型等因素的驱动，会大力推进企业财务共享服务中心建设。财务共享服务中心作为一种新型的财务管理模式，叠加移动互联网、云计算、大数据、人工智能、RPA等新一代信息技术，会对企业的组织结构、财务流程、会计核算、会计管理与决策带来深刻的影响和挑战。企业财务共享服务中心的功能如何定位、如何演化、如何实施，成为需要重点关注的研究问题。因此，设计财务共享服务中心现状的问卷调查，并依据调查结果，分析财务共享服务中心建设与运营管理的现状，是本书研究的第一步。基于此，本部分主要研究：

（1）根据研究目标，结合研究内容，考虑调查对象填问卷时候的逻辑顺序，设计问卷调查以分析财务共享服务中心的现状。

（2）根据问卷调查的内容，分别对调查对象基本情况、财务共享服务中心的功能定位、财务共享服务中心功能需求获取与评价、财务共享服务中心实现路径和财务共享服务中心需求演化五个方面的调查结果进行分析。

2. 财务共享服务中心需求建模与获取策略研究

财务共享服务中心的需求获取作为需求工程的第一步，是后续财务共享服务中心的需求评价、优化、映射和实施的前提与基础。财务共享服务中心实施方提供的财务共享服务中心属性项定制化程度越高，用户需求表达越详细，需求满足程度和用户满意度就越高。财务共享服务中心可定制属性项的增加，必然导致产品维护复杂度的增加，企业成本也随之大幅增加。财务共享服务中心的建设方和实施方存在着通信鸿沟，出现需求多变、难以预料的局面，且实施方提供的财务共享软件产品其质量也与需求的质量密切相关。因此，处理好财务共享服务中心的需求表达与获取是财务共享服务中心初始建设和运营管理过程中面临的首要任务。基于此，本部分主要研究：

（1）定义财务共享服务中心需求的概念和内涵，同时，考虑业务的变化与拓展、IT 技术的升级与迭代影响，对财务共享服务中心的需求进行分类，为需求获取模型的构建奠定基础。

（2）考虑需求信息本体的多粒度特性和适用领域的不同，对需求表达模型的构建进行研究，达到采用恰当的需求信息本体进行准确描述的目的。

（3）在财务共享服务中心的初始建设阶段，研究确定需求静态获取过程中的需求项以及静态需求获取模型的构建。

（4）在财务共享服务中心的运营管理阶段，研究确定需求动态获取过程中的需求项和需求模式以及动态需求获取模型的构建。

3. 财务共享服务中心需求评价与优化策略研究

财务共享服务中心需求评价涉及的影响因素较多、数据难以获取、评价标准难以统一、评价不全面、评价指标体系对业务和技术变化不敏感，使得财务共享服务中心的软件需求难以像其他软件系统需求评价那样客观且准确。另外，在业务与技术的双重驱动下，财务共享服务中心不断更新迭代出新的需求，并且处在不同阶段的财务共享服务中心，其需求是存在差异的。所以在财务共享服务中心的初始建设阶段和运营管理阶段对需求分别进行相应的初始评价和动态评价显得尤为重要。基于此，本部分主要研究：

（1）设计财务共享服务中心需求评价机制总体框架，它包括评价主体、评价客体、评价内容、评价方法以及评价结果的应用五个方面的内容，同时，设计财务共享服务中心初始建设和运营管理两个阶段需求评价机制的运行机理。

（2）针对财务共享服务中心初始建设，考虑不同企业功能定位的差异，并依据需求评价指标的构建原则，研究设计需求的初始评价指标体系和初始评价模型的构建，并对评价结果制定相应的优化策略。

（3）针对财务共享服务中心运营管理过程，考虑指标的层级和复杂程度，权衡客观指标与主观指标的权重，将用户需求分为功能性需求和非功能性需求，研究设计功能需求评价指标体系和非功能需求评价指标体系，构建需求的动态评价模型，并根据动态评价结果并提出相应的优化策略。

4. 财务共享服务中心需求与软件模块映射策略研究

一般来说，财务共享软件产品是实施方根据用户需求基于平台进行的二次开发，因此需要进行财务共享服务中心需求与软件模块的映射与转换。由于需求与软件模块间存在一对一、一对多和多对多的关系，而软件模块之间又存在交叉和独立关系，因此需要对存在交叉关系的软件模块进行去冗余处理。由于去除冗余后的软件模块，在相关性方面同样存在互斥关系、不相关关系、互相冲突关系和相互协作关系，因此还需要进一步对其进行筛选。随着业务的变化与拓展、IT 技术的升级与迭代，在运营管理阶段会产生新的需求或者需求发生了变化，从而使得财务共享软件模块也需要进行相应的调整。基于此，本部分主要研究：

（1）考虑目前的财务共享软件产品趋向于定制化，不同企业存在着差异性，通过对财务共享服务中心的常用软件模块进行梳理，研究用户需求与财务共享系统、子系统和模块之间的映射关系。

（2）在财务共享服务中心的初始建设阶段，根据用户需求与软件模块的关联关系、各个软件模块的相互关联关系，考虑软件模块重要度，研究初始建设用户需求与软件模块的静态映射模型。

（3）在财务共享服务中心的运营管理阶段，考虑需求的变化，在静态映射模型的基础上研究运营管理阶段用户需求与软件模块的动态映射模型，分析需求演化对软件模块的影响。

5. 财务共享服务中心的实现路径研究

财务共享服务中心建设由于建设方和实施方在财务共享服务中心的实施过程中面临的制约因素不同，因此需从建设方和实施方两个角度对实施进行最优规划。需求的最优化选择有助于为建设方提供科学的规划和实施方案，而需求的优先级排序有助于实施方优化财务共享服务软件产品研发与实施流程。基于此，本部分主要研究：

（1）从建设方角度，研究考虑需求重要性、需求预算、变革风险和技术成熟度等约束条件下基于需求的总体价值进行最优化的需求选择问题，有助于为建设方提供科学的规划和实施方案，从而有效地保障财务共享服务中心的落地实施和优化发展。

（2）从实施方角度，研究考虑需求价值、需求的共享程度、需求之间的协同程度、需求实现的技术复杂程度等影响的需求优先级排序，以提高产品的交付质量和用户的满意度。

1.5　研究方法与技术路线

1.5.1　研究方法

鉴于财务共享服务中心功能定位与实现路径研究的复杂性，本书力争理论阐释与实践归纳相结合，采用了文献研究、实地调研、问卷调查、规范研究、案例研究等多种研究方法，并从多角度、多维度、多层次对课题的四个研究主题进行深入研究。

通过对 83 家建设了财务共享服务中心的企业进行问卷调查，并重点对ZJRH 集团财务共享服务中心和 LC 集团进行实地调研和访谈，了解其财务共享服务中心的建设现状，以及对财务共享服务中心功能的目标期望。在广泛分析国内外财务共享服务中心功能定位与实现路径相关研究现状的基础上，借助本体论、需求模式理论、机器学习、QFD 质量功能展开、DSM设计结构矩阵理论、层次分析法等方法和工具，对财务共享服务中心的需求获取、需求评价、需求映射和需求实施等科学问题进行了规范研究和实例研究。

本书在研究过程中，其主要的研究方法运用如下。

（1）采用本体论构建了基于多粒度本体的需求表达模型，对需求进行表达；利用 SECI 知识螺旋模型对初始建设阶段的静态需求获取进行建模，明确财务共享服务中心建设阶段需求知识的转化形式和转化路径；利用需求模式理论构建动态需求获取模型，引导出用户需求，形成需求的循环获取。

（2）采用 CART 决策树算法构建需求的初始评价模型，运用 SOM 神经网络算法对需求动态评价模型，并根据模型结果提出相应的优化策略。

（3）采用质量屋技术构建初始建设阶段用户需求与软件模块静态映射模型，其中基于 DEMATEL 法分析模块之间的重要度并对其进行修正；在质量屋的基础上增加"变化"维度，构建基于三维质量屋的运营管理阶段用户需求与软件模块的动态映射模型，运用 DSM 分析软件模块之间的互相关性，将 QFD 与 DSM 方法相结合，构建出需求与软件体系结构的复合关系矩阵，调整和改变软件模块的设计。

（4）基于 0－1 整数规划法，建设方在需求价值、需求预算、变革风险以及技术成熟度的复杂约束条件下，通过需求进行选择，以需求总体价值最大化为目的进行实施方案的规划；采用层次分析方法（AHP）对需求优先级进行排序，为实施方确定财务共享服务中心实施的需求优先顺序，综合考虑需求价值、需求的共享程度、需求之间的协同程度、需求实现的技术复杂程度等因素对财务共享服务中心实现的用户满意度最大化和交付质量的影响，为实施方制定实施最优的实施方案。

1.5.2　技术路线

本书对现有研究文献进行梳理，明确现有研究不足，并借鉴吸收部分研究思路和研究方法，明确研究目标、内容；采用问卷调查法对多家企业的财务共享服务中心的建设现状进行分析；采用实地调研法分析 ZJRH 集团财务共享服务中心和财务共享软件厂商 LC 集团在功能定位与实现路径方面的现状，并将其作为本课题的重点研究对象，用以对财务共享服务中心的需求建模与获取策略、需求评价机制与优化策略、用户需求与软件模块映射策略和实现路径进行研究，具体技术线路如图 1－7 所示。

首先，整理分析现有研究文献，调研 ZJRH 集团财务共享服务中心和 LC 集团的财务共享服务软件与成功实践，考虑到业务和技术的双重影响，将财务共享服务中心的需求分为基本需求和增强需求，然后对需求进行表达，在此基础上制定初始建设过程中的静态需求获取策略和运营管理过程中的动态需求获取策略。

其次，设计需求的初始评价指标体系，建立初始建设阶段需求的初始评价模型，在此基础上，确定功能需求评价指标和非功能需求评价指标，建立财务共享服务中心运营管理阶段需求的动态评价体系，并根据评价结果提出需求优化策略。

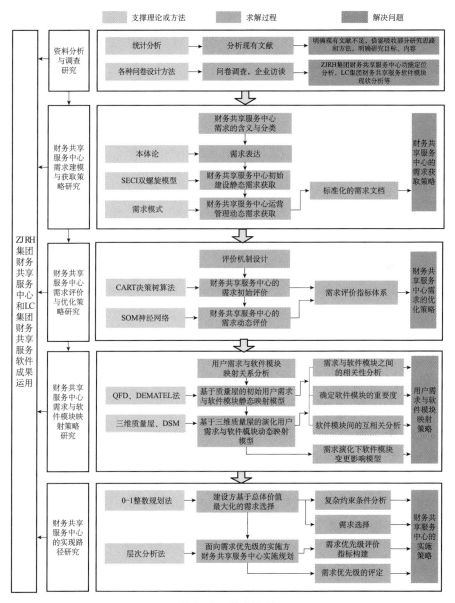

图 1-7 技术路线

再次，分析需求与软件模块之间的映射关系，构建初始建设阶段用户需求与软件模块静态映射模型，对用户需求与软件模块的关联关系、各个软件模块的相互关联关系进行分析，对软件模块重要度进行评价，并对软件模块的重要度进行修正；构建运营管理阶段用户需求与软件模块动态映射模型，在分析用户需求与软件模块间的重要度、软件模块间的互相关关系和重要度的基础上，确定用户需求到软件模块的映射策略。

最后，从财务共享服务中心的建设方和实施方两个角度研究实现路径，建设方考虑需求重要性、需求预算、变革风险和技术成熟度等约束条件下基于需求的总体价值进行最优化的需求选择，实施方考虑在需求价值、需求的共享程度、需求之间的协同程度、需求实现的技术复杂程度等影响因素下进行需求优先级排序。

1.6 创新之处

基于独特的视角和方法，考虑到财务共享服务中心的初始建设和运营管理两个阶段，将财务共享服务中心的功能定位看成一个静态和动态相结合的问题，分别研究静态和动态下的财务共享服务中心需求的获取、评价、映射和实施，采用多学科交叉研究方法，不但注重基础理论创新，更重视成果的集成应用。以 ZJRH 集团财务共享服务中心和财务共享服务软件厂商 LC 集团作为研究问题导入和研究成果验证的对象，形成研究的完整闭环，这将使研究结果的价值凸显。本书研究的创新之处主要体现在以下方面。

（1）针对财务共享服务中心需求建模与获取策略研究，定义了财务共享服务中心需求的概念，并将需求划分为基本需求和增强需求，采用本体论构建需求表达模型，然后基于财务共享服务中心的初始建设阶段和运营管理两个阶段，分别采用 SECI 构建了初始建设阶段用户需求获取模型，以及需求模式理论构建了运营管理阶段用户需求获取模型，打破了需求获取的传统方法，运用科学的方法清晰、完整地获取财务共享服务中心的需求，能够丰富财务共享服务中心需求获取理论与方法。

（2）针对财务共享服务中心需求评价与优化策略研究，在设计需求评价机制的基础上，针对财务共享服务中心初始建设阶段和运营管理阶段分别建立了初始评价指标体系和动态评价指标体系，并构建了基于 CART 决策树算法的初始需求评价模型以及基于 SOM 神经网络算法的动态评价模型，并根据评价结果有针对性地制定优化策略，形成了财务共享服务中心相对全面、系统的评价与优化策略。

（3）针对财务共享服务中心需求与软件模块映射策略研究，基于质量屋技术构建初始建设阶段用户需求与软件模块静态映射模型，分析了用户需求与软件模块之间的相关性，对软件模块重要度进行评价，采用模糊 DE-MATEL 方法对软件模块重要度进行修正；在静态映射模型的基础上，增加"变化"维度，形成三维质量屋，构建了运营管理阶段用户需求与软件模块动态映射模型，不仅建立了用户需求与软件模块之间、软件模块之间的融合与冲突求解关系模型，还构建了需求演化下的软件模块变更影响模型，提出了财务共享服务中心不同阶段的需求映射策略，这不仅能建立财务共享服务中心需求映射的基本原理、方法和技术体系，还能为企业建设财务共享服务中心的需求映射与转换提供理论支撑和实践指引。

（4）针对财务共享服务中心的实现路径研究，采用 0 - 1 整数规划法，建设方在需求价值、需求预算、变革风险以及技术成熟度的复杂约束条件下，对需求进行选择，以需求总体价值最大化为目的进行实施方案的规划；采用层次分析方法（AHP）对需求优先级进行排序，为实施方确定财务共享服务中心实施的需求优先顺序，综合考虑需求价值、需求的共享程度、需求之间的协同程度、需求实现的技术复杂程度等因素对财务共享服务中心实施的用户满意度最大化和交付质量的影响，为实施方制定科学的实施方案。

第2章

财务共享服务中心建设
与运营管理现状调查分析

　　财务共享服务通过流程再造和 IT 技术创新应用，改变了分散、低效的财务管理模式，在降本增效、合规内控、业务拓展支持以及企业财务职能转型多方面发挥了重要作用。本章介绍了财务共享服务中心在建设与运营管理现状的问卷调查设计与调查情况，并根据调查结果详细分析了被调查企业财务共享服务中心的基本情况与功能定位、运营管理与需求演化、信息系统与信息技术应用、实现路径与建设实施等方面的内容。

2.1　财务共享服务中心现状的问卷调查

　　面对财务数字化转型的时代潮流和打造世界一流财务能力的发展愿景，财务共享服务中心更加关注如何与时俱进，以一流的管理与服务能力，支撑战略与决策、赋能业务与经营。本章根据研究目标，结合研究内容，设计了调查问卷，以观察企业财务共享服务中心在建设和与运营管理过程中的功能定位及其实现路径情况。

2.1.1　内容设计

　　企业在战略发展过程中，受降低成本、提高效率、风险控制和财务转型等因素的驱动，会大力推进企业财务共享服务中心建设。财务共享服务中心作为一种新型的财务管理模式，叠加移动互联网、云计算、大数据、人工智能、RPA 等新一代信息技术，会对企业的组织结构、财务流程、会计核算、会计管理与决策带来深刻的影响和挑战。企业财务共享服务中心的功能如何定位、如何演化、如何实施，成为需要重点关注的研究问题。

问卷调查结合研究内容，考虑调查对象填问卷时候的逻辑顺序，设计了五个部分内容，分别是调查对象基本情况、财务共享服务中心的功能定位、财务共享服务中心功能需求获取与评价、财务共享服务中心实现路径和财务共享服务中心需求演化，其内容框架如图 2 - 1 所示。

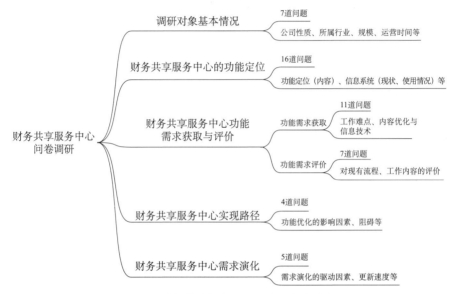

图 2 - 1　财务共享服务中心问卷调查内容框架

填写问卷者的基本情况包括所在企业的性质、行业、收入规模、人员规模以及财务共享服务中心的运营时间等。本部分内容作为分析其他部分调查结果的基础数据。

财务共享服务中心的功能定位的问卷调查设计，包括了对财务共享服务中心的重要功能、信息系统和业务系统、企业的战略目标与财务共享服务中心的匹配情况等情况方面的内容。根据调查结果，可以分析不同类型企业财务共享服务中心的功能定位、需求与信息系统的使用情况，该分析结果可以为财务共享服务中心需求获取、评价、实现路径研究提供实务参考和借鉴。

财务共享服务中心的建设与运营管理的问卷调查设计，包括了对企业业务的需求获取与评价，以及针对财务共享服务中心运行过程中的难点、有待改进之处的需求进行调查。通过对企业需求的重点、需求评价范围的调查，评估现有财务共享服务中心在需求获取与评价上的不足，并根据此调查结果为设计需求获取模型与评价方法提供实务参考和借鉴。

财务共享服务中心实现路径的问卷调查设计，包括了功能优化、实现阻碍、影响因素等方面的内容，通过总结财务共享服务中心在实施路径中的阻碍因素，分析原因，为提出新的实现路径和方法提供实务参考和借鉴。

企业的财务共享服务中心在运营管理过程中，会不断出现新的需求，这些需求要求对财务共享服务中心的功能进行更新。该部分的问卷调查设计包括了财务共享服务中心的需求演化，了解企业需求变化的驱动因素、反应和完善方向，以及现有财务共享服务中心的需求演化过程和应对等方面的内容。

2.1.2　调查情况

本章就企业财务共享服务中心的现状进行了问卷调查，主题为"财务共享服务中心的功能定位与实现路径"，主要目的是了解企业财务共享服务中心在功能定位、功能需求与评价、实现路径和需求演化等方面的现状。本问卷调查，收到 94 个问卷回复，剔除问卷回复中的重复企业，实际有效回复问卷 83 家企业。

1. 被调查企业的企业类型。在 83 家被调查企业中，国有企业有 60 家，占 71.43%；民营企业有 17 家，占 20.24%；合资企业占 1.19%；外资企业占 2.38%，还有占比 4.76% 的其他企业。

2. 被调查企业的行业分布。从行业分布来看，被调查企业所处行业排名占比处于前两位的行业分别是建筑业和制造业，占比分别为 36.90% 和 15.48%，其他行业累计占 22.62%。

3. 被调查企业的规模分布。被调查企业中，年收入在 50 亿~100 亿元人民币的企业占 9.64%。年收入在 100 亿~500 亿元人民币的企业占 15.6%，年收入超过 5 000 亿元人民币的企业同样占 15.6%，大多数被调查企业年收入未超过 50 亿元人民币（26.5%）或 500 亿~5 000 亿元人民币以上（32.66%），与中兴新云、ACCA 在 2022 年发布的《2022 中国共享服务领域调查报告》结果一致，规模百亿元以上的企业，有更强的动力建立财务共享服务中心。同时，在财务共享服务中心的人员规模上，大多数（43.7%）企业的财务共享服务中心的人员规模在 100 人以下。

2.2　基本情况与功能定位调查分析

随着财务共享服务中心在企业中的应用与发展，基于企业发展战略和财务规划而确定的财务共享服务中心未来工作的主要目标定位也越来越重要。

2.2.1　财务共享服务中心的基本情况

从对被调查企业的财务共享服务中心的运营时间来看，超半数的企业财务共享服务中心的运营时间在 5 年及 5 年以上，这表明，他们在财务共享服务中心的实践中已经积累了很多的经验。在调查中，有 26.19% 的企业财务共享服务中心的运营时间不超过 3 年。在被调查的 83 家企业中，财务共享服务中心的基本情况分析如图 2 - 2 所示。

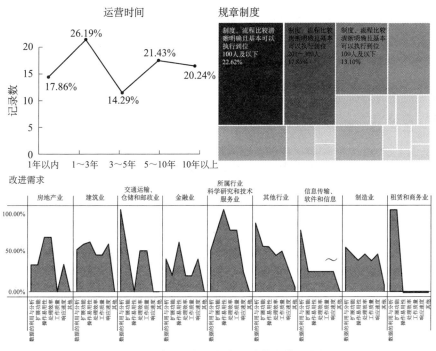

图 2 - 2　财务共享服务中心的基本情况分析

从对被调查企业的财务共享服务中心的规章制度、流程的定制来看，85%以上的企业认为财务共享服务中心的制度、流程清晰明确，有10.71%的企业认为财务共享服务中心的制度、流程不够清晰，存在部分漏洞或模糊地带，甚至会影响工作效率，在这占比10.71%的企业中，有一半企业的人员规模在500人以上。从对制度的执行角度来看，有52.83%的企业认为这些制度与流程基本可以执行到位，这些企业均为人员规模在300人以下的企业；另有33.33%的企业认为这些制度与流程能够彻底得到执行，这些企业主要集中于人员规模在200人以下的企业（见图2-2）。从企业人员规模的角度看规章制度的制定与执行情况，可以发现，企业人员规模较小的企业的规章制度的制定较为清晰，执行情况较好，人员规模较大的企业可能因为业务的复杂性和任务量较大，其在制度或流程上存在一些疏漏。

从对被调查企业的财务共享服务中心的改进需求来看，科学研究与技术服务行业对财务共享服务中心的功能改进需求较大，房地产和金融业对功能改进的需求较小。从需求改进的具体内容来看，交通运输业、仓储邮政业和租赁、商务服务业对"数据的利用和分析"需求较大，房地产业、建筑业和租赁、商务服务业对财务共享服务中心的"扩展功能"需求较大。从需求较少的角度来看，房地产业、租赁、商务服务业对财务共享服务中心的"工作质量"功能上没有需求改进的期望，交通运输业对"操作易用性"功能没有需求改进期望。

2.2.2 财务共享服务中心的功能定位

在企业财务共享服务中心的功能定位调查中，设置了功能定位重要性、战略目标等相关的调查问题。根据文献梳理和理论分析，结合对相关企业的实地调研，我们将功能定位主要集中于"财务共享服务中心给财务工作带来的便捷"，即会计服务；"财务共享服务中心在风险控制中发挥的作用"，即风险控制；"财务共享服务中心给企业带来的其他价值"，即价值创造。财务共享服务中心功能定位的问卷调查情况分析如图2-3所示。

从调查结果来看，企业对财务共享服务中心的功能定位可能与企业性质更相关，大多数国企的在"会计服务"上的功能定位大于在"风险控制"和"价值创造"方面，民企和合资企业则更看重"价值创造"这一功能，

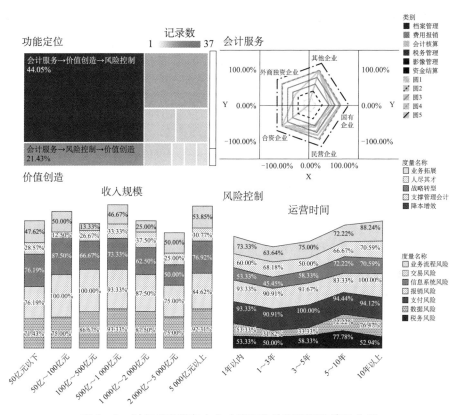

图 2－3　财务共享服务中心功能定位的问卷调查情况分析

外企更偏向于"风险控制"。关于财务共享服务中心的功能定位，其内涵分析和调查情况如下。

1. 会计服务。财务共享服务中心的会计服务功能主要是财务共享服务中心进行财务会计工作，其业务涉及会计核算、资金结算、财务会计报告等内容。企业也可以在建设财务共享服务中心时，直接建立功能完善的资金管理、资产管理、税务管理、预算管理、成本管理、投资管理、绩效管理和管理会计报告等方面的独立的信息系统。随着云计算、大数据、RPA、人工智能等新一代信息技术的发展与应用，财务共享服务中心的会计服务正在基于会计各项职能，实现会计服务的自动化、数字化、智能化。

财务共享服务中心的功能定位重点是会计服务，其具备以下特点：①先进性，没有运用财务共享服务中心之前，集团企业成员单位之间存在的同类型业务和服务，处理方法和处理流程存在差异。运用财务共享服务中心后，它可以作为集团财务、业务信息的收集中心，不仅是将会计处理行为移管过去，也可以根据业务类型进行归置，按类型取长补短、形成集团内的先进实践并复制推广，这样极大地提高同种类型的业务处理效率。②标准化，财务共享服务中心的批量作业特性类似于工厂流水线，每个工位处理的工作类别少、数量大，通过对单个工作内容多次重复，可提高单个作业岗位的速率，进而提高整体业务处理速率。③引导式，优化会计过程和结果的最好方法往往是在业务端，但业务人员和会计人员的专业不互通，因此，会计人员需要在了解业务原理、业务流程及业务诉求的前提下，通过主动与业务人员建立沟通，引导企业业务流程的梳理和再造。

在对企业财务共享服务中心现状进行的问卷调查中，从不同企业类型选择的会计服务内容来看，民营企业和国有企业的财务共享服务中心提供会计服务的内容包括更多方面，如"档案管理""影响管理""费用报销""税务管理"等，更加多元化，相比之下，其他企业注重"费用报销"这一服务。仅从会计服务内容来看，"资金结算""费用报销"基本上是所有受调研的财务共享服务中心提供会计服务包含的内容，说明费用报销是财务共享服务中心提供的一项基本业务。"影像管理"在除外资企业中运用得较为广泛，"税务管理"在合资企业和其他企业财务共享服务中心的会计服务内容中更加广泛，具体情况分析如图2-4所示。

2. 风险控制。财务共享服务中心的风险控制功能定位以流程管理为前提，将数据与信息技术的结合，以提升财务共享服务中心乃至企业的风险管理效率和管理能力。风险控制主要体现在两个方面：一是以财务共享服务中心为载体，固化财务共享服务中心的制度，通过流程化、标准化、规范化管理，达到降低因业务处理流程带来的风险的目的；二是数据支撑，构建风险控制机制，运用信息技术以实现风险识别、风险预警等风险控制功能，提高实时风险控制能力。

在问卷调查中，从被调查企业财务共享服务中心的运营时间来分析，总体来看，财务共享服务中心的运营时间在5~10年的企业，对风险控制的功能定位更为清晰；相反，运营时间在3年以下的企业，对风险控制发挥的作用体会较少，这可能是因为运营时间在3年以下的企业，以探索财务共享服务中心的主要功能为目标，尚未开发和利用财务共享服务中心在风险控制方面的价值和应用，具体情况分析如图2-5所示。

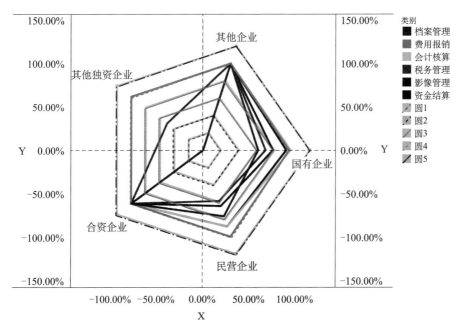

图 2-4　财务共享服务中心会计服务问卷调查

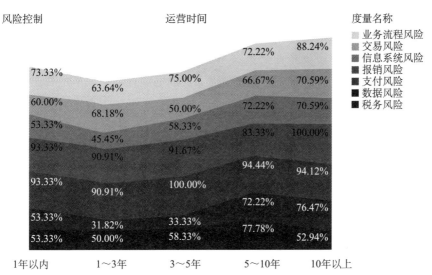

图 2-5　财务共享服务中心风险控制问卷调查情况分析

　　由图 2-5 可知，"支付风险"（93.33%、90.91%、100%、94.44%、94.12%）和"报销风险"（93.33%、90.91%、91.67%、83.33%、100%）是财务共享服务中心风险控制的重点，其中财务共享服务中心的运营时间在 3~5 年的企业，全部认为支付风险是风险控制的重要内容；财务共享服务中心的运营时间在 10 年以上的企业中，全都认为报销风险则是其风险控制的重要内容，支付和报销也是会计工作的主要内容，运用财务共享服务中心可能有效控制这些方面的风险。财务共享服务中心的运营时间低于 5 年的企业中，只有一半的企业认为，税务管理（53.33%、50%、58.33%）是风险控制的有效内容。

3. 价值创造。财务共享服务中心的价值创造包括两方面：一是由于财务共享服务中心的全业务集中处理所降低企业成本、提升工作质量、改善服务水平的价值创造；二是利用智能技术，提供各项数据分析、管理经营决策方案，推行精益财务、实时精细化信息、改善内部资源配置，指导企业经营管理，从而为企业创造更多价值。

从对价值创造的问卷调查结果来看，所有被调查企业财务共享服务中心带来的价值集中于"降本增效"（平均 86.76%）和"支撑管理会计"（平均 92.19%），降本增效作为基础价值功能，被更多的使用者认可。在收入规模不同的企业，可能会因为在行业中所处的位置不同，对价值创造的认识度不同，比如，年收入在 1 000 亿元以下的企业，大多被调查企业财务共享服务中心能够带来战略转型，提供方向和决策等，然而年收入在 1 000亿元以上的企业，很少企业财务共享服务中心能够带来战略转型。和年收入规模相关的另一个结果是"业务拓展"，根据调查结果，不难看出，年收入在 2 000 亿元以下的公司基本很少企业财务共享服务中心能够提供"业务拓展"的价值，但是年收入在 2 000 亿元以上的企业超过半数的"业务拓展"甚至可能成为财务共享服务中心价值创造的重点，具体情况分析如图 2-6 所示。

2.3　运营管理与需求演化调查分析

财务共享服务中心建设完成后会投入运行，在运营管理过程中，其需求会不断发生变化，变化的原因可能来自两个方面：一是财务共享服务中心完成的工作未达到预期效果；二是存在需求演化要求财务共享服务中心去满足，这种需求演化可能是企业业务的变化与发展或者技术的升级与迭代。

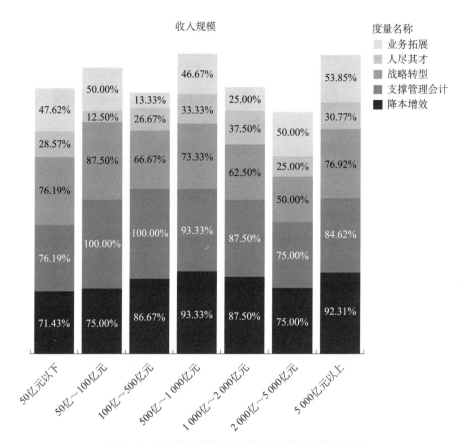

图 2-6　财务共享服务中心价值创造调查情况分析

2.3.1　财务共享服务中心的运营管理

企业财务共享服务中心的运营管理主要体现在对需求的评价，具体包括建设初期的需求评价与运营管理过程中的需求评价等内容。本书对财务共享服务中心的运营管理调查分为是否进行需求评价、需求评价的情况、性能与具体工作执行情况。

在对企业是否进行需求评价的调查中，调查结果显示，无论是何种类型的企业，77.38%的被调查企业对财务共享服务中心的需求都进行了评价，其中包括了所有被调查的合资企业和外商独资企业；未进行需求评价的企业中，国有企业占比17.86%、民营企业占比3.57%，还有占比1.19%的其他企业，具体情况分析如图 2-7 所示。

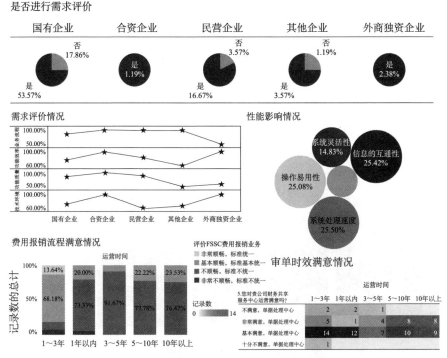

图2-7 财务共享服务中心运营管理调查情况分析

由图2-7可知，在这些做过财务共享服务中心需求评价的企业中，合资企业对需求评价的整体范围覆盖更广，国有企业和民营企业进行需求评价的范围与合资企业相比较小，但是比其他企业和外商独资企业的需求评价范围更大。从需求评价的内容可以看出，不同类型的企业对财务共享服务中心的功能需求存在偏好。从需求评价的覆盖内容来看，合资企业覆盖"技术环境""功能质量""功能效率""业务流程"等多个方面，外商独资企业缺少对"业务流程"方面的需求评价，民营企业则对"技术环境"方面的需求评价较少，而国有企业对"功能效率"的需求评价较少。

从被调查企业对财务共享服务中心关注的性能角度来看，企业更关注系统处理速度（25.5%）、信息的互通性（24.42%）、操作的通用性（25.08%），企业关注的其他性能还包括系统灵活性（14.83%）和界面友好性（9.17%）。

从企业经常性业务出发，调查员工对财务共享服务中心的满意程度，在费用报销流程方面，大多数企业都认为财务共享服务中心的费用报销流程"基本顺畅,标准基本统一",认为财务共享服务中心的费用报销流程"不顺畅,标准不统一"的企业都是财务共享服务中心的运营时间在 3 年以下的企业。财务共享服务中心的运营时间在 3 年以上的企业,运营时间越久,越觉得费用报销流程"十分顺畅,标准非常统一"。例如,运营时间在 3 ~ 5 年、5 ~ 10 年、10 年以上的企业中,分别有 8.33%、22.22% 和 23.53% 的企业认为费用报销流程"非常顺畅,标准非常统一"。

在审单时效方面,基本没有对审单时效"非常不满意"的企业。整体来看,运营时间在 5 年以上的企业没有对财务共享服务中心的审单时效"非常不满意",这可能是运营时间影响财务共享服务中心的运营管理,使其优化并做得更好。运营时间在 5 年以下的企业,少有对审单时效"不满意",这些企业认为单据处理时效可以改进,会提升他们的工作效率。

2.3.2 财务共享服务中心的需求演化

财务共享服务中心的建设始终处于一个动态变化的过程,它会随着业务、技术的变化不断产生新的需求。财务共享服务中心朝着降本增效、风险更可控、处理更智能的方向发展,它的发展与企业的现实情况相关,与信息技术的发展程度相关,与管理者的前瞻性与魄力相关。

在对财务共享服务中心需求演化的调查中,针对功能需求变化的驱动因素调查,半数的被调研企业将业务驱动看作主要因素,业务的复杂程度、业务的内容将会影响财务共享服务中心的功能调整,这与研究的思路保持一致。在对被调研企业对驱动因素的重要性打分时,50.07% 的被调研企业认为"技术是实现需求的一个关键因素,没有技术,即使有这样的需求,也难以被满足",其中的被调研企业包括超过 60% 的国企,50% 以上的外资企业。"业务驱动"成为多数企业财务共享服务中心软件功能升级的重要影响因素。占比 29.12% 的"技术驱动"主要以国企和外资企业为主,没有民企将"技术驱动"当作财务共享服务中心软件功能升级的一大因素。结果驱动是需求被满足时,财务共享服务中心对其他方面的需求,需求满足的效果会直接影响提出其他需求,具体情况分析如图 2 - 8 所示。

从财务共享服务中心对功能需求更新的角度分析,大多数企业(64%)更新速度一般,只有 27% 的企业对功能需求更新的速度较快,这些企业主要以民营企业和外资企业为主。通过调查分析,我们认为更新速度可能和

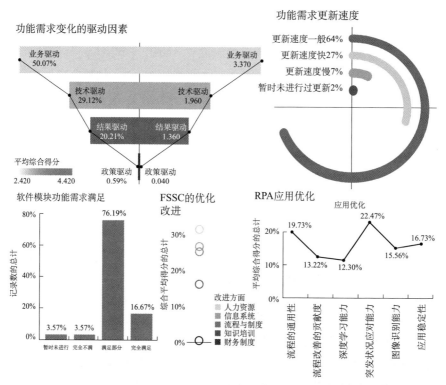

图2-8　财务共享服务中心需求演化调查情况分析

企业财务共享服务中心运营时间相关，运营时间的长短可以用来衡量对财务共享服务中心的熟悉和应用程度，在这种影响下，对需求的更新也是密切相关。只有不到10%的企业功能需求更新速度慢。

从被调研企业对信息化软件板块功能需求满足的程度调研结果来看，几乎所有企业都持满足（完全满足）的正向看法。被调研企业对财务共享服务中心提出优化改进的方案时，31.35%的被调研企业认为在"信息系统"上的优化大于其他方面，所有的外资企业都认为"知识培训"方面的优化应该作为优化重点，13.3%的国有企业和12.5%的民营企业认为"财务制度"也应当进行优化，尽管重要性没有信息系统的优化重要。

在数字经济时代，企业对财务提出了更高层次的要求，一是财务管理是业务发展的"推动者"，通过业财管理体系建设、贴近业务的财务分析挖掘管理绩效的提升空间，推动前端业务的精细化管理；二是财务管理是企业战略的"指南针"，通过主动参与集团整体战略的转型升级、业务扩张与兼收并购等重大事项支持战略决策，通过深入业务的业财结合，辅助战略落地；三是财务管理应当在企业开疆拓土的过程中发挥"保驾护航"的作用，通过权责清晰的财务管控模式、风险管理的闭环控制、行之有效的合规管理防范企业扩张与运营过程中的风险；四是应对企业规模扩张发展趋势，财务管理应当通过自身规范化、标准化的体系建设实现快速的管理移植，有效支持业务的快速扩张。

2.4　信息系统与信息技术应用调查分析

财务共享服务中心建设的核心内容是信息系统的建设，而信息系统的建设离不开信息技术的使用。企业财务共享服务中心与诸多业务信息系统进行连接，实现业财一体化。本节将介绍财务共享服务中心的信息系统与信息技术应用情况的调查与分析。

2.4.1　财务共享服务中心的信息系统

财务共享服务模式下，远程财务流程需要建立强大的网络系统，需要强大的企业信息系统作为 IT 平台。IT 技术的发展，特别是"企业资源规划系统"（ERP System）的出现，推动了"财务共享服务"概念在企业界的实践和推广。利用 ERP 系统和其他信息技术"财务共享服务"模式可以跨越地理距离的障碍，向其服务对象提供服务。

关于财务共享服务中心企业信息系统情况的调查，从整体来看，所有类型的企业都具备基本的财务信息系统，即会计核算系统。不同类型的企业财务信息系统具备情况不同，例如，国有企业的财务信息系统更加完备，70% 以上的国企都具备独立的资产管理系统、档案管理系统、税务管理系统等诸多信息系统，信息化程度较高。民营企业和外资企业影像管理系统的使用占比 50% 以上，民营企业和国有企业都建设了网上报账系统。

财务共享服务中心在进行财务业务处理时，会连接其他的业务信息系统，比如项目管理系统、业务管理系统、人力资源管理系统、一体化管理系统等。不同行业对信息系统的建设和使用存在差异，以建筑业、交通运输业和科学研究业为例，这些类型的企业，针对项目管理系统的使用程度较大，与财务共享服务中心的互通性较强，部分企业专门建立了财务共享服务中心与其他信息系统的数据连接，保证数据传输的准确性和效率，提高了财务共享服务中心的使用频率。房地产业和其他行业对于信息系统的使用程度相对较低，信息传输、软件和信息技术服务业对所有信息系统的利用程度较大，可能归因于这些新系统的开发。

在企业信息化平台的基本情况调查中，关于之前是否拥有 ERP 系统或者完善的 IT 系统以供处理基本业务的调查，超半数的被调研企业表示可以，即在使用财务共享服务中心之前，已有信息化系统，且较为完善。通过观察不同类型企业对信息系统的完善度选择，可以发现，国有企业性质的被调研企业中，大部分企业（80%）的财务共享服务中心具备日常工作的信息化平台，但是均不具备完整的信息化平台；有少数的民营企业（8.38%）财务共享服务中心完全不具备完善的信息化应用平台；外资企业的财务共享服务中心，较大程度或完全具备了信息化平台，具体情况分析如图 2－9 所示。

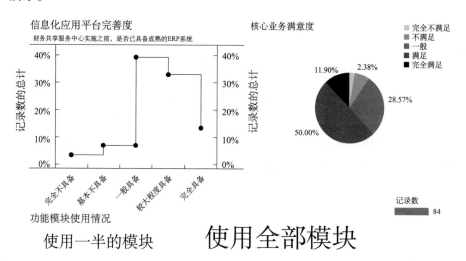

图 2－9　财务共享服务中心信息化平台调查情况分析

对于财务共享服务中心存在和应用的信息系统，其核心业务的调查，有不超过 10% 的被调查企业对此不满意，这些被调查企业所在企业的财务共享服务中心运营时间全部超过 5 年，说明财务共享服务中心的运营较长，这些企业在功能和系统上需要较大的改进。同样，在财务共享服务中心的运营时间少于 1 年的被调查企业里，没有企业对其财务共享服务中心在核心业务的处理上完全满足，可能是对财务共享服务中心功能的探索和技术还不够多；运营时间在 1～5 年的被调研企业对核心业务的处理更为满足。关于功能需求板块的使用情况，大多数的企业都表示，现有的财务共享服务中心的功能板块能够被使用，且只有很少部分，或者没有未被使用的功能板块。

从企业财务共享服务中心的运营时间角度来看信息化平台情况，财务共享服务中心运营时间超过 5 年的企业，它们使用了大部分的信息化平台模块；财务共享服务中心运营时间在 1～3 年的企业，它们使用了一半的信息化平台模块。然而，在统计"存在完全未使用模板"的企业里，却有部分（17.65%）财务共享服务中心运营时间在 10 年以上的企业，这可能是由于未被使用到的模块需要更多的信息技术作为辅助，或是这些功能板块在最开始设计时就存在缺陷，后期又没有进行相关问题的解决，因此未能得到使用。

2.4.2　信息技术在财务共享服务中心的应用

信息技术的使用情况对财务共享服务中心功能的发挥起着重要的作用，一方面，共享服务的高效运营需要互联互通的系统平台支持，信息系统的架构、功能以及与业务系统、其他财务系统的集成，是系统规划的重要内容，关系着财务共享服务中心能否实现端到端流程效率与流程自动化的提升。另一方面，通过信息技术对数据价值的挖掘体现了财务共享服务中心价值创造的效果。从数据的采集、处理到分析利用，财务共享服务中心利用大数据、RPA 和人工智能技术，更有能力将数据转化成信息、凝结成知识，最后形成企业财务管理自身的智慧，这也是财务的价值实现。

根据对企业的调查，目前信息技术在财务共享服务中心的应用主要有 RPA、OCR、NLP、云计算、机器学习、区块链、大数据分析技术、数据可视化技术，具体情况分析如图 2-10 所示。

1. RPA。机器人流程自动化（RPA）是在人工智能概念基础上建立起的软件机器人进程自动化技术，它主要基于计算机脚本语言（script）对流程

信息技术应用整体情况

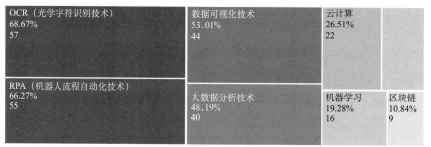

不同规模企业信息技术的应用

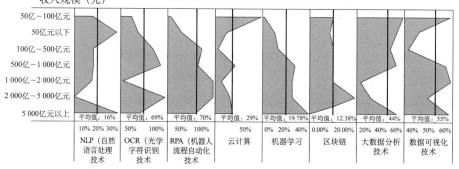

图 2 − 10　信息技术在财务共享服务中心的应用调查情况分析

中有明确的、可被数据化的触发指令和输入，通过执行根据规则的重复性任务来将包含大量手工操作的流程进行自动化。RPA 技术的诞生为财务共享服务下实现费用报销组织优化、流程再造等方面提供了有力技术支撑的同时也为其业务流程智能转型与升级带来新的发展机遇。

本书对企业财务共享服务中心对 RPA 的应用对企业进行了调查，从 RPA 的部署情况来看，64.29% 的企业部署了 RPA 财务机器人，其中有一半的企业其财务共享服务中心的运营时间超过 5 年，运营时间在 1 年以内的企业，较少有企业对 RPA 财务机器人进行部署。在调查中，这些未部署 RPA 财务机器人的企业主要集中于财务共享服务中心的运营时间在 3 年以内的企业，这可能说明，RPA 技术在企业中的应用和财务共享服务中心的运营时间密切相关。具体情况分析如图 2 − 11 所示。

从企业类型的角度看 RPA 的应用场景，不同企业类型对 RPA 的应用场景不同，反映出企业对 RPA 的认识与态度。国有企业和民营企业在"固定资产管理""应收应付""总账管理""报表自动化""税务管理""账表核

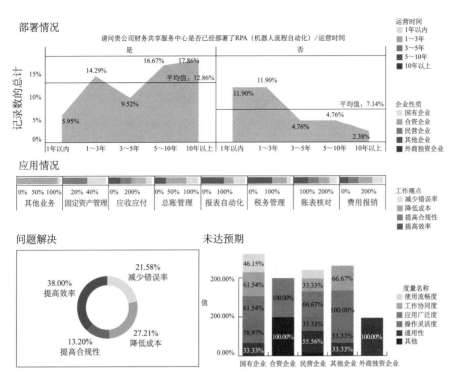

图 2 - 11　RPA 技术在财务共享服务中心的应用调查情况分析

对""费用报销"等方面皆有应用，民营企业对 RPA 的应用更多在"税务管理""固定资产管理""报表自动化"，合资企业和外商独资企业则主要在"费用报销"和"应收应付"上应用了 RPA。笔者进一步对 RPA 应用的结果进行调查，部署 RPA 后，带来的优化主要有提高效率（38%）、降低成本（27.21%）、减少错误率（21.58%）、提高合规性（13.2%）。

　　关于企业运用 RPA 技术之后，在未达预期的方面，被调查的企业中反映问题较为集中，外商独资企业认为 RPA 应用的"通用性"没有达到预期效果，合资企业认为"应用的广泛度"未达到预期效果。61.54% 的国有企业、66.67% 的民营企业和其他企业则认为"应用广泛度"是 RPA 在财务共享服务中心需要改进的主要内容。

　　2. OCR。光学字符识别（optical character recognition，OCR）技术是指运用光学设备将纸质文档上的文字转化为图像的过程，这些光学设备包含扫描仪、传感器等，根据现有的计算机语言与技术，将行为或者图形转化为可以在计算机或用计算机语言编辑的文字或数字。在技术方面，早先的文字识别方法基本都采用基于模板匹配的方式，对特征描述要求非常苛刻，很难满足复杂场景下的识别任务。

根据问卷调查显示，被调查的企业中有68.67%的企业在财务共享服务中心中运用了OCR技术（见图2-10），主要体现在费用报销环节将电子发票或机打发票的图片转换成文字信息，输入至信息系统，还有将RPA与OCR技术的结合，在生成财报的过程中，通过OCR捕捉到相关的内容信息，并通过RPA完成自动输入和输出的过程。从收入规模看，OCR技术在财务共享服务中心的应用，收入规模在500亿~1 000亿元和收入规模在2 500亿~5 000亿元的企业，对OCR技术的应用更为广泛、频繁。

3. NLP。自然语言处理（natural language processing，NLP）技术利用计算机分析自然语言语句和文本，抽取重要信息，进行检索、问答、自动翻译和文本生成。在财务领域，NLP技术的作用主要在于自动从海量的宏观、行业、微观资讯中发现、分析并整合与各类决策相关的信息，即先通过信息检索技术获取相关文本，然后借助语义分析技术从非结构化文本中提取结构化的信息，再将这些信息加以提炼，并且使之关联到未来可能的发展趋势，从而为预测和决策提供有价值的及时信息。

根据问卷调查显示，在被调查的企业中，有19.28%的企业的财务共享服务中心有对NLP的应用，这部分企业主要以年收入在100亿元以下的为主，从这里可以看出，现有的企业对NLP的应用较少，但是对财务共享服务中心表现出来的决策支持时，NLP技术往往能发挥更大的作用，将信息抽取、进行语义分析等（见图2-10）。

4. 大数据分析。大数据分析是用适当的统计分析方法对收集来的大量数据进行分析，目的是发挥数据的作用。当前数据分析则是不再用传统的方法与思维，选择更加适用于"大数据""人工智能"环境背景的方法，采取的数据分析，达到分析目的，主要有归纳性分析、预测性分析、预防性分析和商业智能。

根据问卷调查显示，大数据和人工智能的背景下，有48.19%的企业运用到大数据分析技术（见图2-10），大数据分析技术在环境背景下已成为企业竞争的核心竞争力。从收入规模来看，收入规模在1 000亿元以下的企业，一半以上的企业都运用了大数据分析技术。

5. 数据可视化。数据可视化是用图像的形式反映大量数据集中的过程，利用工具发现其中未知信息的处理过程。数据可视化技术最后是将一个数据库中的子数据项作为对象，用单个图元素来呈现，将大量的数据集可视化为直观的数据图像，达到对数据进行深入剖析、寻找关系的目的。数据可视化技术在财务共享服务中心的应用主要在于将企业资金、财务等经营活动数据转换成图形或图像，在屏幕上显示出来。

根据问卷调查显示，有 53.01% 被调查的企业中在财务共享服务中心中运用了数据可视化技术，主要是在决策支持环节，对财务报表分析结果的生成，数据可视化技术可以通过清晰的图表呈现出数据的结果和发展趋势。收入规模在 50 亿 ~ 100 亿元、500 亿 ~ 2 000 亿元的企业有超过 55% 的对数据可视化技术有应用。

6. 机器学习。机器学习作为实现人工智能技术的一种方法，它可以通过挖掘数据发现数据背后的价值，也可以通过智能学习，将人工的经验形成模式，进而帮助人类进行决策和预测。机器学习技术在各行各业都有较为深入的应用，在财务领域，通过机器学习预测风险，划分风险等级等可以帮助企业有效控制风险。

根据问卷调查显示，有 19.28% 被调查企业运用了机器学习技术，其中收入规模在 500 亿元以上的企业，对机器学习技术的应用更为广泛（见图 2 - 10）。

2.5　实现路径与建设实施调查分析

财务共享服务中心建设涉及建设方和实施方两个主体。从建设方的角度，在预算约束下如何选择最优化的需求进行建设；从实施方的角度，如何根据自己的资源配置对需求进行优先级进行排序，并制定科学合理的项目实施方案，这有助于提高建设质量和用户满意度，建设真正满足企业和现代社会需求的财务共享服务中心。在问卷调查过程中，基于被调查者的视角，为了适应用户语言，我们将需求优化表达为功能优化。

在进行财务共享服务中心实现路径的调查中，针对功能优化考虑因素，按照考虑因素占比来看，预算限制是首要考虑的重点。多数被调研企业中，预算约束是影响财务共享服务中心优化效果的重要因素。其次是技术的成熟度和开发时间，这些因素都是占比在 20% 以上，按照被调研企业对影响因素选择的先后顺序，所有被调研企业（企业）都将"预算限制"是排在首位的影响因素。人员规模在 100 人以下的和人员规模在 200～300 人的企业，分别有 14.7% 和 15.38% 的企业"开发人员的技术能力"是在财务共享服务中心功能优化时考虑的主要因素之一。对业务场景的调研和流程梳理只占很小部分的影响。细化到财务板块的优化，所有被调研企业将财务板块带来的业务管理效益和风险管控效益是最当考虑在内的，这说明财务风险在工作中的体现。实施优化所需时间也是财务板块优化考虑的主要因素，在所有因素中的占比为 21.12%，其中包括 60% 的财务共享服务中心运营时间在 1 年以上的企业。这与功能优化考虑的因素重合，但是财务板块优化考虑更多的是与财务工作、业务处理相关，更与工作内容吻合，具体情况分析如图 2 - 12 所示。

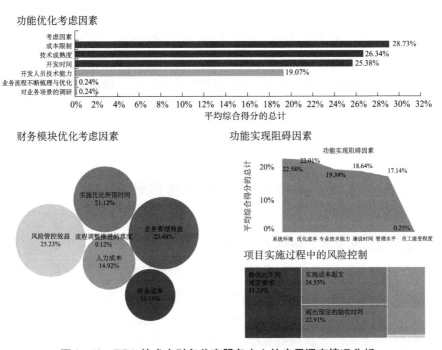

图 2 - 12　RPA 技术在财务共享服务中心的应用调查情况分析

　　阻碍实现的因素调查，被调查企业中系统环境（22.58%）、优化成本（22.01%）和专业技术能力（19.39%）是阻碍实现的最主要因素。在被调查企业中，14.8% 的高级管理人员将"管理水平"是最主要的阻碍因素，

21.4% 的一般管理人员将"优化成本"是最主要的阻碍因素，一线人员中，有 25% 的被调查企业将"建设时间"看作主要阻碍因素（见图 2 - 12），这反映了不同的职位层级对功能优化过程中阻碍因素的看待角度不同。

　　在项目实施过程中的风险统计上，验收达不到预定要求的风险 > 成本超支 > 超出预定的验收时间 > 没有优化的软件环境风险，根据调查的情况发现，在项目实施时，这些风险、阻碍因素都应该被考虑在财务共享服务中心建设规划和信息系统的设计中。

第 3 章

财务共享服务中心的需求建模
与获取策略研究

需求建模与获取是明确财务共享服务中心功能定位的第一步，其获取效果会直接影响后续的需求评价，最终影响财务共享服务中心的建设成效。因此，如何准确无误地进行需求表达和需求获取是本书首先要研究的科学问题。鉴于此，本章定义财务共享服务中心需求的概念，根据需求的特性对需求进行分类，将财务共享服务中心的需求获取分为初始建设阶段用户需求获取和运营管理阶段用户需求获取；通过构建基于本体的需求表达模型、基于 SECI 的初始建设阶段用户需求获取模型以及基于需求模式的运营管理阶段用户需求获取模型，为财务共享服务中心的需求表达、初始建设阶段及运营管理阶段的需求获取建立科学的方法和策略。

3.1　理论分析与研究思路

本节将阐述需求建模与获取在财务共享服务中心功能定位中的作用，并结合相关理论和问卷调查结果分析财务共享服务中心需求建模和获取的现存问题，然后从需求表达、初始建设阶段用户需求获取和运营管理阶段用户需求获取进行理论分析，构建财务共享服务中心的需求表达模型与需求获取框架，以建立财务共享服务中心的需求建模与获取策略。

3.1.1　理论分析

财务共享服务中心的功能定位涉及会计服务、风险控制和价值创造三个维度，根据不同企业在所处的行业、企业文化、发展战略、业务特征、财务组织架构和财务管理模式等方面存在的差异而有所侧重和不同。对于企业财务共享服务中心来讲，其功能定位的过程，本质上是在会计服务、风险控制和价值创造三个维度上进行需求的表达、获取、评价、映射和实现等方面的过程。

需求工程是指应用已证实有效的技术和方法进行需求分析，确定用户需求，帮助分析人员理解问题并定义目标系统的所有外部特征的一门学科。它通过合适的工具和记号系统地描述待开发系统及其行为特征和相关约束，形成需求文档，并对用户不断变化的需求演进给予支持。财务共享服务中心的需求获取是需求工程中的一环，其贯穿于整个财务共享服务软件开发的生命周期，主要分为前期需求准备和需求调研两个阶段，其具体内容如图 3-1 所示。

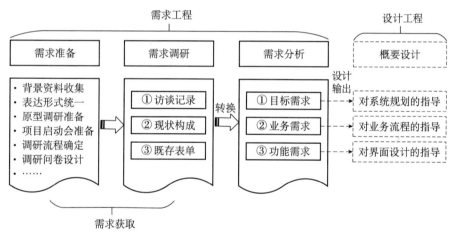

图 3-1 财务共享服务中心需求工程的阶段

财务共享服务中心需求获取的过程本质上是通过不断交流和沟通，使建设方和实施方达成对所建设财务共享服务中心的功能目标的共识，让实施方清晰了解建设方对财务共享服务中心的期望和需要。财务共享服务中心的需求获取是一个动态的过程，包括初始建设阶段的需求获取和运营管理阶段的需求获取，它并不是一成不变的，而是需要多次迭代才能完成。

针对需求获取相关研究，笔者也调查了企业在财务共享服务中心建设中需求获取的具体实践情况，专门设置了关于财务共享服务中心会计服务改进需求、信息技术应用现状、RPA 技术应用与改进等方面相关的调查问题，如图 3-2 所示。

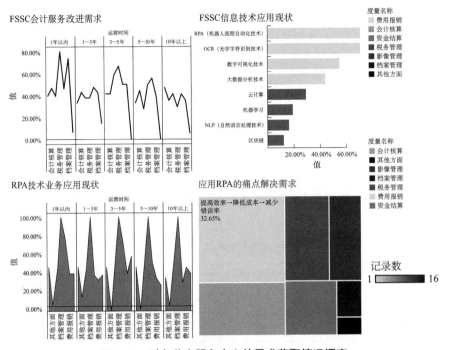

图 3-2 财务共享服务中心的需求获取情况调查

根据调查分析，如果目前实施方提供的财务共享服务中心专属定制化程度越高，建设方的需求表达就越详细。然而，由于财务共享服务中心的建设方和实施方在业务理解和技术理解方面存在较大的鸿沟，对需求的理解和表达会存在较大的差异，因此会产生需求多变、难以预料的局面，这就是需求获取中所谓的信息通信鸿沟。

在财务共享服务中心建设需求方面，针对会计服务改进需求，大部分被调查的企业对财务共享服务中心会计服务中的税务管理、档案管理、影像管理、税务管理的需求需要在 1~3 年内改进。对于财务共享服务中心信息技术应用现状来讲，已有 70.3% 被调查的财务共享服务中心使用了机器人流程自动化（RPA）技术①，其次占比 68.91% 的企业财务共享服务中心

---

① 程平，王文怡. 基于 RPA 的财务共享服务中心费用报销优化研究［J］. 会计之友，2018（13）：146-151.

使用了光学字符识别技术（OCR），但对于区块链和自然语言处理（NLP）的应用相对较少。对于机器人流程自动化（RPA）技术的应用，大部分被调查企业的财务共享服务中心使用机器人流程自动化（RPA）的首要目标是提高工作效率，其次才是降低成本和减少错误率。在机器人流程自动化技术的应用现状方面，被调查的财务共享服务中心几乎都将机器人流程自动化（RPA）技术应用到档案管理，并预期在 10 年内完全使用机器人流程自动化（RPA）技术实现费用报销自动化。总体而言，目前财务共享服务中心已应用的信息技术更多是光学字符识别技术（OCR）、机器人流程自动化（RPA）等基础技术，对于区块链、自然语言处理（NLP）等人工智能技术应用较少。

基于以上的理论梳理和调查分析，本章在定义财务共享服务中心需求概念的基础上将需求分为基本需求和增强需求，并根据财务共享服务中心的不同阶段将需求获取分为初始阶段的用户需求获取和运营阶段的用户需求获取。在财务共享服务中心的初始建设阶段，用户需求更多地体现为财务共享服务中心的基本需求，即财务共享服务中心必备业务驱动的需求，也有少部分增强需求。在运营管理阶段，建设方的需求受到企业业务的驱动和技术的拉动，实施方面临的更多是建设方提出的增强需求，这些需求主要来自智能自动化技术的影响，从而最终形成财务共享服务中心的需求建模与获取策略。

3.1.2　研究思路

财务共享服务中心的需求建模与获取策略研究是以建设方的需求为导向，对企业的财务共享服务中心进行需求获取，通过科学地表达用户需求，并在初始建设和运营阶段科学、准确地获取建设方的需求，以形成财务共享服务中心的需求获取策略。在研究过程中，综合考量业务和技术双因素驱动下对财务共享服务中心需求的影响，以"需求定义与分类——需求的表达——初始建设阶段用户需求获取——运营管理阶段用户需求获取"为路线贯穿研究全过程。

财务共享服务中心需求建模与获取策略研究由理论分析与研究思路、需求的定义与分类、需求表达、初始建设阶段用户需求获取、运营管理阶段用户需求获取和实例研究六部分组成。其中，需求表达包括本体理论的阐述和基于多粒度本体的需求表达模型构建，初始建设阶段用户需求获取包括初始建设阶段用户需求的特征分析和基于 SECI 的初始建设阶段用户需求获取模型构建，运营管理用户需求获取包括需求模式和基于需求模式匹配的运营管理阶段用户需求获取算法，具体研究思路如图 3-3 所示。

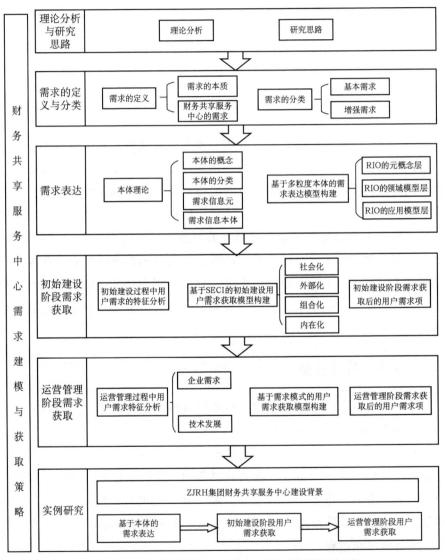

图 3-3 财务共享服务中心需求建模与获取研究思路

首先，定义财务共享服务中心需求的概念与分类。借鉴 IEEE 软件工程标准词汇表对需求的定义，结合财务共享服务的特征，定义财务共享服务中心需求的概念和内涵。根据需求的业务属性和技术属性，将财务共享服务中心的需求划分为基本需求和增强需求两类，并结合财务共享服务中心功能定位的会计服务、风险控制和价值创造三个维度，对这两类需求分别进行标注。

其次，引入本体论，构建基于本体的财务共享服务中心需求表达模型。先阐述了本体的相关理论，包括本体的定义、分类和模型涉及的需求信息元、需求信息本体。随后，基于多粒度本体对需求表达进行模型构建，将需求信息本体分为元概念层、领域模型层和应用模型层，分别概述各层次的内容与意义，以解决财务共享服务中心实施方和建设方存在领域知识差异的问题。

再次，针对财务共享服务中心初始建设阶段的用户需求，引入 SECI 理论，构建基于 SECI 的需求获取模型。先阐述了在初始建设阶段用户需求获取的含义与需求项，随后对初始建设阶段用户需求的特征进行分析，然后利用 SECI 进行建模，并以 SECI 知识螺旋模型的步骤依次对初始建设阶段用户需求进行获取，以实现将用户的隐性化需求转化为显性化需求的目标。

从次，针对财务共享服务中心运营管理阶段用户需求，基于需求模式构建需求获取模型。在阐述运营管理阶段用户需求获取含义与需求项的基础上，引入和分析了需求模式，并利用需求模式对运营管理用户需求获取进行建模。

最后，以 ZJRH 集团为对象，在阐述 ZJRH 集团企业简介和财务共享服务的建设背景和职能定位的基础上，利用本章研究成果对 ZJRH 集团财务共享服务中心的需求建模与获取进行实例研究：构建了基于本体的 ZJRH 集团的财务共享服务中心需求表达模型，利用 SECI 模型对 ZJRH 集团的财务共享服务中心初始建设用户需求进行获取，利用需求模式对 ZJRH 集团的财务共享服务中心运营管理用户需求进行获取，基于应用的结果形成研究结论并为 ZJRH 集团财务共享服务中心的需求建模与获取提出建议。

3.2 财务共享服务中心需求的定义与分类

需求获取作为财务共享服务中心功能定位的第一步，对其功能的发挥有着重要的影响。财务共享服务中心的需求既有财务的特征，又有关于信息技术的要求，所以本节将定义财务共享服务中心需求的概念，并着重考量业务驱动和技术拉动对需求的双重影响，将财务共享服务中心的需求划分为基本需求和增强需求，以便为后续在初始建设阶段和运营管理阶段的需求获取研究提供理论基础。

3.2.1 财务共享服务中心需求的定义

根据 IEEE 软件工程标准词汇表对需求的阐述，需求是建设方投资开发软件所需要达到的目的和期望，是解决问题或达到目标所需的条件或功能，也是软件系统需要满足的合同等正式规定文档的要求。通常情况下，建设方的需求最终都会以需求文档等文档进行具体说明，方便实施方充分理解建设方的想法。从需求的定义可以看出，软件需求告诉人们要做一个什么样的软件系统，而不是如何做一个软件系统。

财务共享服务中心建设需求涉及战略规划、组织结构、流程设计、信息系统、运营管理、绩效管理和人力资源等诸多方面的内容，是建设方和财务共享服务中心实施方建立合同的基础，也是财务共享服务中心建设的依据以及确认、验证的前提。由于财务共享服务中心建设需求，最重要的体现是财务共享服务中心信息系统的建设需求，为了课题研究和描述的方便，并建立统一的认识，本书将财务共享服务中心需求等同于财务共享服务中心信息系统建设需求，为了体现财务共享服务中心需求具有显著的财务特征，定义财务共享服务中心需求的概念如下：财务共享服务中心需求是建设方对财务共享服务中心功能定位的期望，体现了财务共享服务中心达到的财务业务目标和技术应用目标。财务共享服务中心需求涉及其功能定位包括的会计服务、风险控制、价值创造三个维度的需求，主要体现在会计核算、资金管理、预算管理、税务管理、资产管理、成本管理等业务主题。

建设财务共享服务中心之前，首先要明确建设方使用财务共享服务中心主要的应用场景，分析建设方财务业务的现状和问题，提炼并挖掘出建设方真正的建设需求，这样才能够让实施方提供的财务共享服务中心软件产品真正达到建设方的期望和目标。

3.2.2　财务共享服务中心需求的分类

财务共享服务中心的需求涉及财务共享服务中心功能定位会计服务、价值创造和风险控制三个维度的需求①。由于财务共享服务中心的需求包括会计核算、资金管理、运营管理、绩效管理、人力资源和战略规划等诸多方面的内容，而这些需求之间存在互斥、不相关、相互冲突和相互协作等复杂的相关关系。因此，实施方还需要对需求进行进一步的处理和优化。

考虑到大多数的建设方都会提出费用报销、资金结算等需求，此类需求更多是为了满足建设方基本的会计核算业务，其内容较基础。然而，由于建设方规模、信息化水平不同等因素，建设方的财务人员可能会在现有基础上提出改进需求，这类需求可能会应用到信息技术。

会计核算是企业建设财务共享服务中心必须要完成的基础工作，涉及费用报销、账表管理、应收应付、资金结算等多项基础业务，只需要实施方提供相应的软件模块就可以满足，但随着大数据、RPA、人工智能技术的应用，这部分工作的自动化、智能化已经成为一种趋势。在财务共享服务中心，涉及会计管理与会计决策方面的工作，往往需要较为完善的信息系统才能实现。鉴于此，考虑建设方对财务业务应用和 IT 技术应用方面存在需求差异，为了方便后面的需求获取，所以本书将财务共享服务中心的需求分为基本需求和增强需求两类。

1. 财务共享服务中心的基本需求。财务共享服务中心的基本需求是指企业对于高度重复、可标准化的财务工作进行集中处理的需求，此类需求能简化子公司、分公司或下属办事机构的组织结构，使企业不用在每个分支机构处都设置完整的财务核算报送团队，以此达到提升效率、降本增效、加强管控等目标。

财务共享服务中心的基本需求从会计服务、风险控制和价值创造三个维度进行功能定位，其主要功能定位是会计服务，是对会计核算工作的集中处理。财务共享服务中心的基本需求分为三个层级，每一级需求各有不同的侧重点。一级需求的概括性强，它包括会计核算、资金管理、预算管理、税务管理、资产管理、成本管理。二级需求是对一级需求的进一步分

---

① 程平．基于需求特征的软件可信需求全生命周期管理研究［D］．重庆：重庆大学，2010．

解。例如，会计核算一级需求下面具有费用报销、应收管理、应付管理、存货核算、账表管理二级需求。三级需求是最详细的基本需求，是对会计核算业务需求的详细阐述。例如，费用报销二级需求下面又包含报销申请/审核/审批、收付报账详细需求。

财务共享服务中心的基本需求示例，如表 3 – 1 所示。

表 3 – 1　　　　　　　　　财务共享服务中心的基本需求示例

功能定位维度	一级需求	二级需求	三级需求
会计服务	会计核算	费用报销	报销申请/审核/审批
			收付报账
		应收管理	应收对账
			应收核销
			应收账龄分析
		应付管理	付款申请/复核
			应付对账
		库存管理	存货出入库计算
			存货成本差异调整
		账表管理	凭证生成/审核
			试算平衡检查
			报表编制
	资金管理	账户管理	全流程账户管理
		资金结算	资金支付
			银行对账
		银企直联	账户余额查询
			账户明细账查询
	预算管理	预算核算	预算收支核算
			预算完成率计算
	资产管理	资产核算	资产卡片填写
			资产购置核算
			资产折旧核算
			资产减值核算
			资产处置核算

续表

功能定位维度	一级需求	二级需求	三级需求
会计服务	成本管理	成本核算	成本费用归集
			成本费用分配
			成本费用计算
			成本费用调整
			成本费用结转
	……	……	……
风险控制	会计核算	应收管理	应收账款风险
		成本核算	成本管理风险
		账表管理	财务报告风险
			账表不符风险
	资金管理	资金结算	收入结算风险
			资金安全风险
	预算管理	预算风险	预算编制方法不当风险
			预算不准确性风险
	税务管理	发票管理	票据不合规风险
	……	……	……
价值创造	会计核算	费用报销	报销数据统计分析
		库存管理	库存出入库统计分析
	资金管理	资金分析	资金数据统计分析
	预算管理	预算编制	预算收支数据统计分析
	资产管理	资产购置	资产采购数据分析
	成本管理	成本核算	成本统计分析
	……	……	……

　　2. 财务共享服务中心的增强需求。财务共享服务中心的增强需求是指企业为了增强和拓展会计服务水平和质量，建立完善的资金管理、预算管理、税务管理、成本管理、资产管理、绩效管理服务内容，从而进一步降本增效，加强合规与风险控制，提高价值创造能力，实现和提高财务共享服务中心在会计服务、风险控制和价值创造方面的数字化、自动化和智能

化水平的一类需求，以达到充分实现财务共享服务中心功能的发挥。

随着企业的发展以及新技术的应用与拓展，建设方对财务共享服务中心的功能定位会进一步升级，其重心会从会计服务向风险控制、价值创造方面转化。功能定位涉及三方面的诸多需求的来源也趋于多元化，新增了影像管理、档案管理、合同管理、人力资源管理、辅助管理等方面。

财务共享服务中心增强需求的主要内容包括两个方面。一方面是业务发展需求，如内部贷款处理、资金调度、保证金处理/明细查询、贷款经办等需求。另一方面是智能自动化需求，如包括 OCR 技术与业务相融合的智能影像传输识别需求、RPA 与业务相融合的票据自动查验需求、大数据分析与业务相融合的资产组合投资智能分析需求。

财务共享服务中心的增强需求示例，如表 3 - 2 所示。

表 3 - 2 　　　　　　　财务共享服务中心的增强需求示例

功能定位	一级需求	二级需求	三级需求	驱动因素
会计服务	会计核算	费用报销	自动报销申请/审核/审批	业务、技术
		应收管理	应收自动稽核	业务、技术
			应收自动对账	业务、技术
		应付管理	应付自动对账	业务、技术
		账表管理	自动试算平衡	业务、技术
			自动核对账表	业务、技术
			合并报表自动调整	业务、技术
	资金管理	内部网银	线上收支	业务
			内部贷款处理	业务
			内转收付款处理	业务
		资金结算	资金调度	业务
		资金计划	资金计划自动编制/查询	业务、技术
		资信管理	保证金处理/明细查询	业务
			保函自动登记/复核	业务、技术
			资信证明申请/登记/查询	业务
		银行借款	借款申请	业务
			贷款经办	业务
			放还款经办/登记	业务

续表

功能定位	一级需求	二级需求	三级需求	驱动因素
会计服务	资金管理	票据管理	自动验票入库	业务、技术
			贴现申请	业务
			自动背书网银发送	业务、技术
		银企直联	账户余额自动查询	业务、技术
	税务管理	发票管理	发票自动申请	业务、技术
			发票自动接收	业务、技术
		纳税管理	预缴分配	业务
			自动纳税计算	业务、技术
			自动纳税申报	业务、技术
			自动生成税务底稿	业务、技术
			代扣代缴智能管理	业务、技术
	资产管理	资产台账	资产卡片自动填写	业务、技术
			资产状态填写	业务
		使用管理	资产调拨自动审批	业务、技术
			资产借用自动稽核	业务、技术
			资产领用自动记录	业务、技术
		资产租赁	资产租赁自动统计	业务、技术
			资产租赁自动结算	业务、技术
		资产处置	报废单自动填制	业务、技术
	成本管理	计划成本	计划成本自动核算	业务、技术
			计划成本报告自动编制	业务、技术
	影像管理	影像采集	影像智能识别	技术
			影像智能校对	技术
		影像处理	影像智能矫正	技术
			影像智能转换	技术
		影像查询	影像信息查询	技术
			影像实时浏览	技术
	档案管理	档案采集	自动生成会计档案	业务、技术
		档案归档	原始单据及凭证自动整理	业务、技术
			账簿打印及装订	业务

续表

功能定位	一级需求	二级需求	三级需求	驱动因素
会计服务	档案管理	档案归档	档案入库保存	业务
			会计档案自动备份	业务、技术
		档案借阅	档案借阅申请	业务
			档案借阅自动审批/记录	业务、技术
	合同管理	合同结算	合同自动复核	业务、技术
			合同自动汇总	业务、技术
		合同档案	合同自动归档	业务、技术
		履约管理	合同履约计划自动录入	业务、技术
	人力资源管理	员工管理	人员流动智能报告	业务、技术
		假勤管理	假勤记录自动核销	业务、技术
			假勤记录智能实时看板	业务、技术
		薪酬管理	薪酬查询	业务
			薪酬自动计算	业务、技术
			薪酬自动审批	业务、技术
			薪酬统计报表自动编制	业务、技术
		绩效管理	绩效考核自动分类	业务、技术
			绩效档案自动归档	业务、技术
			绩效智能实时看板	业务、技术
	……	……	……	……
风险控制	会计核算	应收管理	应收风险智能实时管理	业务、技术
	资金管理	资金风险	资金风险智能监测	业务、技术
			资金智能实时监控预警	业务、技术
	预算管理	预算风险	预算智能实时预警	业务、技术
	税务管理	税务风险	税务风险自动分析	业务、技术
	资产管理	资产风险	固定资产智能实时监控	业务、技术
			资产组合风险自动分析	业务、技术
	合同管理	合同风险	合同智能实时跟踪	业务、技术
	……	……	……	……

续表

功能定位	一级需求	二级需求	三级需求	驱动因素
价值 创造	会计核算	库存管理	库存结构自动分析	业务、技术
			库存智能预测	业务、技术
			特殊库存自动分析	业务、技术
		报表分析	财务报表自动分析	业务、技术
			报表数据可视化展现	业务、技术
		经营分析	经营资源投入自动分析	业务、技术
			经营报告自动分析	业务、技术
			经营业绩智能预测	业务、技术
	资金管理	资金分析	资金运作自动分析	业务、技术
			智能预测未来现金流	业务、技术
	预算管理	预算调整	预算自动调整	业务、技术
		预算分析	自动分析预算差异	业务、技术
	税务管理	税务分析	税务智能筹划	业务、技术
			自动生成税务分析报告	业务、技术
	资产管理	资产分析	资产运用效率自动分析	业务、技术
			资产组合投资自动分析	业务、技术
	成本管理	成本决策	成本智能实时管控	业务、技术
			成本趋势自动分析	业务、技术
其他	辅助管理	移动终端 管理	移动终端业务办理	技术
			移动终端风险预警	技术
			移动终端数据查询分析	技术
		辅助功能 管理	电子签名	技术
			智能语音助手	技术
……	……	……	……	……

3.3　基于本体的财务共享服务中心需求表达

建设财务共享服务中心过程中，为了建立建设方和实施方在需求方面的一致性认知，保障需求获取质量，需要构建一种标准化的能够准确、有效表达需求的模型。基于此，本书引入本体论，建立了一个基于本体的财务共享服务中心需求表达模型。

3.3.1 本体理论

本体（ontology）是对概念及其相互关系的规范化描述和明确的显示表达①。它作为一种可以在语义和知识层面上描述信息模型的建模工具，广泛应用于知识工程、信息检索、软件复用和语义 WEB 等领域。

下面介绍本体的概念、分类和进行需求表达建模的需求信息元、需求信息本体。

1. 本体的概念。本体论是一种哲学理论，它是研究存在的本质的哲学问题。近几十年里，这个词在人工智能、计算机语言以及数据库理论中起到越来越重要的作用。目前获得大部分研究者公认的本体定义是汤姆·格鲁伯（Tom Gruber）于 1994 年在共享的可重用知识库（shared reusable knowledge bases，SRKB）邮件列表中提出的定义："本体是共享概念模型的明确形式化规范说明。"

2. 本体的分类。按概念的主题，本体可以分为领域本体、通用本体、应用本体和表示本体四种类型。领域本体包含着特定类型领域的相关知识，比如医药、教学、电子器件、机械设备等。

从建设方与实施方的角度看，领域本体定义了建设方与实施方之间需要共享领域信息的公共词汇，而且领域本体定义了能被机器理解的领域概念及其关联。通用本体则覆盖了很多领域，一般也称为核心本体。应用本体包括特定领域建模所需要的全部知识。表示本体不只局限于某个特定的领域，还提供了用于描述事物的实体，如"框架本体"，其中定义了框架、槽的概念。

由此可以看出，建立本体论时应当具备一定的层次性，某个领域的概念共识有利于建设方和实施方建立一致的业务需求表达。建立财务共享服务中心用户需求本体的目的是使用户对产品需求的术语"标准化"，即以本

---

① 谭建荣，戴若夷，冯毅雄，等. MC 与广义需求集成中的需求信息元方法研究［J］. 计算机辅助设计与图形学学报，2004（12）：1684 – 1690.

体论原则为基础定义需求描述中的特征词所表达的语义以及它们之间的语义关联实现用户需求表达的规范化，从而有效地共享需求知识并实现需求的"可继承性"和"可重用性"。

3. 需求信息元的定义。需求信息元（Requirement Information Cell）是 MC – GRRM 模型的基本组成单元，包括在 MC 需求表达环节中对财务共享服务中心需求信息进行获取、描述、管理与使用的基本工具集。需求信息元提供了一组规范化的信息描述框架，由任务集、标识集、操作集、特征集、接口集、关联集和状态集构成，可以表示为一个四元组（Cell Register Set，Information Set，Operation Set，Interface Set）。在这之中，Cell Register Set 代表了 RIC 在 MC 需求含义信息中的基础注册数据，包括 RI Cell ID（RIC 的标识 ID）、Description（RIC 的整体性描述）、Creator（RIC 的创建者）、Create Time（创建时间）等。

Information Set 表示 RIC 所描述和存储的需求信息的集合，包括需求特征信息、需求关联信息、需求状态信息、需求任务信息，Information Set 可表示为一个四元组（Property Set，Association Set，Status Set，Task Set）。

Operation Set 封装了对 RIC 的内部基本操作，包含了对标识集、信息集、接口集的操作，O = {O1，O2，…，On} 表示 RIC 的操作向量集合，每一个操作 On 可以表示为一个三元组（O_ name，O_ parameter，return_ value），O_ name 表示该操作的名称，O_ parameter 表示该操作的参数集合，return_ value 表示该操作的返回值。

Interface Set 表示 RIC 与 MC 其他系统模型之间的信息接口，I = {i1，i2，…，in} 表示 RIC 的接口向量集合，每一个接口 On 可以表示为一个四元组（i_ id，i_ name，i_ role，i_ information），i_ id 表示接口特征标识，i_ name 表示该接口的名称，i_ role 表示该接口集成的相关应用系统或功能模块的集合，i_ information 表示该接口传递的信息集合。

4. 需求信息本体的定义。需求信息本体是一个四元组，RIO = （D_ req，Con_ req，Att_ req，Ass_ req）。其中，D_ req 表示本体应用于需求信息建模领域。在财务共享服务中心中，需求信息建模领域是建设方的财务共享服务中心业务领域和实施方的财务共享服务中心设计领域，Con_ req 为需求信息建模领域中的概念实体的有限集，Att_ req 为 Con_ req 的特征属性的有限集，Ass_ req 为 Con_ req 的概念实体之间的关联函数。

3.3.2　基于多粒度本体的需求表达模型构建

在财务共享服务中心的初始建设和运营管理过程中，建设方会根据自身需求产生符合业务的基本需求和增强需求，然而在财务共享服务中心的两个阶段，建设方和实施方都会因为业务语言和计算机语言之间的差异带来需求的偏颇和失真，因此有必要提出一种统一的财务共享服务中心需求表达方法，基于此，本书引入了需求信息本体来表达需求。

需求信息本体是具有多粒度特性的，根据表达的需求概念及其关系的抽象程度、复杂程度和适用的领域的不同，能够建立需求信息本体的多粒度主视图，有利于根据需求建模领域的不同而采用不同的需求信息本体进行准确的描述。需求信息本体的概念层次如图 3 - 4 所示。

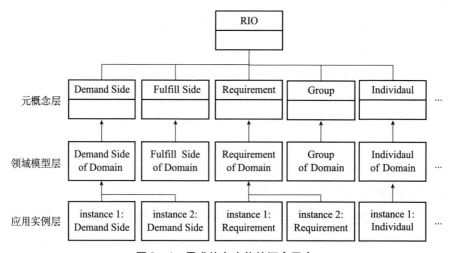

图 3 - 4　需求信息本体的概念层次

本书研究依照"从抽象到具体"的分析方法，将财务共享服务中心需求信息本体的概念空间分成元概念层、应用实例层、领域模型层三个层次进行定义。元概念层主要描述需求建模领域的一些通用概念，这些概念独立于某个特定的行业或产品范畴，给予了通用的需求信息描述能力。领域模型层继承了元概念层通用概念的含义，并结合财务共享服务中心的具体业务模式，通过融入建设方的财务业务领域需求和实施方的软件设计与开发思路，形成定义需求信息元的专业概念集和关联约束集。应用实例层是对领域模型层的概念和关系的实例化，用于描述财务共享服务中心实际运行中，在构建需求信息元时动态生成的概念实例及关联实例。

1. RIO 的元概念层。元概念层可定义为一个 3 元组（ReqConS, ReqConAssS, ReqConH）。其中，ReqConS 表示通用需求，ReqConS 表示元概念类集，ReqConAssS 表示元概念类的关联集，ReqConH 表示元需求概念类的抽象层次结构。财务共享服务中心元概念层的概念类层次如图 3 - 5 所示。

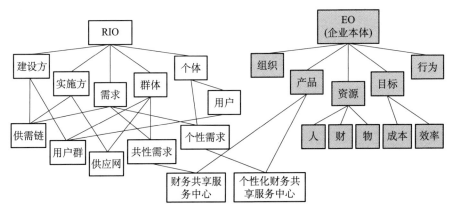

图 3 - 5　财务共享服务中心元概念层的概念类层次

RIO 表示全域概念，下一层为顶层概念，包括建设方、实施方、需求、群体、个体等，RIO 重用了企业本体（EO）的部分概念，如组织、产品、资源、行为、状态等基于顶层概念进行概念的集合与延伸，派生出适合描述财务共享服务中心需求信息的概念类集，比如建设方与群体派生出概念"用户群"，建设方、实施方与群体派生出概念"供需链"，建设方与个体派生出概念"用户"，需求与群体派生出概念"共性需求"，需求与个体派生出概念"个性需求"，产品与共性需求派生出概念"产品族"，产品与个性需求派生出概念"个性化产品"等。

概念类关联定义了概念之间的关联语义，表 3 - 3 列出了部分概念关联，概念关联依靠箭头进行表示，旨在描述关联的源节点和导出节点的概念类型。顶层概念之间的一些关联为通用的基本关联，如 sub-requirement 表示上层需求与下层需求的继承关系，demand-by 和 fulfill-by 分别表示提出需求和满足需求的关联关系，driving 和 driving_ by 表示需求与行为之间的驱动关系。派生概念间的一些概念关联是财务共享领域特有的关联定义，如 demand-req-com 表示用户群与共性需求的关联，demand-req-ind 表示用户与个性需求的关联。概念关联有继承性，如 demand-req-com 和 demand-req-ind 都继承了 demand-requirement 的属性，又根据关联的概念不同派生出各自特有的关联含义。

表 3 – 3 　　　　　　　　　　　**ReqConAssS 概念关联集**

概念关联	关联规则构成	关联描述
subclass-of	ReqCon → ReqCon	父概念与子概念
instance-of	ReqIns → ReqCon	概念与概念的实例
require	ReqCon → ReqCon	必要概念
optional	ReqCon → ReqCon	可选概念
sub-requirement	requirement → requirement	父需求与子需求
demand/demand-by	demander → requirement	建设方提出需求
fulfill/fulfill-by	supplier → requirement	实施方满足需求
clustering	individaul → requirement	个体组成群体
assign	requirement → task	需求产生任务
realize	task → requirement	任务实现需求
produce	task → resource	任务产生资源
consume	task → resource	任务消耗资源
is_ conflict	requirement → requirement	需求冲突约束
is_ cooperate	requirement → requirement	需求协同约束
has – status	requirement/ task/resource → status	需求/任务/资源具有状态
demand-req-com	group → requirement	用户群拥有共性需求
demand-req-ind	individual → requirement	用户拥有个性需求
deployment	individual → product	产品族配置个性产品

2. RIO 的领域模型层与应用层。领域模型层可以分为 3 个部分：（Dom-ConS，DomConAssS，ReqDomMapF），其中，DomConS 代表领域的概念类集，DomConAssS 代表领域概念类的关联集，ReqDomMapF 代表元概念层到领域概念空间的映射关系。领域的概念及关联表达了财务共享服务中心建设开发的特定领域的知识体系，通过对元概念层的继承和派生，结合 RIO 的领域模型知识可构建更加具体化和精准化的领域需求模型。

财务共享服务中心领域的 RIO 的概念空间如图 3 - 6 所示。

如图 3 - 6 所示，元模型空间的建设方、实施方、需求、产品等元概念及其关联，元概念节点映射面向财务共享服务中心的领域概念节点，比如，

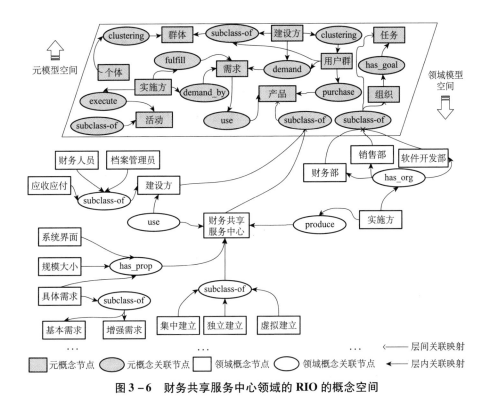

图 3-6　财务共享服务中心领域的 RIO 的概念空间

实施方概念精化为财务共享服务中心的实施企业，从某种意义上讲可以称为财务共享服务中心的实施方、使用细化为系统使用者、需求概念精化为会计核算需求、档案管理需求、资金管理需求等。元概念的关联节点也包含特定领域专业知识，关联映射为领域概念的关联节点，比如建设方企业的信息化水平与财务共享服务中心的信息技术需求之间是需求协同关联。在已经规范后的共享领域知识的带领下，领域需求模型是指建设方的各业务部门，包括建设方各业务部门的业务人员、实施方的各业务部门协同建设示范参与需求信息建模，从而提高了建模效率。

应用实例层是财务共享服务中心运作过程中领域需求模型动态实例化的结果集，由 3 部分组成（ReqInsS，ReqInsAssS，DomInsMapF），其中，ReqInsS 表示概念实例集合，ReqInsAssS 表示各个概念实例之间的相互关系，DomInsMapF 表示领域需求模型到需求实例空间的映射关系。应用实例层的载体是需求信息元的实例，通过需求实例层实现与财务共享服务中心的嵌入式集成和需求驱动效应。

需求信息本体对构建财务共享服务中心需求信息元清晰地划分了所涉及的概念层次，符合需求信息获取和处理由抽象到具体的演化过程，在恰当的阶段融入财务领域知识，利用本体规范化地表达财务共享服务中心需求信息，使其能够在财务共享服务中心需求建模的全过程具有可重复利用性，确保了财务共享服务中心需求信息表达的一致性和精确性。

3.4　财务共享服务中心初始建设阶段需求获取

财务共享服务中心的初始建设阶段用户需求是指建设方在初始建设阶段提出的需求，旨在满足财务共享服务中心首次建设的需求内容。在初始建设阶段，财务共享服务中心的实施方对需求进行表达后，需要对财务共享服务中心的需求进行获取。本节对初始建设阶段的用户需求进行特征分析，基于 SECI 对初始建设阶段用户需求获取进行模型构建，并设计初始建设阶段的用户需求项。

3.4.1　初始建设阶段用户需求特征分析

初始建设阶段用户需求获取本质上是一个对财务共享服务中心建设方以及相关人员的知识管理过程。在财务共享服务中心初始建设阶段，可以将需求分为显性需求知识和隐性需求知识，其中显性需求知识，即为财务共享服务中心的建设方或者相关人员，用文字、言语或者媒体等可以清晰表达出来的知识，这类需求可以让实施方能清晰理解用户的需求。隐性需求知识则是指一些存在于财务共享服务中心建设方或者相关人员头脑中，只能表达部分或者难以表达出来的需求知识，这类需求大多会让财务共享服务中心的实施方无法准确获取和理解。所以，在财务共享服务中心初始建设阶段，实施方对建设方或者相关人员隐性需求知识的挖掘和利用，是需求获取的关键之一。根据以上的理论分析，结合财务共享服务中心需求，可以归纳出需求获取过程中隐性需求知识具有如下特征。

（1）隐性需求知识通常是财务人员的隐性知识，是财务共享服务中心的建设方人员从日常工作过程中总结的经验性知识。以财务共享服务中心初始建设阶段的费用报销为例，费用报销的准则、报销时间、报销范围等都属于财务人员的隐性知识，这些知识或许会有文档等具体说明，其中的特殊情况还需要通过建设方财务人员在日常工作中总结而出。

（2）隐性需求知识难以清楚描述，必须通过引导和激发建设方的财务及相关部门的工作人员才能显示出来。以财务共享服务中心初始建设阶段的费用报销为例，费用报销需求作为大多数建设方在初始建设阶段的需求，满足其基本业务需求则是建设方的显性需求，如何实现费用报销业务、其界面如何布局等需求则是实施方需要激发建设方的隐性需求。

（3）隐性需求知识与其在财务共享服务中心需求获取与分析、评价、优化等需求工程全流程中的应用相关联。在财务共享服务中心建设过程中，隐性需求知识并不仅仅在初始建设阶段的需求获取中应用，它贯穿了整个需求工程。需求获取—需求分析—需求评价—需求优化作为需求工程的各个环节，要使隐性需求知识能最终能以显性的方式表达出来，并最终将其在财务共享服务中心去实现，这还需要在需求分析、评价、优化等需求工程全流程中的应用相关联。

（4）隐性需求知识受主观影响大，在度量上存在较大难度，很难对其进行编码化和结构化。通过第一点特征可以发现，财务共享服务中心的隐性需求知识大多是财务人员的经验知识和专业知识，而这类知识往往难以描述且难以度量。以财务共享服务中心的界面设计为例，界面设计需要考虑其界面元素的大小、颜色等方面，如何设计出建设方满意的界面是难以度量的。

（5）建设方财务人员最终能将隐性需求知识传达给实施方。财务共享服务中心的需求需要建设方表达，实施方获取并理解。当实施方能理解建设方的需求所表达的含义时，隐性需求知识则变为显性需求知识传达给了实施方。

3.4.2　基于 SECI 的用户需求获取模型构建

财务共享服务中心初始建设阶段用户需求获取过程中的需求知识传递过程是一个面对面沟通和需求文档不断积累的迭代过程，是一个需求知识的动态流动过程，也是隐性需求知识的显性化过程。下面引入 SECI 知识螺旋模型，并利用 SECI 知识螺旋模型对初始建设阶段的用户需求获取进行建模。

1. SECI 知识螺旋模型。SECI 模型的最初原型是野中郁次郎（Ikujiro Nonaka）和竹内弘高（Hirotaka Takeuchi）于 1995 年在他们合著的《创新求胜》（*The Knowledge-Creating Company*）一书中提出，他们认为在企业创新活动的过程中隐性知识和显性知识二者之间互相作用、互相转化，知识转化的过程实际上就是知识创造的过程。

知识转化有四种基本模式：潜移默化（socialization）、外部明示（externalization）、汇总组合（combination）和内部升华（internalization），即著名的 SECI 模型。SECI 知识螺旋模型揭露了隐性知识与显性知识之间的关系，说明隐性知识的共享与传播主要是通过显性知识到隐性知识和隐性知识到显性知识的互相转化去完成，如图 3 – 7 所示。

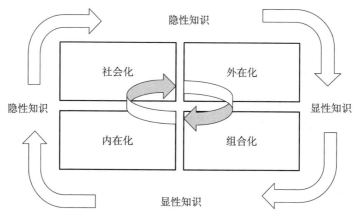

图 3 – 7　SECI 知识螺旋模型

（1）社会化（socializations）。从个体隐性知识到个体隐性知识，是人和人之间仔细观察、效仿等社会方式相互交流，完成知识表达和传递的过程。社会化方式通常以创建交流的"范围"为起点，推动成员之间经验与思维方式的分享。在财务共享服务中心初始建设阶段，知识的社会化主要是在财务共享服务中心建设之初，是财务共享服务中心建设方企业内部知识的一个转变过程，建设方企业用户的个体隐性知识在企业内部间互联互通，进而构成了一个完整且具体的需求。

（2）外在化（externalization）。从隐性知识到显性知识，是通过文字书写或存储在计算机等方式来表现隐性知识的一个过程。外在化通常由"对话或集体思考"开始，根据适当的暗喻和仿真模拟来协助成员表述出无法沟通的隐性知识。在财务共享服务中心初始建设阶段，知识从内向外传递主要是建设方将个体需求整理形成整体的建设方需求的过程。通过实施方的系统分析师、咨询顾问等，以文档、媒体等具体形式将个体的内心所想转换成为能够直接理解的显性知识。

（3）组合化（combination）。从分离的显性知识到系统的显性知识，是从各个方面使显性知识进一步系统化、专业化、复杂的过程。这种模式涉及不同类型的显性知识体系，致力于将创造出来的产品与目前知识紧密结合，细化为新品、服务项目或智能管理系统。在财务共享服务中心初始建设阶段，财务共享服务中心实施方把咨询顾问、系统分析师所传递的信息进一步规范化，并结合自身的专业知识进行整合，以文档等形式形成需求文档等。

（4）内在化（internalization）。从显性知识到隐性知识，是指个人将从各种渠道得到的显性知识进行消化、吸收，转化成个人能力的过程。在财务共享服务中心初始建设阶段，实施方的咨询顾问、系统分析师把开发组合后的显性知识，如规格说明书、用户手册等传递到建设方，使建设方对系统有进一步的理解和把握。

2. 基于 SECI 的财务共享服务中心用户需求模型构建。基于 SECI 的财务共享服务中心需求获取模型揭示了财务共享服务中心初始建设阶段需求知识的转化形式和转化路径。其中，包括了隐性需求知识—隐性需求知识，显性需求知识—显性需求知识，显性需求知识—隐性需求知识的转变，还包括了个人需求知识与团队需求知识的相互转变。通过这一系列过程，完成初始建设阶段的用户需求知识的获取、整合与共享。

基于 SECI 的财务共享服务中心用户需求获取模型，如图 3 - 8 所示。

（1）需求知识社会化。在财务共享服务中心初始建设阶段用户需求获取的过程中，需求知识社会化过程是对财务共享服务中心的费用报销、应收业务、应付业务等会计服务主要业务的用户需求进行需求调查。通过财务共享服务中心的建设方和实施方相关人员之间对需求的交流，使个体的隐性需求知识转化为共享的隐性需求知识，使建设方和实施方相关人员对财务共享服务中心的需求的了解与掌握更加全面和完整，这就是需求知识社会化的过程。

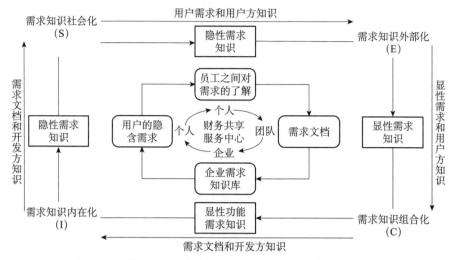

图 3 - 8 基于 SECI 的财务共享服务中心用户需求获取模型

（2）需求知识外在化。在财务共享服务中心初始建设阶段用户需求获取的过程中，需求知识外部化过程通过建设方相关人员与财务共享服务中心实施方的咨询顾问、系统分析师之间的交流，把财务共享服务中心的需求传递给实施方。因为，实施方的咨询顾问、系统分析师具有一定的专业知识储备，可以协助相关人员说出难以沟通的隐性需求知识，最终将建设方相关人员的隐性需求知识表达出来，创造出容易直接接受的显性需求知识，这就是需求知识外部化的过程。

（3）需求知识组合化。在财务共享服务中心初始建设阶段用户需求获取的过程中，需求知识组合化过程将财务共享服务中心建设方的需求分析结果系统化和规范化。咨询顾问、系统分析师把从建设方或者相关人员获取的知识传递给软件开发实施人员，然后再把需求进一步系统、标准化，反馈给建设方相关人员和实施方的咨询顾问、系统分析师，同时接受建设方相关人员和咨询顾问、系统分析师的反馈，最后进行整合，形成财务共享服务中心的需求文档，这就是需求知识整合化的过程。

（4）需求知识内在化。在财务共享服务中心初始建设阶段用户需求获取的过程中，需求知识内部化过程是建设方相关人员从需求知识库中获取需求知识，并且通过对建设方相关人员的系统培训、消化和吸收，最终转化为个人的隐性需求知识，使建设方相关人员对财务共享服务中心的需求有进一步的理解和把握。在下一次需求优化时，可以作为需求获取调研阶段的参考，这就是需求知识内部化的过程。

3.4.3 初始建设阶段需求获取后的用户需求项

财务共享服务中心初始建设阶段用户需求是指企业初始建设财务共享服务中心时产生的需求。不同行业、规模和性质的企业对财务共享服务中心初始建设用户需求可能不同。成立时间久、规模大、信息化基础好的企业，财务共享服务中心初始建设阶段的用户需求可能既包含满足企业日常运营的基本需求，又包含财务管理和智能自动化的增强需求。成立时间短、规模小、资金不足的企业，财务共享服务中心初始建设阶段的用户需求可能只包含满足企业日常运营的基本需求。

以 CQ 市 ABC 高速公路集团有限公司为例，该企业成立于 2000 年，受市委、市政府委托，负责全市高速公路和港航基础设施筹融资、建设和经营管理，属公益类投融资企业。ABC 公司注册资本金 100 亿元，资产总额 2300 亿元，信用等级 AAA，员工 13000 余人。该企业在财务共享服务中心建设之前使用的金蝶、用友财务信息化系统存在未与业务系统实现数据交换，业务数据还不能自动生成核算数据，未实现业务系统和财务系统的融合等问题。

根据 CQ 市国有资产监督管理委员会印发的《关于进一步推进市属国有重点企业财务信息化建设的工作方案》，ABC 公司始终坚持把支撑企业战略发展和提升信息质量价值作为共享中心建设的出发点和落脚点的方针，建设财务共享服务中心是必不可少的重要组成部分。ABC 公司积极响应号召，以"促进财务管理体系转型升级，增强企业价值创造力"为导向，以推动业财深度融合、加强财务集中管控、实现财务管理转型、服务集团战略目标为引领建设财务共享服务中心。

ABC 公司成立时间长、经营规模大、资金雄厚。同时，在财务共享服务中心建设初期为了减少损耗，节约成本，注重资产损耗和计划成本的管理。

根据以上对 ABC 公司的内容描述，基于 SECI 的初始建设用户需求获取模型获取的 ABC 公司财务共享服务中心初始建设阶段的用户需求既包括了满足日常运营基本需求，又包括了支持管理决策和自动化技术的资产卡片自动填写、资产状态填写、报废单自动填制、计划成本自动核算、计划成本报告自动编制增强需求。

　　ABC 公司财务共享服务中心初始建设阶段需求获取后的用户需求项示例如表 3 – 4 所示。

表 3 – 4　　财务共享服务中心初始建设阶段需求获取后的用户需求项示例

功能定位	一级需求	二级需求	三级需求	需求类别
会计 服务	会计核算	费用报销	报销申请/审核/审批	基本需求
			收付报账	基本需求
		应收管理	应收对账	基本需求
			应收核销	基本需求
		应付管理	付款申请/复核	基本需求
			应付对账	基本需求
		账表管理	凭证生成/审核	基本需求
			试算平衡检查	基本需求
			报表编制	基本需求
	资金管理	账户管理	全流程账户管理	基本需求
		资金结算	资金支付	基本需求
			银行对账	基本需求
		银企直联	账户余额查询	基本需求
			账户明细账查询	基本需求
	预算管理	预算核算	预算完成率计算	基本需求
	资产管理	资产核算	资产卡片填写	基本需求
			资产购置核算	基本需求
			资产折旧核算	基本需求
			资产减值核算	基本需求
			资产处置核算	基本需求
		资产台账	资产卡片自动填写	增强需求
			资产状态填写	增强需求
		资产处置	报废单自动填制	增强需求
	成本管理	成本核算	成本费用归集	基本需求
			成本费用分配	基本需求

续表

功能定位	一级需求	二级需求	三级需求	需求类别
会计服务	成本管理	成本核算	成本费用计算	基本需求
			成本费用调整	基本需求
			成本费用结转	基本需求
		计划成本	计划成本自动核算	增强需求
			计划成本报告自动编制	增强需求
风险控制	会计核算	应收管理	应收账款风险	基本需求
		成本核算	成本管理风险	基本需求
		账表管理	财务报告风险	基本需求
			账表不符风险	基本需求
	资金管理	资金结算	资金安全风险	基本需求
	预算管理	预算风险	预算编制方法不当风险	基本需求
			预算不准确性风险	基本需求
	税务管理	发票管理	票据不合规风险	基本需求
价值创造	会计核算	费用报销	报销数据统计分析	基本需求
		库存管理	库存出入库统计分析	基本需求
	资金管理	资金分析	资金数据统计分析	基本需求
	预算管理	预算编制	预算收支数据统计分析	基本需求
	资产管理	资产购置	资产采购数据分析	基本需求
	成本管理	成本核算	成本统计分析	基本需求

3.5　财务共享服务中心运营管理阶段用户需求获取

　　财务共享服务中心运营管理阶段的用户需求是企业财务共享服务中心在运营管理过程中，随着业务的增强与拓展以及技术的升级与迭代驱动产生的新的用户需求。财务战略依从企业总体战略，企业的经济业务和财务管理也处于不断变化的过程中，这些变化促使了企业财务共享服务中心的用户需求处于不断变化、持续迭代的状态。云计算、大数据、RPA、人工智能等新一代信息技术在财务领域中的应用日渐加深及扩大，使得企业财务共享服务中心智能自动化需求的深度和广度也在不断延展。基于此,本书将对运营管理过程中用户需求的影响进行分析,并构建基于需求模式的运营管理用户需求获取模型,设计财务共享服务中心运营管理阶段用户需求项。

3.5.1 运营管理过程中用户需求特征分析

财务共享服务中心运营管理阶段用户需求的产生是外部技术冲击与内部业务变化共同作用的结果。其中,企业需求与技术发展是运营管理阶段用户需求产生的主要影响因素。因此,本书将从企业需求与技术发展两方面对需求特征进行分析。

1. 企业需求。企业需求是驱动财务共享服务中心建设及优化的核心动力。企业对财务共享服务中心的增强需求主要来源于业务处理、风险管控、决策支持等方面的需求。

(1) 业务处理。会计核算是企业最初建立财务共享服务中心的主要需求,目的是降低成本、提高效率。但随着企业的发展,业务范围不断扩大,业务处理量不断增加,在业务处理方面,对财务共享服务中心的需求也不断扩大与延伸,从建立财务共享服务中心费用报销、应收应付等会计核算业务的需求延伸到资金管理、电子档案管理、影像管理、绩效管理、预算管理、资产管理等管理会计需求,期望建立更加完善的财务信息化系统。企业对财务共享服务中心的需求不仅在于业务处理范围的扩大,对业务处理深度的需求也不断加深,例如实现自动化的流程处理、智能化的数据处理,实现资金流、业务流、信息流的一体化管理,进一步实现企业对财务共享服务中心降低成本、提高效率、加强管控等目标。

(2) 风险管控。由于企业在财务共享服务中心运营管理过程中除了对会计服务风险控制的增强和拓展,还会延伸到财务管理方面的风险控制。财务共享服务中心通过对资源进行整合,将流程、制度标准化,对企业进行集中管理和监控,有效实现对风险的管控。在智能化背景下,对企业在日益复杂的内外部环境中的风险应变能力又提出了更高的要求,初始建设的财务共享服务中心大部分仅通过流程的标准化实现一部分的风险控制,缺乏风险机制对该过程加以管控。例如,财务共享服务中心可以通过相应系统实现对费用票据的扫描,但获取到的费用是否合理却缺少判断机制,并且现有大数据、人工智能技术能够基于过去数据构建风险控制模型，以提高企业在财务管理方面的风险应对能力，所以企业对财务共享服务中心的风险管控提出了更高层次的要求。

（3）决策支持。随着大数据时代的到来，过去依靠决策管理者经验进行决策的方式已难以辅助企业发展，企业对财务数据的分析和挖掘能力需求不断提高，从数据中发现规律，挖掘数据价值，掌握生产要素与业务、财务、管理中的关系，可以为企业战略提供财务评价，为管理决策者提供经营预测的模型与工具，为管理决策者提供动态预算、预算信息和实时的经营信息，更好辅助经营管理者作出适应企业发展的决策。财务共享服务中心是天然的数据中心，应深度挖掘数据资源的价值，因此，财务共享服务中心在运营管理过程中可以运用相关技术，利用数据进行管理、决策和创新，满足企业在会计服务、财务管理方面的决策支持需求，从而为企业实现价值创造。

2. 技术发展。信息技术是财务共享服务中心建设的驱动力，信息技术的发展推动了财务共享服务中心运营管理阶段用户需求的变化。当前移动互联网、云计算、大数据、RPA、人工智能等新一代信息技术处于高速发展阶段，特别是大数据、人工智能等智能技术的广泛应用，使得会计核算与财务管理的技术基础得到极大的突破，使得企业的财务工作向智能化、自动化、数字化升级，促进了财务管控的各个职能和内容的有效整合和协同。通过 RPA、人工智能等新技术的应用，财务共享服务中心的效率进一步提高、数据的运用能力进一步增强，基于数据之间的关联关系进行经营预测、风险预测等需求随之产生。

大数据、人工智能、RPA、物联网等现代信息和通信技术是影响财务共享服务中心运营管理用户需求的重要因素。大数据技术是对数据量大、数据类型多、价值密度低的大数据进行提取、处理、存储和分析的应用技术，它拓宽了财务视野，从原来仅关注企业内部的财务结构化数据，拓宽到业务数据、非结构数据、企业外部数据，并且大数据技术赋予了数据创造价值的能力，更大、更广、更深地影响企业会计数据的管理，将为财务共享服务中心提供更强大的数据基础和数据处理能力，促进财务共享服务中心的建设，提高运营管理能力。人工智能技术包括机器人、语言识别、图像识别、自然语言处理和专家系统，人工智能技术在财务共享服务中心的运用，可以提高业务处理效率、提高数据运用的能力，例如可以借助智能图像识别技术，识别、提取原始单据和发票上的信息。因为财务共享服务中心具有信息集中的特点，所以可以运用机器学习技术，优化财务共享服务中心的数据采集、会计核算、财务管理，对业务、财务数据进行分析、比较、评价、识别、管理和决策，挖掘数据价值，提高企业对数据的利用率与数据处理能力，进而增强财务共享服务中心的智能化水平，提高业务处理效率，为企业价值创造夯实基础。RPA 是机器人流程自动化技术，可以通过部署 RPA 流程机器人，实现业务处理的自动化处理，将一些低附加值的环节由 RPA 机器人自动处理，将大大降低业务处理成本、提高处理效率。物联网可以连接两个或多个物品，实现物品感知、识别和管理的智能化。在物联网技术下，用 RFID 电子标签可以取代部分原始凭证，可以实现全资产过程自动管控，可以实现对生产成本、销售成本、资产状况管理，提高财务共享服务中心业财一体化水平，提供精准决策支持。

信息技术的不断发展与广泛应用，驱动了运营管理过程中用户需求的动态变化。云计算、大数据、人工智能、RPA、物联网等技术结合运用于财务共享服务中心，有利于拓宽财务视野，挖掘出数据价值，提高财务管理的智能化水平。

3.5.2 基于需求模式的用户需求获取模型构建

在企业的发展过程中，现有财务共享服务中心可能难以满足企业发展所产生新的需求，并且随着技术的升级与迭代，新技术在财务领域中的应用加深及扩大，使得企业在运营管理阶段财务共享服务中心的用户需求呈现动态变化的过程。因此，为了获取财务共享服务中心运营管理阶段的用户需求，本书引入需求模式，利用需求模式构建了用户需求获取模型，如图 3-9 所示。

下面针对财务共享服务中心运营管理阶段用户需求获取模型所包含的识别利益相关者的初始需求、修改或构建需求模式、基于匹配过程算法筛选需求模式、协调利益相关者、需求模式建模、验证财务共享服务中心运营管理用户需求完备性六个部分分别进行阐述。

1. 识别利益相关者的初始需求。利益相关者指积极参与财务共享服务中心建设、受财务共享服务中心建设结果影响，或者能够影响财务共享服

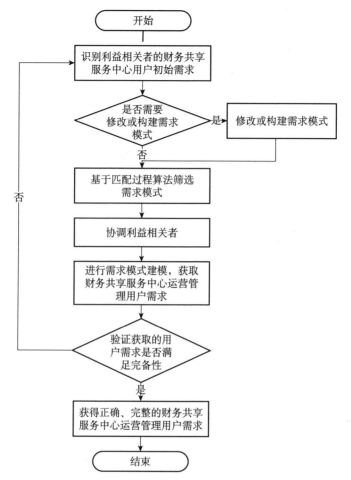

图 3 - 9　财务共享服务中心运营管理阶段用户需求获取模型

务中心建设成效的个人、团体或组织。在财务共享服务中心初始阶段需求
获取的过程中，实施方的软件开发人员可能了解一些业务需求，但是无法
解释具体的业务需求内容①。业务需求的解释与描述应当是建设方的工作。
同理，建设方可以表达出自己需要依靠系统完成什么任务，但是不知道实
施方的开发人员需要如何才能满足他们的需求。利益相关者不属于软件系
统，但是他们负责直接或间接驱动财务共享服务中心用户需求的获取，尽
可能全面地识别利益相关者的需求是该部分的工作。

---

① 湛浩旻. 软件需求获取过程关键技术研究 ［D］. 哈尔滨：哈尔滨工程大学，2013.

2. 修改或构建需求模式。需求模式是指定义一种特定类型需求的方法。需求模式为需求提出包含哪些信息、提出忠告、提醒常见缺陷以及指出其他应该考虑的问题的建议，指明了需求合适的出发点，同时也促进同种类型需求的一致性。需求模式除了增加一致性和节省定义的时间以外，更为重要的是合理指导可以获得更好的需求，防止后续工作中的巨大麻烦，因此需求模式的提供指导是很有价值的。需求模式还可以包括额外需求，如跟随性需求和普遍性需求。跟随性需求是指扩展最初需求的需求，普遍性需求是指支撑模式本身的需求。

当现有的需求模式无法满足财务共享服务中心用户需求时，就需要构建需求模式。通常采用两种构建需求模式的方式：自定义和修改方式。自定义就是指根据需求模板创建一个需求模式来满足业务需求。修改方式是在现有的具体需求模式的基础上进行局部修改，从而达到满足业务需求的目的。在实际的需求模式的构建过程中，经常使用修改方式。

3. 基于匹配过程算法的筛选需求模式。为了使需求模式在财务共享服务中心运营管理阶段用户需求获取中更好地发挥作用，本书采用需求匹配过程算法筛选需求模式。首先依据利益相关者的分工，结合他们对各自业务的熟悉程度和财务共享服务中心的建设目标，对建设方提出的财务共享服务中心初始需求进行识别，生成初始需求项。其次根据初始需求项各自特点通过模式匹配算法先选择领域需求模式中的主题域，再在主题域中匹配出相关的需求模式，为建设方的用户需求模式建模做准备。需求模式匹配算法如算法 3.1 所示。

算法 3.1　需求模式匹配算法

```
01：//输入全体需求 S,输出需求模式匹配的结果℘
02：function Matching (S. ℜ)
03：ℜ← Φ, ℘ ← Φ
04：Field_ Matching(S. ℜ). //域需求模式匹配
05：    for ∀FP ∈ℜ do
06：        Pattern_ Matching(FP.PFP). //域内需求模式匹配
07：        ℘ ←℘ ∪ {PFP}.
08：ℜ ← ℜ -{FP}.
09：    end for
```

```
10:   return ℘.
11: function Field_ Matching(S. ℜ)//域需求模式匹配ℜ
12:ℜ← Φ, j ←1.
13:    for∀s ∈ S do
14:      ifs ∈ FP and FP ∈ ℜ then
15:        FP← FP ∪ {s}
16:      else
17:FPj ← Φ.  FPj ← FPj ∪ {s}.
18:ℜ ← ℜ ∪ {FPj}. j + +.
19:      end if
20:      S← S - {s}
21:    end for
22:  return ℜ.
23:  functionPattern_ Matching(FP.PFP) //域内需求模式匹
配 PFP
24:    FP∈ ℜ , i ←1. PFP ←Φ.
25:    while FP≠ Φ do
26:      RPi←Φ.
27:      for∀s ∈ RP do
28:        RPi← RPi ∪ {s}.
29:      end for
30:      PFP← PFP ∪ {RPi}.
31:      FP← FP - RPi.  i + +.
32:    end while
33:  return PFP.
```

使用算法描述语言（algorithm description language，ADL）对模式匹配过程进行算法描述，算法中的相关约定如下：

S:初识需求要素 $S = \{s1, s2, \cdots, si, \cdots, sn\}$,元素 si 表示需求元素.

{Ad}dÎD:有标集族,{Ad} dÎD = {1, 2, 3, …, m, m<n}.

RP:域内需求模式,RP = {rp1, rp2, …, rpi, …, rpn},rpi 表示需求

模式组成要素.

FP:域需求模式,FP = {RPd}d∈D = {RP1, RP2, …, RPr}, r∈n 且对于∀d1, d2 ∈D, 有 RPd1∩RPd2 = Æ, 以及 ∪ d∈D RPd = FP,元素 RPi 表示域内需求模式.

Â:域需求模式有标集族,Â = {RPd} d∈D = {FP1, FP2, …, FPm},并且对于 d1, d2 ∈D, 有 FPd1∩FPd2 =Æ, 以及 ∪ d∈D FPd =Â,元素 FPi 表示域需求模式.

需求模式匹配算法步骤：首先对系统所有需求进行域模式匹配，生成与需求模式有标集族 Â（见算法 3.1, 04 和 10~22 行）；其次对每个域需求模式进行域内具体模式匹配，生成域需求模式 PFP（见算法 3.1, 23~33 行），最后以每个域所生成的 PFP 作为元素得到最终的匹配结果 Ã。

4. 协调利益相关者。只有在建设方、需求分析师以及其他利益相关者等充分的协商调整情况下，才能完成需求模式集合的建立。协调建设方和实施方咨询顾问、系统分析师等利益相关者对需求模式的选择，以及对同一个财务共享服务中心用户需求的理解可能出现不一致的情况。这种不一致包含两个含义：一种是同一个用户需求有不同的理解；另一种是不同的用户需求被认为是同一个用户需求，这就需要进行协商调整使其达到一致，以此保证获取的运营管理阶段用户需求的精确性。

5. 需求模式建模。需求模式建模分为构建领域需求模式和构建具体需求模式，构建领域需求模式是对获取的财务共享服务中心初始需求进行分类，构建具体需求模式是为了进一步获取跟随性需求和普遍性需求，从而得到财务共享服务中心运营管理阶段的用户需求。

（1）构建领域需求模式。领域需求模型是系统内频繁出现的模型主题，属于典型的需求模型。根据对财务共享服务中心的信息系统进行深入分析后发现，各种需求模式多次重复出现。概括为基础、信息、数据实体、用户功能、性能、商业、适应性以及访问控制八大主题领域。每一个领域都有各自的需求，关键概括为 37 种需求模式，如图 3-10 所示。

领域需求模式模型可定义如下：

定义 3.1　领域需求模式是一个二元组 Field_ pattern:: = （Name, {pattern}）

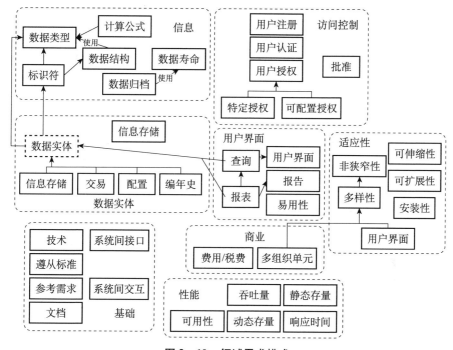

图 3 – 10　领域需求模式

其中，Name 表示领域需求模式的名称，｛pattern｝表示领域需求模式所包含的具体需求模式。图 3 – 10 中领域需求模式建模如下：

①基础领域需求模式模型。

Fundamental_ pattern =（Fundamental，｛Interface，Interaction，Technology，Comply – with – Standard，Refer – to – Requirements，Documentation｝）

基础领域需求模式模型描述使用或与特定技术兼容（Technology），遵从的标准、法律和条例（Comply – with – Standard），需要满足的外部需求（Refer – to – Requirements），需要产生的文档类型（Documentation），与其他系统的接口（Interface）以及穿越接口的交互类型（Interaction）。

②性能领域需求模式模型。

Performance_ pattern =（Performance，｛Response Time，Throughput，Dynamic Capacity，Static Capacity，Availabillity｝）

性能领域需求模式模型包含：系统完成一个要求大概多长时间（Response Time）、系统能同时解决事件的容量是多少（Dynamic Capacity）、系统处理事情的速率（Throughput）、系统能储存多少某种类型的实体（Static

Capacity）、系统对用户的可用性和可靠性最高的时候（Availabillity）。

③访问控制领域需求模式模型。

Access-Control_ pattern =（Access-Control，｛User Registration，User Authentication，Specific Authorization，Configurable Authorization，Approval｝）

访问控制领域需求模式模型描述使系统知道用户（User Registration），认定一个用户和控制用户可以做和可以看的内容（User Authentication），具体的用户授权规则（Specific Authorization），可以动态地改变那些用户可以做什么（Configurable Authorization）以及强迫某个人操作被其他人批准（Approval）。

④信息领域需求模式模型。

Information_ pattern =（Information，｛Data Type，Data Structure，ID，Calculation Formula，Data Longevity，Data Archiving｝）

信息领域需求模式模型描述底层模块，保证贯穿整个系统的特定信息的一致性处理（Data Type，Data Structure）；如何计算数值（Calculation Formula）；如何确定数据实体（ID）；如何移动或复制信息，以及需要多少时间等数据处理（Data Archiving，Data Longevity）。

⑤数据实体领域需求模式模型。

Data－Entity_ pattern =（Data-Entity，｛Living，Transaction，Configuration，Chronicle｝）

数据实体领域需求模式模型描述所有类型信息的公共特性（Data－Entity），保存信息的基础构架，有预期寿命的实体（Living），活实体生命中的事件（Transaction 交易），控制系统如何运转的参数（Configuration）以及系统事件记录（Chronicle）。

⑥用户功能领域需求模式模型。

User-Function_ pattern =（User－Function，｛Inquiry，Report，Accessibiliy｝）用户功能领域需求模式描述信息显示功能（Inquiry），特定报表功能（Report），基本用户交互环境，报表运行引擎以及使系统对特殊人群易使用和系统的易用性（Accessibiliy）。

⑦商业领域需求模式模型。

Commercial_ pattern =（Commercial，｛Fee/Tax，Multi－Organization｝）

商业领域需求模式模型描述收费方式（Fee/Tax），业务结构（Multi－

Organization）例如，多部门，办事处，公司等。

⑧适应性领域需求模式模型。

Flexibility_ pattern =（Flexibility,｛Scalability, Extendability, Unparochialness, Multiness, Multi－Lingual, Installability｝）

适应性领域需求模式模型描述避免限制在其他地方安装（Unparochialness），同时支持多个公司、货币等（Multiness），能够容易地插入额外软件（Extendability），准备好处理业务容量的增加（Scalability），同时支持多语言用户界面（Multi－Lingual），以及安装系统的容易程度（Installability）。

（2）构建具体需求模式。领域需求模型仅需对具体的需求模型创建不同类型的模型归类，就可以包含总体领域需求。具体的需求模式必须科学研究每一个领域主题中包含的具体模式。

本书中的具体需求模式是根据财务共享服务中心运营管理过程中用户初始需求的特点进行深入的分析，从而得到与之相关的跟随性需求和普遍性需求，以实现财务共享服务中心运营管理阶段用户需求的获取。同时，具体的需求模式还会提出实现用户需求可行性，并给出测试意见。需求模式模型可定义如下：

定义 3.2 具体需求模式是一个二元组 Requ_ pattern ∷ =（Name,｛Sections｝）

其中，Name 表示具体需求模式的名称，｛Sections｝表示具体需求模式所包含的要素。

定义 3.3 需求模式所包含的要素被定义为十个特征要素。每个要素从不同的方面定义需求模式的内容。

Sections ∷ =（Pattern ID, Basic Details, Applicability, Discussion, Content, Templates, Example, Extra Requirements, Considerations for Development, Considerations for Test）

其中，Pattern ID 表示模式的序列号；Basic Details 表示一些基础细节；Applicability 表示模式适用的实时情况；Discussion 表示如何编写这种类型的用户需求和需要考虑什么；Content 表示这种类型的用户需求必须描述的内容和可能描述的额外情况，这是模式的核心内容；Example 表示使用这种模式的一个或多个典型例子；Extra Requirements 表示这种需求通常有什么跟随性需求和哪些普遍性需求；Considerations for Development 表示提示软件设计者和工程师如何实现这种类型的需求；Considerations for Test 表示当决定如何测试这种类型的需求时要考虑的内容；Template 表示编写这种需求的一个出发或多个出发。

6. 验证运营管理用户需求完备性。企业财务共享服务中心运营管理阶段的需求始终处于不断演化，不停迭代的状态。因此，在需求模式的引导下，财务共享服务中心运营管理阶段用户需求获取需要进行验证是否正确、是否完全。当验证通过后，得到准确、完整的运营管理阶段用户需求，如果验证不通过，则返回识别利益相关者的初始需求。本书使用 BNF 范式提出了判断用户需求获取接近完成的一个自然语言的描述。

< Judge _ completeness >:: = < Rule1 > | < Rule2 > | <Rule3 > | <Rule4 > | <Rule5 > | <Rule6 >

<Rule1 > :: = if（<用户不能提出更多用例 >）< Sentence1 > else < Sentence2 >

<Rule2 > :: = if（<用户提出的新用例可以从其他已经提出的用例中推导出来 >）

<Sentence1 > else < Sentence2 >

<Rule3 > :: = if（<用户只是重复他们在以前的讨论中已经提过的问题 >）< Sentence1 > else < Sentence2 >

<Rule4 > :: = if（<被提出的新特性、用户需求或功能需求都在范围之外 >）

<Sentence1 > else < Sentence2 >

<Rule5 > :: = if（<被提出的新需求优先级都很低 >）< Sentence1 > else < Sentence2 >

<Rule6 > :: = if（<用户提出的新功能都是可以在产品生命周期的某个时刻加入 >）

<Sentence1 > else < Sentence2 >

<Rule7 > :: = if（<用户提出的新功能不属于当前正在讨论的特定产品 >）< Sentence1 > else < Sentence2 >

< Sentence1 > :: = <需求已完备 >

< Sentence2 > :: = <需求不完备 >

＜Rule1＞、＜Rule2＞、＜Rule3＞、＜Rule4＞、＜Rule5＞、＜Rule6＞和＜Rule7＞是判断财务共享服务中心运营管理的用户需求获取是否完成的标准，只要满足其中任意一条规则，可以判定需求获取结束。

3.5.3 运营管理阶段需求获取后的用户需求项

财务共享服务中心运营管理阶段的用户需求是指企业在运营管理期间，随着来自企业内部的业务变化与拓展以及来自外部 IT 技术的升级与迭代，企业财务共享服务中心的用户需求也在不断发生变化，此期间产生的需求就是运营管理阶段的用户需求。财务共享服务中心初始建设阶段的用户需求以满足企业日常经营的基本需求为主，只有较少的深度业务需求和智能自动化增强需求，而财务共享服务中心运营管理阶段是以深度的业务需求和智能自动化技术的增强需求为主，只有较少的基本需求。

同样以 ABC 公司为例，随着 ABC 公司业务的发展对财务提出了更高更多的要求，这样一来财务共享服务中心就面临了新的挑战，以至于需要提出新的需求。因此，ABC 公司基于需求模式的运营管理阶段用户需求获取模型随着业务需求的变化，建设方需求由基础的费用报销、应收应付等核心业务延伸到管理会计、财税共享等范围。同时，随着智能自动化技术、大数据、人工智能等应用场景的成熟和成本的降低，驱动着用户需求由信息系统的基础核算与管理功能延伸到业务流程自动化、智能预警与风险管控、管理与决策支持等方面。

ABC 公司财务共享服务中心运营管理阶段需求获取后的用户需求项示例如表 3 - 5 所示。

表 3 - 5　财务共享服务中心运营管理阶段需求获取后的用户需求项示例

功能定位	一级需求	二级需求	三级需求	需求类别
会计服务	会计核算	费用报销	自动报销申请/审核/审批	增强需求
		应收管理	应收自动稽核	增强需求
			应收自动对账	增强需求
			应收账龄分析	基本需求
		库存管理	存货出入库计算	基本需求
			存货成本差异调整	基本需求

续表

功能定位	一级需求	二级需求	三级需求	需求类别
会计 服务	会计核算	应付管理	应付自动对账	增强需求
		账表管理	自动试算平衡	增强需求
			自动核对账表	增强需求
			合并报表自动调整	增强需求
	资金管理	内部网银	线上收支	增强需求
			内部贷款处理	增强需求
			内转收付款处理	增强需求
		资金结算	资金调度	增强需求
		资金计划	资金计划自动编制/查询	增强需求
		资信管理	保证金处理/明细查询	增强需求
			保函自动登记/复核	增强需求
			资信证明申请/登记/查询	增强需求
		银行借款	借款申请	增强需求
			贷款经办	增强需求
			放还款经办/登记	增强需求
		票据管理	自动验票入库	增强需求
			贴现申请	增强需求
			自动背书网银发送	增强需求
		银企直联	账户余额自动查询	增强需求
	税务管理	发票管理	发票自动申请	增强需求
			发票自动接收	增强需求
		纳税管理	预缴分配	增强需求
			自动纳税计算	增强需求
			自动纳税申报	增强需求
			自动生成税务底稿	增强需求
			代扣代缴智能管理	增强需求
	预算管理	预算核算	预算收支核算	基本需求
	资产管理	使用管理	资产调拨自动审批	增强需求
			资产借用自动稽核	增强需求
			资产领用自动记录	增强需求

续表

功能定位	一级需求	二级需求	三级需求	需求类别
会计服务	资产管理	资产租赁	资产租赁自动统计	增强需求
			资产租赁自动结算	增强需求
	影像管理	影像采集	影像智能识别	增强需求
			影像智能校对	增强需求
		影像处理	影像智能矫正	增强需求
			影像智能转换	增强需求
		影像查询	影像信息查询	增强需求
			影像实时浏览	增强需求
	档案管理	档案采集	自动生成会计档案	增强需求
		档案归档	原始单据及凭证自动整理	增强需求
			账簿打印及装订	增强需求
			档案入库保存	增强需求
			会计档案自动备份	增强需求
		档案借阅	档案借阅申请	增强需求
			档案借阅自动审批/记录	增强需求
	合同管理	合同结算	合同自动复核	增强需求
			合同自动汇总	增强需求
		合同档案	合同自动归档	增强需求
		履约管理	合同履约计划自动录入	增强需求
	人力资源管理	员工管理	人员流动智能报告	增强需求
		假勤管理	假勤记录自动核销	增强需求
			假勤记录智能实时看板	增强需求
		薪酬管理	薪酬查询	增强需求
			薪酬自动计算	增强需求
			薪酬自动审批	增强需求
			薪酬统计报表自动编制	增强需求
		绩效管理	绩效考核自动分类	增强需求
			绩效档案自动归档	增强需求
			绩效智能实时看板	增强需求
	……	……	……	增强需求

续表

功能定位	一级需求	二级需求	三级需求	需求类别
风险控制	会计核算	应收管理	应收风险智能实时管理	增强需求
		成本核算	成本管理风险	基本需求
	资金管理	资金风险	资金风险智能监测	增强需求
			资金智能实时监控预警	增强需求
		资金结算	收入结算风险	基本需求
	预算管理	预算风险	预算智能实时预警	增强需求
	税务管理	税务风险	税务风险自动分析	增强需求
	资产管理	资产风险	固定资产智能实时监控	增强需求
			资产组合风险自动分析	增强需求
	合同管理	合同风险	合同智能实时跟踪	增强需求
价值创造	会计核算	库存管理	库存结构自动分析	增强需求
			库存智能预测	增强需求
			特殊库存自动分析	增强需求
		报表分析	财务报表自动分析	增强需求
			报表数据可视化展现	增强需求
		经营分析	经营资源投入自动分析	增强需求
			经营报告自动分析	增强需求
			经营业绩智能预测	增强需求
	资金管理	资金分析	资金运作自动分析	增强需求
			智能预测未来现金流	增强需求
	预算管理	预算调整	预算自动调整	增强需求
		预算分析	自动分析预算差异	增强需求
	税务管理	税务分析	税务智能筹划	增强需求
			自动生成税务分析报告	增强需求
	资产管理	资产分析	资产运用效率自动分析	增强需求
			资产组合投资自动分析	增强需求
	成本管理	成本决策	成本智能实时管控	增强需求
			成本趋势自动分析	增强需求
辅助性需求	辅助管理	移动终端管理	移动终端业务办理	增强需求
			移动终端风险预警	增强需求

续表

功能定位	一级需求	二级需求	三级需求	需求类别
辅助性需求	辅助管理	移动终端管理	移动终端数据查询分析	增强需求
		辅助功能管理	电子签名	增强需求
			智能语音助手	增强需求

3.6　实例研究

在研究财务共享服务中心的需求定义与分类、需求表达、需求获取之后，下面本书以 ZJRH 集团财务共享服务中心的需求获取为例进行实例研究。首先阐述了 ZJRH 集团的简介、财务共享服务中心的建设背景和财务共享服务中心的职能定位。其次，将本体模型应用于 ZJRH 集团财务共享服务中心的需求表达，并利用 SECI 模型对 ZJRH 集团的初始建设阶段需求获取进行模型构建、利用需求模式对 ZJRH 集团的运营管理阶段需求获取进行模型构建。

3.6.1　财务共享服务中心建设背景

ZJRH 集团是一家跨行业、跨区域、多维度的企业集团，在其迅速发展和发展壮大的过程当中，企业集团财务管理能力减弱的问题不断涌现，明显牵制了企业集团的可持续发展。怎样改革创新财务管理，构建出一种崭新的财务管理方式，根除企业集团财税问题，适应企业集团持续发展，成为战略管理学者和践行者一同关注的焦点难题，ZJRH 集团也是如此。

1. ZJRH 集团简介。ZJRH 集团是国内最具有实力、最具规模的大型建设集团之一，为世界五百强企业，集团旗下子公司众多，通过各地子公司为全国各省份提供建筑工程承包及其他服务，是一家以路桥、港航、铁路、市政工程施工为主业的大型工程建设企业。ZJRH 集团下辖 18 家分公司、9家子公司、7 家参控股公司，具有公路工程施工总承包特级、港口与航道工程施工总承包特级、市政公用工程施工总承包特级资质，现有员工近 7500

余人。当前，其财务组织结构为集团—公司—项目部（独立核算的非法人实体）的三层级管理。项目部下设财务部、人力资源部等部门，项目部独立核算。近年来，ZJRH 集团新签合同额直线上升，规模空前实现了跨越式发展。

2. 财务共享服务中心的建设背景。随着 ZJRH 集团规模不断扩张，ZJRH 集团也面临着人力资源紧缺、运营成本增加、管控难度加大、会计信息质量难保等问题。因此，ZJRH 集团从所处行业特点出发，结合集团自身存在的问题，作出了实施集团财务共享的战略选择，以期通过建设财务共享服务中心实现以下目标：第一，建立整个集团集中统一的财务核算流程，实现整个集团各类业务处理的规范化、标准化；第二，实现记账、收支、报表等各类财务核算的集中处理，减少项目部财务人员数量，降低人力成本；第三，提高各类业务财务处理的效率及质量，加强集团管控，降低企业经营风险。财务共享服务中心建设计划总周期为两年，共分三期完成。第一期主要建设内容是选取部分试点单位及典型业务试点运行；第二期主要建设内容是国内下属单位业务财务的整合及共享；第三期主要建设内容是国外下属单位业务财务的整合及共享。

3. 财务共享服务中心功能定位。ZJRH 集团财务共享服务中心主要围绕"服务为先、反映立本、监督至上"的定位开展建设和运营，发挥财务共享服务中心集中式管理的优势，通过规模效应，节约人力资源和管理成本，提升工作效率，加速会计核算的专业化、规范化、标准化进程，提高会计信息质量，提升内控管理，加强财务监督职能，促进核心业务发展，支持集团发展战略。

3.6.2 财务共享服务中心需求表达

在对 ZJRH 集团财务共享服务中心建设背景分析后发现，ZJRH 集团财务共享服务中心存在通信鸿沟的问题。本节将基于 3.3.2 本体论的方法对财务共享服务中心需求进行表达。依据"由抽象到具体"的分析方法将需求信息本体的概念空间划分为元概念层和领域模型层两个层次来定义。

1. 元概念层。元概念层主要描述需求建模领域的一些通用概念。在ZJRH 集团财务共享服务中心需求表达中，元概念层依旧存在概念类层次。对于 ZJRH 集团财务共享服务中心"用户群"即为建设方 ZJRH 集团和内部员工共同派生、"供需链"则是 ZJRH 集团、内部员工和实施方派生，而内部员工的共同需求派出了"共性需求"概念、个别员工的需求则称为"个性需求"。

2. 领域模型层。领域模型层在元概念层通用概念的基础上进行了延伸，并与财务共享服务中心、ZJRH 集团的业务模式结合，通过融入财务共享服务中心的知识，形成定义需求信息元的专业概念集和关联约束集。根据 DomConS、DomConAssS、ReqDomMapF 三个领域模型层的组成部分，ZJRH 集团财务共享服务中心领域的 IRO 的概念空间，如图 3 - 11 所示。

元模型空间的建设方、实施方、需求及其关联，在融合了财务共享服务中心的领域知识后通过层与层之间的关联映射生成了领域模型的 IRO 概念空间。元概念节点对应面向财务共享服务中心的领域概念节点，比如，需方概念精化为 ZJRH 集团和集团内员工等，需求概念精化为会计服务需求、价值创造需求、风险控制需求等。除此之外，元概念的关联节点还结合了详细的领域知识，从而映射形成领域概念关联节点，比如财务共享服务中心的会计核算与资金管理等利用"fulfill"映射到会计服务需求的执行需求项，财务共享服务中心的财务部、销售部等部门对应的是组织概念与任务概念之间的发布任务关联"assign"经层间映射生成财务共享服务中心领域概念关联的结果。

3.6.3　初始建设阶段用户需求获取

ZJRH 集团财务共享服务中心初始建设阶段的用户需求旨在满足企业日常会计核算需求。此类需求往往较为基本，但是由于实施方开发人员与建设方才开始沟通，所以如何准确清晰地获取 ZJRH 集团对于财务共享服务中心的需求将是本节需要研究的内容。本节将基于 3.4.3 的研究，运用 SECI 通过知识转移对 ZJRH 集团财务共享服务中心进行初始建设阶段的用户需求获取。

在 ZJRH 集团财务共享服务中心的初始建设阶段，知识转移的基本任务是获取与分析建设方在此阶段的需求。在这一阶段，ZJRH 集团根据财务共享服务中心实施方的引入和招投标，完成供需双方供求信息内容知识的互换、同步与转移。而这一切的起点则是 ZJRH 集团财务共享服务中心相关的显性知识培训[①]，集团员工通过培训对财务共享服务中心的概念、功能、实施

---

① 魏友健. 考虑用户偏好的智能财务共享软件产品交付管理研究 [D]. 重庆：重庆理工大学，2021.

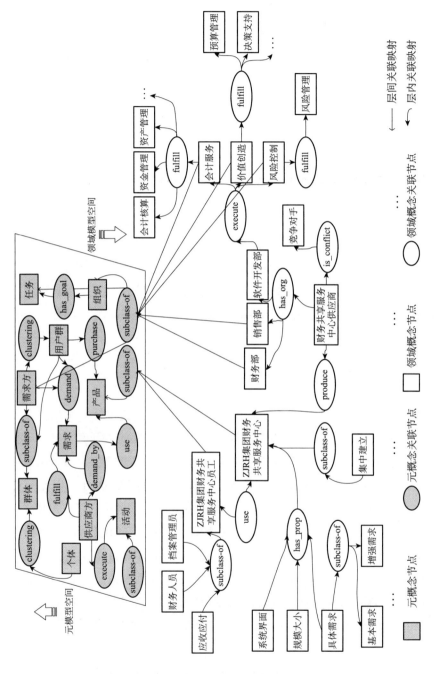

图3-11 ZJRH集团财务共享服务中心领域的IRO的概念空间

过程、操作方式和在企业经营中各个方面的应用有一个清晰的了解。ZJRH
集团各层员工在初步掌握财务共享服务中心相关知识后，开始梳理集团内
部的管理现状、存在的问题和需求，针对 ZJRH 集团现有流程中存在的不足
以及需要改进的地方，提出 ZJRH 集团财务共享服务中心需求。ZJRH 集团
通过更深入地对财务共享服务中心功能的学习和了解，依据集团的管理机
制与需求选择适合的财务共享服务中心。在初始建设阶段，知识转移应着
重于 ZJRH 集团职工之间关于财务共享服务中心知识的转移、分享、消化与
吸收，而集团和实施方之间的知识转移主要以显性知识为主，集团和实施
方之间的知识转移如图 3 - 12 所示。

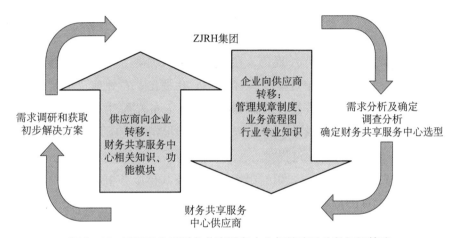

图 3 - 12　ZJRH 集团财务共享服务中心初始建设阶段知识转移

ZJRH 集团向财务共享服务中心实施方提供集团现有的业务简介、业务
流程图及行业专业知识等显性知识。财务共享服务中心实施方向 ZJRH 集团
提供财务共享服务中心的概念和功能模块等相关显性知识进行知识转移。
而在初始建设阶段并不是仅有显性知识的转移，对于隐性知识就需要 SECI
模型来帮助实施方来获取 ZJRH 集团的隐性需求。

1. 财务共享服务中心知识的社会化。在财务共享服务中心初始建设阶
段，ZJRH 集团常常存在有许多需求不能通过文档或口述的方式直接表达，
比如财务报表的分析思路，税收筹划的分析等。建设方的需求描述报告、
财务共享服务中心的建设经验与现场解决问题的经验不能从书籍或实质性
的文档中里学到。这一部分知识只能依靠实施顾问或建设方企业内部经验
丰富的客户相互沟通、交流经验，并传递给没经验的企业客户。而这一过

程就是财务共享服务中心知识社会化的过程。在 ZJRH 集团财务共享服务中心的知识社会化过程中，主要是从个体隐性需求到个体隐性需求的过程。例如，在分析费用报销业务的需求时，ZJRH 集团财务人员 A 认为，需求应当包括费用报销流程自动化需求；财务人员 B 认为，需求应当包括费用报销业务流程标准化；财务人员 C 认为……那么，经过各个或者相关人员之间的交流，需求知识得到了共享，这就是需求知识的社会化。

2. 财务共享服务中心知识的外在化。财务共享服务中心建设过程中，实施方将自己的隐性知识通过数据、图表、模板和相关规则等显性且具体的方式表达出来。这一转换就是我们通常理解的需求表述，通过媒介将需求清晰地转达给实施方，这种转换是用户将自己脑海中想法，也就是隐性需求变成显性需求的转换。例如，在实施方系统分析师采集 ZJRH 集团相关人员的需求时，财务人员 A 提出，在处理费用报销业务时，要根据不同的岗位级别设置不同的差旅费额度；财务人员 B 提出，在处理费用报销业务时，需要登录税务平台查验发票真实性；财务人员 C 提出……最后，系统分析师通过自己的知识储备，将其转化为费用报销额度需求与发票查验需求，即为需求知识外部化过程。

3. 财务共享服务中心知识的组织化。财务共享服务中心建设中知识由隐性转化为显性的数据、图表、模板和相关规则后，ZJRH 集团员工需要将这些整理成更加规范的报告和供大家查阅的文档，也就是我们通常所说的需求文档。例如，在获取了费用报销的需求以后，通过财务共享服务中心建设团队、实施方软件开发人员之间的交流，进行归纳、总结进行了标准化的需求文档。对于实施方也存在着知识组织化，那则是在财务共享服务中心开始运营后，实施方将操作手册、说明书等文档转送给 ZJRH 集团的过程。

4. 财务共享服务中心知识的内在化。财务共享服务中心建设中，实施方收到了 ZJRH 集团的需求文档后需要在开发团队内部进行传阅学习，搞清楚需求的内涵和要点，将显性知识接收和转化成自己的隐性知识。例如，在对财务共享服务中心流程自动化需求进行优化后，通过系统培训，可以使用户或者相关人员了解到目前财务共享服务中心的流程自动化功能建设程度，这就是需求知识内部化的过程。在流程自动化功能投入使用一段时间以后，以便用户或者相关人员结合可以再次对需求提出新的看法。

在财务共享服务中心建设中的知识通过组织化后可通过组织进行共享和转移，作为实施方企业内化的资料，实现知识的隐性化。这样一来，财务共享服务中心建设的需求就通过 SECI 模型在 ZJRH 集团内部实现螺旋发展。因此，财务共享服务中心建设中的知识转移过程符合 SECI 模型的内在逻辑，知识都是通过 SECI 模型进行双螺旋知识转移。本书以 ZJRH 集团的费用报销需求为例，整理出费用报销需求知识转移的 SECI 过程如表 3 - 6 所示。

表 3 - 6　　　　　　　　　　费用报销需求知识转移的 SECI 过程

类型	知识转移的内容	知识转移的类型
社会化	隐性需求的共享阶段，ZJRH 集团员工对费用报销业务的不同要求形成共享和传递	个体隐性知识——个体隐性知识
外在化	隐性需求的显性过程，ZJRH 集团员工将费用报销业务的需求通过媒介表述	个体隐性知识——个体显性知识
组织化	显性需求的综合过程，ZJRH 集团员工将各自的需求汇总整理成需求文档，供开发人员使用	个体显性知识——群体显性知识
内在化	显性需求的隐性过程，开发人员在收到需求文档后，认真学习理解需求文档中的需求内涵	群体显性知识——群体隐性知识

由表 3 - 6 可以发现，ZJRH 集团财务共享服务中心的费用报销需求获取并不只是隐性知识和显性知识转换的过程，而是集团内部员工将自己脑中的想法和要求进行表达并让实施方开发人员理解，从而形成一种由个体隐性知识转换成群体隐性知识的过程。ZJRH 集团财务共享服务中心初始建设阶段需求获取后用户需求项如表 3 - 7 所示。

表 3 - 7　　　ZJRH 集团财务共享服务中心初始建设阶段需求获取后用户需求项

功能定位	一级需求	二级需求	三级需求	需求类别
会计服务	会计核算	费用报销	报销申请/审核/审批	基本需求
			收付报账	基本需求
		应收管理	应收对账	基本需求
			应收核销	基本需求
			应收账龄分析	基本需求

续表

功能定位	一级需求	二级需求	三级需求	需求类别
会计服务	会计核算	应付管理	付款申请/复核	基本需求
			应付对账	基本需求
		库存管理	存货出入库计算	基本需求
			存货成本差异调整	基本需求
		账表管理	凭证生成/审核	基本需求
			试算平衡检查	基本需求
			报表编制	基本需求
	资金管理	账户管理	全流程账户管理	基本需求
		资金结算	资金支付	基本需求
			银行对账	基本需求
		银企直联	账户余额查询	基本需求
			账户明细账查询	基本需求
		内部网银	线上收支	增强需求
			内部贷款处理	增强需求
			内转收付款处理	增强需求
	预算管理	预算核算	预算收支核算	基本需求
			预算完成率计算	基本需求
	税务管理	发票管理	发票自动申请	增强需求
			发票自动接收	增强需求
		纳税管理	自动纳税计算	增强需求
			自动纳税申报	增强需求
	资产管理	资产核算	资产卡片填写	基本需求
			资产购置核算	基本需求
			资产折旧核算	基本需求
			资产减值核算	基本需求
			资产处置核算	基本需求
	成本管理	成本核算	成本费用归集	基本需求
			成本费用分配	基本需求
			成本费用计算	基本需求
			成本费用调整	基本需求
			成本费用结转	基本需求

续表

功能定位	一级需求	二级需求	三级需求	需求类别
风险控制	会计核算	应收管理	应收账款风险	基本需求
		成本核算	成本管理风险	基本需求
		账表管理	财务报告风险	基本需求
			账表不符风险	基本需求
	资金管理	资金结算	收入结算风险	基本需求
			资金安全风险	基本需求
	预算管理	预算风险	预算编制方法不当风险	基本需求
			预算不准确性风险	基本需求
	税务管理	发票管理	票据不合规风险	基本需求
价值创造	会计核算	费用报销	报销数据统计分析	基本需求
		库存管理	库存出入库统计分析	基本需求
	资金管理	资金分析	资金数据统计分析	基本需求
	预算管理	预算编制	预算收支数据统计分析	基本需求
	资产管理	资产购置	资产采购数据分析	基本需求
	成本管理	成本核算	成本统计分析	基本需求

对于 ZJRH 集团财务共享服务中心初始建设阶段的用户需求，实施方企业可以使用 SECI 模型对其进行知识转换，从而获取 ZJRH 集团内部员工对于业务的需求，但是该模型只能满足一次性获取需求，不能实现对需求的动态获取，所以本书使用需求模式对 ZJRH 集团财务共享服务中心的运营管理阶段的用户需求进行获取。

3.6.4　运营管理阶段用户需求获取

在业务和技术的驱动下，ZJRH 集团对财务共享服务中心运营管理阶段提出了新的需求。下面，首先分析 ZJRH 集团财务共享服务中心建设现状，找到运营管理阶段的现存问题，其次进行需求模式的匹配，以保证需求获取的准确性，最后根据需求模式获取财务共享服务中心运营管理用户需求。

1. ZJRH 集团财务共享服务中心建设现状。在变化日新月异、创新无处不在、格局不断演化的时代，为了紧跟发展的趋势，ZJRH 集团财务共享服务中心面临着内外部环境的冲击，迫使其不断迭代更新优化财务共享服务中心信息系统。通过对 ZJRH 集团财务共享服务中心的运行状进行调研分析，发现 ZJRH 集团财务共享服务中心存在着会计服务的自动化水平较低、风险控制的模式较传统、智能化水平较低，价值创造的数据分析与智能化水平较低等问题。

（1）会计服务的自动化水平较低。通过对 ZJRH 集团财务共享服务中心的运行现状进行调研发现，目前其仅在发票管理和纳税管理两个方面的需求上应用到了自动化处理。ZJRH 集团财务共享服务中心的财务流程中仍存在大量的低附加值和高重复性的手工环节，比如在费用报销、资产管理等方面，虽然这些需求能够通过专业化的分工与培训等措施在一定程度上提高财务共享服务中心员工的工作效率，但工作人员的绝大部分精力还是放在了大量的重复工作之中。在集团建设财务共享服务中心之后，还面临着重复烦琐的工作，从本质上来说财务共享服务中心人员的工作量并未减轻。以费用报销业务为例，ZJRH 集团在财务共享服务中心建设成立后，实现了费用报销集中处理，但是工作人员仍然面临着票据扫描、表单填报等烦琐的财务工作。大量人工处理会隐含较高的出错率，还会影响信息共享的效率，降低人员沟通的及时性和有效性，加大集团管控的难度。因此，ZJRH 集团财务共享服务中心迫切需要以数据的全面共享，业务流程的标准统一，多样化业务场景的自动构建，打破异构系统间壁垒，实现无边界的信息流，减少集成和人工干预，费用报销、账表对账、资产管理等多方面实现流程自动化。

（2）风险控制的模式较传统、智能化水平较低。目前 ZJRH 集团财务共享服务中心在会计核算、资金管理、预算管理、税务管理等业务已经将一些内部控制风险嵌入信息系统环境下，并取得了一定的成效，但是由于这些业务涉及大量的合同文本、图像等非结构化数据，其风险控制主要还是依靠人工去判断，并且是事后进行风险控制，因此还存在不能及时发现异常情况，实现风险异常快速定位和实时预警等方面的问题，需要在风险控制模式和智能化水平方面加以改进。实际上，利用人工智能技术构建智能化风控体系，以合规、风险为导向，将风险控制融入业务场景中，改变以往业务核算在前，风险管控在后的传统模式，实现事前、事中、事后的全过程风险控制。以预算风险传统控制模式为例，在 ZJRH 集团财务共享服务中心建设成立后，在降低预算编制方法不当风险和预算不准确性风险上取得了一定的成效，但是由于传统的风险管理模式是事后控制，缺乏明确的预算执行控制流程及有效的监控措施，缺乏事前和事中控制，没有建立有效的预警机制，预算执行与编制"两张皮"。预算监控以手工审批为主，缺乏有效的工具和手段以支持动态过程监控，以及无法直接获取预算分析所需要的实际数据，难以实现实时在线分析。预算分析仅限于财务数据对比，缺乏业务部门的参与，缺乏问题的剖析，改进方案的追踪反馈等。因此，ZJRH 集团财务共享服务中心迫切需要实现事前、事中、事后全过程风险控制，并以计划执行过程中获取的信息为依据，迅速对异常行为作出决策，并及时控制，实现预算、资金、税务等多方面实时化、智能化。

（3）价值创造的数据分析和智能化水平较低。ZJRH 集团对基于财务共享服务中心的业务流程再造与信息系统构建都给予高度重视，在 ZJRH 集团财务共享服务中心初始建设成立后，ZJRH 集团财务共享服务中心在价值创造方面实现了费用数据统计分析、库存出入库统计分析、预算收支数据统计分析等基础的数据分析需求。可见，ZJRH 集团财务共享服务中心虽然集成了大量的财务与业务数据，但是在数据分析处理方面目前还处于业务必须需求的基础阶段，通过各项指标计算分析得出结论，数据分析的深度和广度不够，财务共享服务中心的数据价值无法得到充分挖掘。ZJRH 集团财务共享服务中心缺少对财务报表、经营预测、税收筹划等自动、智能的数据分析。在数据分析水平受限的局面下，ZJRH 集团无法得到更多有价值的分析成果用于集团决策支持，尚未探索数据挖掘、机器学习、人工智能等辅助分析决策的智能化技术的运用，整个财务共享服务中心无论是服务器等硬件设备还是用于分析处理的软件工具，数据分析处于较低水平。因此，ZJRH 集团迫切需要通过对数据监控、审计、勾稽、异常处理、分析洞察，在决策引擎的帮助下借助云计算、大数据、物联网、人工智能等新技术手段，实现整体生态系统内的智能化管控、分析预测和决策支持；依靠数据实现自我学习和预测能力，构建以数据为本的决策支持体系，向业务部门提供有价值的决策分析。

2. 需求模式的匹配。通过对 ZJRH 集团财务共享服务中心现有的建设现状进行研究，可以发现在企业的发展过程中，初始建设阶段的财务共享服务中心功能定位已经难以满足企业发展需求，并且随着业务的不断发展和技术的不断进步，驱动着 ZJRH 集团财务共享服务中心的用户需求不断产生变化。

以 ZJRH 集团财务共享服务中心财务人员需求查询为例，根据对基本需求的预处理和算法 3.1，判定采集的人员用户需求等数据应该存储并且要考虑存储的时间，然后进行需求模式匹配，为获取财务共享服务中心运营管理阶段的用户需求奠定基础。

需求模式匹配选择 Inquiry ∈ Data Entity（用户功能与需求模式中的查询需求模式），Data Longevity ∈ Information（信息域需求模式中数据寿命需求模式），现参照需求模式模型中的用户功能与需求模式中的查询需求模式，使用元组和 BNF 范式编写具体需求模式。

Requ_ pattern ::=（查询需求模式，{Sections}）

<Pattern ID >::= < Pattern ID >

<Basic Details >::= <报表> <所有需求的 2% –15%（来自项目经验）> <动态需求>

<Applicability >::= <使用查询模式显示给用户指定的信息，并且"查询"暗示显示的信息不能被该功能修改>

<Discussion >::= <查询经常是很随意的事,这可能导致的结果是一些查询无人使用,而有些需要的却没有.查询需求众多,很难发现是否忘记什么,一个解决办法是先定义普遍性需求,要求每一项信息至少提供一个查询,此时重点关注特殊业务目的的查询.除了大多数查询是关于保存的信息(数据库中的数据)以外,还有一些关于系统硬件、组件状态的信息,或者是读卡器等来自其他来源的信息>

<Content >::= <查询名称> <查询的业务意图> <显示信息> [排序顺序] [挑选标准] [浏览] [交互] [自动刷新]

<Requirement_ template > ::= < Template_ ID > < Abstract > <Definition > <Priority > [TBD]

< State > <Field_ pattern > < Requ_ pattern >

<Template_ ID >::= < CX_ M_ 01 >

<Abstract >::= <《查询名称》查询 >

<Definition> :: = <有一个《查询名称》查询显示《显示的信息》,它的目的是《业务意图》.对于每一个《实体名称》查询将显示下列信息:《信息项1》《信息项2》、挑选标准1、挑选标准2 >

<Priority> :: = <优先级等级>

Example :: = <费用报销查询> <有一个查询显示选定的日期范围内某个员工的费用报销情况.对员工这段时间内的每一个费用报销交易显示一条详细信息,并以时间倒序的方式排序.每一条详细信息将显示:交易的日期和时间、交易描述、交易数量、这段时间内的员工交易总数.员工可以选择任意一条交易看它的详细信息 >

Extra Requirements :: = <自动报销申请/审核/审批>

Considerations for Development :: = <(略)>

Considerations for Test :: = <(略)>

根据需求模型匹配算法先选择主题域模式,然后再在主题域模式中选择适合的需求模式,为财务共享服务中心运营管理阶段用户需求完整、准确地获取奠定了基础。

3. 运营管理用户需求的获取。ZJRH 集团财务共享服务中心的建设颠覆了公司传统财务管理的模式,通过集中会计核算,实现企业降低成本、加强管控的目标,但也存在流程再造不彻底、信息技术较落后等问题。在智能化背景下,随着信息技术的进一步发展与应用,ZJRH 集团财务共享服务中心运营管理阶段的升级主要是赋予现有财务共享服务中心智能自动化。使具有智能自动化技术的财务共享服务中心能够解决现有共享中心存在的问题,也可以满足企业财务共享服务中心运营管理过程中更高层次的需求。

在这一阶段,可以实现全业务流程的自动化处理、信息的智能化采集、企业的智能化管理等智能化功能,促进企业的战略发展,为企业创造更多价值。ZJRH 集团在进行智能化财务共享升级时,主要的需求项包括:运用RPA 技术实现业务操作的自动化、OCR 扫描影像智能识别、供应商数据直连、智能化财务分析技术、区块链下的管控升级与可追溯自主审计、区块链技术在增值税专用发票电子化的应用、通过云计算技术进行银行对账,并实现企业信息的实时传递和共享、通过人工智能进行财务核算与单据审批、通过人工智能研究合同和会计证据、通过人工智能进行税务申报与筹划、其他技术。

ZJRH 集团为了获取财务共享服务中心运营管理阶段的用户需求，采用需求模式的方式来引导用户需求。以费用报销自动化需求为例，费用报销是财会人员日常处理最多的业务之一，其业务规则性强，但操作烦琐，任务量巨大，这使得该流程容易出现低效、耗时的状况。因此，为了解决费用报销流程中的痛点，ZJRH 集团财务共享服务中心在费用报销的基本需求上引入 RPA 技术，形成费用报销自动化的动态需求。以此实现机器人自动接收报销申请、下载报销单据、使用 OCR 技术自动识别匹配各类发票和单据信息、自动审批、自动审查、自动审核、自动生成凭证等。使审批流程的响应速度得到改善，填报和审批时间也将极大缩短，审核的精细度、时效性也将得到大幅度提升。

ZJRH 集团费用报销自动化动态需求获取过程如下：

```
< User_ Requirements > ::= < Rquirement_ ID > < Ab-
stract > <Definition > <Priority > [TBD]
  < State > <Field_ pattern > <Requ_ pattern >
<Rquirement_ ID > ::= < UF_ Inquiry_ user >
<Abstract > ::= <费用报销需求 >
<Definition > ::= <显示选定费用报销需求的基本情况和详细需
求.每一条详细信息将显示:费用报销的流程、财务痛点、审核人员等 >
<Priority > ::= <高 >
<Field_ pattern > ::= < User -Function >
<Requ_ pattern > ::= < Inquiry >
```

通过上述的需求获取方式，可以获得 ZJRH 集团财务共享服务中心的自动报销申请/审核/审批等普遍性需求和影像智能识别、影像智能校对、税务风险自动分析等额外需求。当运营管理阶段用户需求不满足完备性要求时，需要继续获取用户需求，以最终实现 ZJRH 集团运营管理阶段用户需求的获取。

获取的 ZJRH 集团运营管理阶段用户需求从会计服务、风险控制和价值创造三个维度进行功能定位，在会计服务方面包含自动报销申请/审核/审批、合并报表自动调整、保函自动登记/复核、薪酬统计报表自动编制等自动化需求。在风险控制方面包含资金风险智能监测、预算智能实时预警、税务风险自动分析等实时化、智能化需求。在价值创造方面包含财务报表自动分析、经营业绩智能预测、税务智能筹划等自动、智能的数据分析需求。同时，为了更好地建设 ZJRH 集团的财务共享服务中心，还提出了一些移动终端业务办理、电子签名、智能助手等辅助性需求。

ZJRH 集团运营管理阶段需求获取后的用户需求项如表 3-8 所示。

表 3-8　　　　　ZJRH 集团智能财务共享服务中心用户需求项

功能定位	一级需求	二级需求	三级需求	需求类型
会计服务	会计核算	费用报销	自动报销申请/审核/审批	增强需求
		应收管理	应收自动稽核	增强需求
			应收自动对账	增强需求
		应付管理	应付自动对账	增强需求
		账表管理	自动试算平衡	增强需求
			自动核对账表	增强需求
			合并报表自动调整	增强需求
	资金管理	资金结算	资金调度	增强需求
		资金计划	资金计划自动编制/查询	增强需求
		资信管理	保证金处理/明细查询	增强需求
			保函自动登记/复核	增强需求
			资信证明申请/登记/查询	增强需求
		银行借款	借款申请	增强需求
			贷款经办	增强需求
			放还款经办/登记	增强需求
		票据管理	自动验票入库	增强需求
			贴现申请	增强需求
			自动背书网银发送	增强需求
		银企直联	账户余额自动查询	增强需求
	税务管理	纳税管理	预缴分配	增强需求
			自动生成税务底稿	增强需求
			代扣代缴智能管理	增强需求

续表

功能定位	一级需求	二级需求	三级需求	需求类型
会计服务	资产管理	使用管理	资产调拨自动审批	增强需求
			资产借用自动稽核	增强需求
			资产领用自动记录	增强需求
		资产租赁	资产租赁自动统计	增强需求
			资产租赁自动结算	增强需求
		资产台账	资产卡片自动填写	增强需求
			资产状态填写	增强需求
		资产处置	报废单自动填制	增强需求
	成本管理	计划成本	计划成本自动核算	增强需求
			计划成本报告自动编制	增强需求
	影像管理	影像采集	影像智能识别	增强需求
			影像智能校对	增强需求
		影像处理	影像智能矫正	增强需求
			影像智能转换	增强需求
		影像查询	影像信息查询	增强需求
			影像实时浏览	增强需求
	档案管理	档案采集	自动生成会计档案	增强需求
		档案归档	原始单据及凭证自动整理	增强需求
			账簿打印及装订	增强需求
			档案入库保存	增强需求
			会计档案自动备份	增强需求
		档案借阅	档案借阅申请	增强需求
			档案借阅自动审批/记录	增强需求
	合同管理	合同结算	合同自动复核	增强需求
			合同自动汇总	增强需求
		合同档案	合同自动归档	增强需求
		履约管理	合同履约计划自动录入	增强需求
	人力资源管理	员工管理	人员流动智能报告	增强需求
		假勤管理	假勤记录自动核销	增强需求
			假勤记录智能实时看板	增强需求

续表

功能定位	一级需求	二级需求	三级需求	需求类型
会计服务	人力资源管理	薪酬管理	薪酬查询	增强需求
			薪酬自动计算	增强需求
			薪酬自动审批	增强需求
			薪酬统计报表自动编制	增强需求
		绩效管理	绩效考核自动分类	增强需求
			绩效档案自动归档	增强需求
			绩效智能实时看板	增强需求
风险控制	会计核算	应收管理	应收风险智能实时管理	增强需求
	资金管理	资金风险	资金风险智能监测	增强需求
			资金智能实时监控预警	增强需求
	预算管理	预算风险	预算智能实时预警	增强需求
	资产管理	资产风险	固定资产智能实时监控	增强需求
			资产组合风险自动分析	增强需求
	合同管理	合同风险	合同智能实时跟踪	增强需求
	税务管理	税务风险	税务风险自动分析	增强需求
价值创造	会计核算	库存管理	库存结构自动分析	增强需求
			库存智能预测	增强需求
			特殊库存自动分析	增强需求
		报表分析	财务报表自动分析	增强需求
			报表数据可视化展现	增强需求
		经营分析	经营资源投入自动分析	增强需求
			经营报告自动分析	增强需求
			经营业绩智能预测	增强需求
	资金管理	资金分析	资金运作自动分析	增强需求
			智能预测未来现金流	增强需求
	预算管理	预算调整	预算自动调整	增强需求
		预算分析	自动分析预算差异	增强需求
	税务管理	税务分析	税务智能筹划	增强需求
			自动生成税务分析报告	增强需求

续表

功能定位	一级需求	二级需求	三级需求	需求类型
价值创造	资产管理	资产分析	资产运用效率自动分析	增强需求
			资产组合投资自动分析	增强需求
	成本管理	成本决策	成本智能实时管控	增强需求
			成本趋势自动分析	增强需求
辅助性需求	辅助管理	移动终端管理	移动终端业务办理	增强需求
			移动终端风险预警	增强需求
			移动终端数据查询分析	增强需求
		辅助功能管理	电子签名	增强需求
			智能语音助手	增强需求

由表3-8可知，由于 ZJRH 集团成立时间久、规模大、业务量大等多种因素的影响，故财务共享服务中心运营管理阶段的用户需求主要来自增强需求。

3.6.5 研究结论与相关建议

企业业务需求和 IT 技术变革的双重驱动为财务共享服务中心的建设与发展创造了良好的条件，需求获取作为建设财务共享服务中心功能定位的起点，对财务共享服务中心的建设起着重要作用。本实例以 ZJRH 集团的财务共享服务中心为对象，分别针对初始建设阶段和运营管理阶段的需求进行了需求获取研究。

首先，针对 ZJRH 集团财务共享服务中心实施方和建设方之间信息鸿沟的问题，定义了 ZJRH 集团财务共享服务中心概念类层次，并设计了 ZJRH 集团财务共享服务中心领域的 IRO 的概念空间，从而论证了本体论的需求表达方式的有效性。其次，运用初始建设阶段的基于 SECI 的用户需求获取模型，分析了需求知识获取流程，从流程管理、质量管理、效率管理、信息系统等角度对财务共享服务中心需求进行了深入分析，最终获得了 ZJRH 集团财务共享服务中心初始建设的用户需求。在业务和技术的双重驱动下，ZJRH 集团的财务共享服务中心需求需要进行不断优化和整合。因此，应用基于需求模式的财务共享服务中心用户需求获取模型，通过 ZJRH 集团财务共享服务中心运营管理阶段的费用报销自动化需求获取过程为例，以点带面获取了全部的运营管理用户需求，并采用需求模式算法进行需求分类。本书为 ZJRH 集团准确且清晰地表达集团内部相关人员的需求提供帮助，同时也为需求分析人员正确理解用户需求和正确编写需求规格说明提供参考，有利于提高 ZJRH 集团需求获取的效率和有效性，从而节约了 ZJRH 集团财务共享服务中心的建设成本。

针对 ZJRH 集团财务共享服务中心的需求获取实例研究，为了准确、完整地收集、整理需求，并以其容易理解的业务语言阐述这些需求，ZJRH 集团需要在以下两个方面进行重点改进。

（1）加强对 ZJRH 集团财务人员智能自动化信息技术培训。为了跟上财务共享服务中心智能化、数字化和自动化转型升级的步伐，ZJRH 集团需定期对单位财务工作人员进行智能自动化信息技术的知识普及和培训，以便财务人员提出的财务共享服务中心功能需求更具有可行性和操作性。

（2）应适当调整 ZJRH 集团需求收集范围。在收集需求信息的开始，实施方并不知道 ZJRH 集团需求信息量的大小，可以根据系统的范围适当扩大收集范围，但也不能过于扩大收集范围，因为在扩大的范围内收集的需求信息有些可能不是 ZJRH 真正的需求，这将导致实施方要花费大量的精力和时间来理解和分析这些需求信息。显然，收集的范围也不能太小，否则有些重要需求会被遗漏或排除在外。

第4章

财务共享服务中心需求评价
与优化策略研究

财务共享服务中心需求获取之后，需要从需求质量的角度对财务共享服务中心初始建设阶段和运营管理阶段的需求分别进行评价，以判断获取的需求是否能够满足财务共享服务中心的功能定位。鉴于此，本章以"需求评价机制设计—需求的初始评价与优化—需求的动态评价与优化"为路线贯穿本书主题，设计了财务共享服务中心需求评价机制，随后根据功能定位并依据需求评价指标的构建原则，设计了针对财务共享服务中心初始建设阶段需求的初始评价指标体系，构建了基于 CART 决策树算法的需求初始评价模型，并基于初始评价结果提出相应的优化策略，接着在将财务共享服务中心运营管理阶段需求划分为功能性需求和非功能性需求的基础上，建立了该阶段需求的评价指标体系，构建了基于 SOM 神经网络算法的动态评价模型，并在评价结果的基础上提出了需求优化策略，最后以 ZJRH 集团财务共享服务中心为对象进行了实例研究。

4.1 理论分析与研究思路

4.1.1 理论分析

财务共享服务中心的建设是一个持续的动态过程，它分初始建设阶段和运营管理阶段。财务共享服务中心建设方与实施方协同进行需求获取，但这些获取的需求质量如何，是否能够满足财务共享服务中心的功能定位需要进行需求评价。在财务共享服务中心的初始建设阶段,其获取需求与现有业务的适配程度、需求的重要性、紧急程度,以及需求表达的正确性和完整性都会对财务共享服务中心的初始建设效果产生直接影响。在财务共享服务中心的运营管理阶段,其获取的需求主要有来自业务的正确性、完整性、可用性以及可维护性等方面的功能性需求,以及来自财务共享服务中心在运行过程中产生的可靠性、安全性、时效性、效率和资源占用率等方面的非功能性需求,这些获取的需求对能否达到财务共享服务中心运行过程中对业务和性能方面的目标需要进行了评价。

财务共享服务中心需求评价并不是独立的,它是一个具有多个环节的系统工程。一个科学合理的需求评价机制设计有利于提高财务共享服务中心的建设质量及运行水平。通过对需求评价现有相关文献的梳理和研究发现,当前财务共享服务中心需求评价存在评价机制的建立不够科学和系统;评价指标主要是基于业务层面,对技术实现体现不够;未能考虑财务共享服务中心需求在运营管理过程中的动态变化;未能建立一套适应财务共享服务中心运营管理阶段需求的评价指标体系;现有的评价方法大多采用的是专家打分法,这种评价方法主观性较强使得最后的评价结果对财务共享服务中心功能优化提供的参考有限。

为了进行财务共享服务中心需求评价与优化策略研究,笔者问卷调研了多家财务共享服务中心,根据对问卷调查结果的分析,发现多数被调研企业对财务共享服务中心进行了需求评价,其中 69.23% 的国有企业和 21.54% 的民营企业以及少部分的其他企业对需求进行了评价,只有很少一部分企业没有对财务共享服务中心的需求进行评价,由此表明国有企业比较注重需求评价。在对财务共享服务中心不同阶段业务风险管控水平进行调研时,发现随着运营时间的增加,国有企业风险管控水平越来越高,而其他企业的风险管控水平变化不大。其中,财务共享服务中心的运营时间在 5 年及以上的企业普遍认为其财务共享服务中心的风险管控处于较高的水平(53.28%),运营时间在 1 年以内的国有企业认为其财务共享服务中心的风险管控水平较低(17.8%),而其他企业的风险管控水平变化与运营时间的相关性不大。就需求优化而言,通过问卷调查发现需求优化时需要考虑的因素主要有时间、人力成本、资金成本等。

鉴于此,本书以"需求评价机制设计—需求的初始评价与优化—需求的动态评价与优化"为路线,提出了一套针对财务共享服务中心的需求评价与优化的方法论。其中,需求的初始评价是针对财务共享服务中心在初始建设阶段对需求的评价,针对建设方期望的需求从功能定位角度出发,主要从需求的适配性、重要性、正确性、完整性以及紧迫性等方面评价财务共享服务中心需求获取质量。而需求的动态评价是针对财务共享服务中心运营管理阶段需求获取质量进行评价,考虑到此阶段的需求处于动态变化过程,根据其特征细分为功能性需求和非功能性需求,其中,功能性需求主要是指随着业务变化,建设方对财务共享服务中心功能性需求的变化,在初始评价的基础上,从功能的正确性、完整性、可用性以及可维护性四个方面对获取的需求进行质量评价并提出优化策略;非功能性需求评价主要是对财务共享服务中心需求在性能层面的评价,主要从可靠性、安全性、时效性、效率以及资源占用率五个方面对获取的需求进行质量评价并提出优化策略。同时,基于动态评价的结果提出优化策略。

4.1.2 研究思路

财务共享服务中心的需求评价是以功能定位为导向的,对财务共享服务中心获取的需求进行质量评价,本书充分考虑需求变化与技术发展对财务共享服务中心需求的影响,以"需求评价机制设计—需求的初始评价与优化—需求的动态评价与优化"为路线贯穿本章研究,构建了初始建设阶段和运营管理阶段的评价指标体系和评价模型,并基于评价结果提出了相应的优化策略。财务共享服务中心需求评价机制与优化策略研究思路如图 4-1 所示。

首先,从财务共享服务中心需求评价的意义、需求评价存在的问题以及需求评价的内容三个方面进行了理论分析。

其次,从评价主体、评价客体、评价内容和方法四个方面设计了需求评价机制,并从财务共享服务中心初始建设和运营管理两个阶段对评价机制的运行机理进行了详细的阐述。

再次,根据功能定位并依据需求评价指标的构建原则,从适配性、重要性、正确性以及完整性、紧迫性五个方面设计财务共享服务中心初始建设阶段需求的初始评价指标,构建了基于 CART 决策树算法的初始评价模型,并根据评价结果制定需求优化的策略。

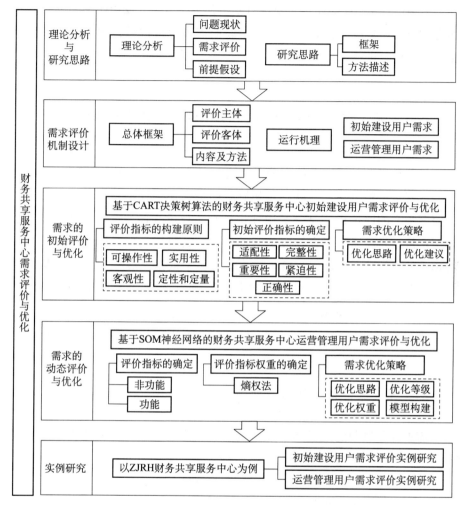

图 4–1　财务共享服务中心需求评价机制与优化策略研究思路

从次，基于财务共享服务中心运营管理阶段用户需求评价思路的梳理、评价指标的选取以及对评价方法契合性分析构建了财务共享服务中心运营管理阶段需求的动态评价指标体系。考虑到用户需求在该阶段的特征，将其划分为功能性需求和非功能性需求，从正确性、完整性、可用性以及可维护性进行功能性需求评价指标的构建，同时从可靠性、安全性、时效性、效率、资源暂占用率五个方面确定了非功能性需求评价指标，采用 SOM 神经网络算法对需求动态评价结果进行分类，比较 t 期与 t + 1 期的评价结果，并根据结果制定需求优化的策略。

最后，以 ZJRH 集团为对象进行实例研究，介绍了 ZJRH 集团财务共享服务中心初始建设阶段和运营管理阶段的需求评价过程，同时基于评价结果对需求优化进行了具体分析。

4.2 财务共享服务中心需求评价机制设计

机制是指在系统当中各个分元素之间的相互联系与相互作用的过程和功能，就是一种由互相关联、互相制约的指标所构成的活动体系。财务共享服务中心的评价机制是一套由评价流程、评价主体、评价方式、运行机理、评价结果反馈等要素构成的活动体系，其目标是促进财务共享服务中心需求的有效分析，进而为后续优化提供科学依据，最终实现"获取—评价—优化—评价—完善"的全流程动态管理①。财务共享服务中心需求的评价机制是在需求获取的基础上，在财务共享服务中心初始建设阶段和运营管理阶段分别建立的需求的初始评价机制以及需求的动态评价与优化机制。

4.2.1 评价机制的总体框架

需求评价机制的建设是一项系统工程，主要从三个方面来对其进行完善和加强。第一个方面是注重评价活动，主要是通过对指标体系、评价导向、评价主体、评价方法等进行完善，最终能够使评价指结果的质量得到提高，评价结果也会更加科学客观合理；第二个方面是将目光集中在制度建设上面，任何评价都会涉及多方的利益关系。因此，评价参与者和评价过程必须要在制度规范的领域当中去进行完成，以此来保证评价当中的公平公正公开；第三个方面是关注评价环境，所有的评价都是在一定的现实背景当中进行的，环境构建有利于整个评价机制搭建的良好运行。这三个方面缺一不可，必须要综合进行，才能够使评价机制体系要素相得益彰。

财务共享服务中心需求评价机制主要由评价主体、评价内容以及评价方法构成，总体框架如图 4-2 所示。

---

① 杜姗. 智能财务共享中心功能需求的评价机制研究 [D]. 重庆：重庆理工大学，2021.

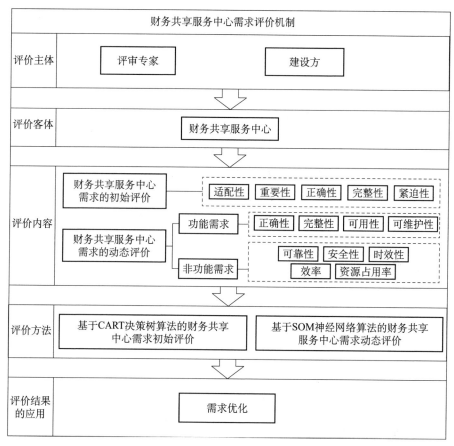

图 4 – 2　财务共享服务中心需求评价机制的总体框架

　　评价主体分别是"评审专家"和"建设方"。各自主体是站在不同的视角对需求进行评价，两者具有不可替代性。评审专家对同类型同行业财务共享服务中心更加了解，其更多地结合其他财务共享服务中心建设发展实践经验，结合理论研究方向考虑财务共享服务中心未来发展方向，能够通过更加专业的角度对财务共享服务中心的需求进行整体的评价，而建设方则能够更多地从本企业实际情况出发进行需求评价，两个主体进行综合的评价，可使评价结果更加具有说服力。

　　评价内容主要是从财务共享服务中心建设时的初始评价和财务共享服务中心运营管理阶段的动态评价两个方面展开。其中，需求的初始评价是从需求的适配性、重要性、正确性、完整性和紧迫性五个方面进行评价。需求的动态评价则是以功能性需求和非功能性需求作为评价维度，从功能的正确性、完整性、可用性以及可维护性四个方面进行功能性需求的评价，从可靠性、安全性、时效性、效率和资源占用率五个方面进行非功能性需求的评价。

本书采用机器学习算法对财务服务中心各阶段的需求进行评价，在财务共享服务中心初始建设阶段和运营管理阶段，分别建立了"基于 CART 决策树算法的需求初始评价机制"和"基于 SOM 神经网络的需求动态评价机制"。需求评价机制的建立从"获取—评价—优化—评价—完善"的角度实现了需求全流程动态管理，最后将需求评价的结果作为需求优化的依据。

除此之外需求评价机制的建立还需考虑到整个评价过程的制度建设以及评价环境改善。一般而言，各种评价活动都是主观性的，要靠相关专业人员的经验来进行判断，因此在评价的各个环节就必然会涉及主观客观、学术应用、理论实践、创新规范之间的矛盾和冲突。除此之外，评价活动是为财务共享服务中心需求优化提供方向标的一种有效活动，它涉及人群主要有评价主体客体以及各个方面的一些利益群体。因此，在需求评价过程中，要有相关的制度规定标准来进行各方参与主体的行为规范，其方式方法过程都要有制度规范去进行约束。从评价环境来看，企业可以通过需求评价相关制度的建立提升各方对需求评价的重视程度，以逐渐建立起良好的评价环境，进一步推动整个评价机制的运行。

4.2.2 评价机制的运行机理

财务共享服务中心需求评价机制的运行机理是基于反馈机制的逻辑运行思路，在"业务 + 技术"的共同驱动下，形成"需求获取—需求评价—需求优化—需求获取"完整闭环。它反映出需求的迭代过程以及一个信息流动的状态，并且随着其需求的不断变化，每一项需求都必须要经过需求评价，并对评价结果进行分析，并提出需求的优化建议，与此同时，也将驱动下一步需求的获取机制的运行。整个机制运行过程中积累下来的每一项需求获取、评价以及优化的记录，为新需求提供数据基础，进而达到以评促建、以评促用的效果。

财务共享服务中心需求评价机制的运行机理如图 4 - 3 所示。

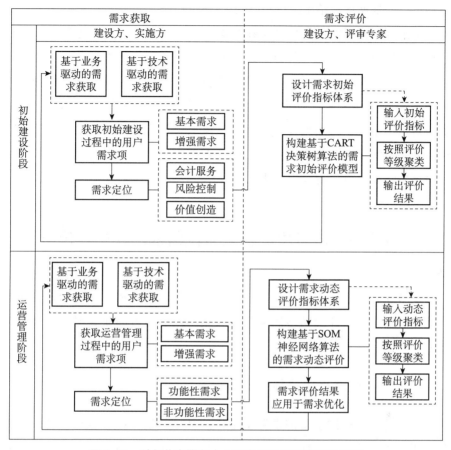

图 4 - 3　财务共享服务中心需求评价机制的运行机理

　　财务共享服务中心需求评价机制，主要是以需求的获取作为起点，与相关的业务活动和技术应用相结合，对其需要解决的对象、需要达到的要求和效果，在业务场景中发现问题以及提出改进措施，形成各种需求。由于业务和技术都在不断地发生变化，其需求的获取是一个动态变化的过程，它需要进行不断地更新迭代，反复循环来进行明确和清晰。在对各需求进行分析之后，需建立需求的评价机制，辅之以"获取—评价—优化—获取"的不断更新迭代的需求优化过程，由此形成闭环以完成整个评价机制的循环运转。

　　初始评价机制的运行机理是在需求获取的基础上，从适配性、重要性、正确性、完整性以及紧迫性五个方面，利用 CART 决策树算法对需求质量进行评价，并根据评价结果进行相应的优化改进。

动态评价机制的运行机理是在初始评价的基础上，在财务共享服务中心运营管理过程中，从建设方、评审专家的视角，将需求划分为功能性需求和非功能性需求，然后从正确性、完整性、可用性以及可维护性四个方面构建了功能性需求评价指标体系，从可靠性、安全性、时效性、效率、资源暂占用率五个方面构建了非功能性需求评价指标体系，然后利用 SOM 神经网络算法对财务共享服务中心运营管理阶段的需求进行动态评价，最后对评价结果进行分析以指导需求优化方向。

4.3 财务共享服务中心初始阶段需求的初始评价与优化

本节从评价指标的选取原则、财务共享服务中心需求的初始评价指标的确定、需求初始评价模型的构建与优化策略三个方面研究财务共享服务中心需求的初始评价。

4.3.1 评价指标的选择原则

构建评价指标体系是需求评价工作的基础，指标体系合理性关系到评价结果的正确性、有效性。财务共享服务中心初始建设阶段需求评价指标的选择应遵循以下原则。

（1）可操作性原则。按照可操作性定义要求，能够把理论与现实相结合，并运用到对财务共享服务中心需求评价中。在设计、选择指标时，要考虑评价对象的层次性，尽可能涵盖财务共享服务中心的功能，并且使指标具有可操作性，评价数据易获得。

（2）实用性原则。所设置的指标应符合财务共享服务中心的特点，满足企业对财务共享服务中心的实际需求，以后可以广泛运用到财务共享服务中心建设优化过程中。设计的评价指标应该全面、易理解，并且具有应用价值。

（3）客观性原则。通过对建设了财务共享服务中心的企业进行访谈和问卷调研，了解财务共享服务中心的功能建设现状，以及企业对财务共享服务中心的期望。在具体使用和评价过程中基于独立、专业原则，客观反映财务共享服务中心功能的真实情况。

（4）定性和定量结合原则。指标体系应包含定性指标和定量指标，增强指标的全面性。定性指标用于评价无法用数值表示的主观性指标，定量指标用于评价可以进行数据收集和计算的客观性指标。

4.3.2　初始评价指标体系设计

初始评价是在财务共享服务中心初始建设阶段针对需求的适配性、重要性、正确性、完整性、紧迫性五个方面进行评价，需求的初始评价指标体系是用户需求在这五个方面的具体体现。

1. 设计思路。需求的初始评价是针对财务共享服务中心初始建设阶段在需求获取的基础上对需求质量进行的评价。在设计财务共享服务中心需求初始评价指标体系过程中，需要先识别需求源。需求内容主要体现为财务共享服务中心功能定位涉及的会计服务、风险控制和价值创造三个方面。

根据财务共享服务中心功能定位涉及的三个需求主要来源，设计会计核算、税务管理、资金管理、资产管理、影像管理、档案管理、风险识别、风险预警和决策支持九个一级指标，然后对于每个一级指标下设与需求源相对应的若干二级指标，其设计思路如图 4 - 4 所示。

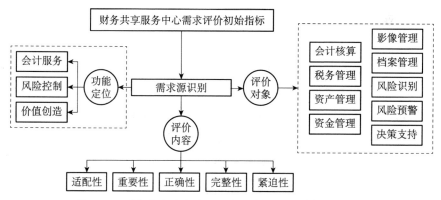

图 4 - 4　财务共享服务中心需求的初始评价指标设计思路

财务共享服务中心的需求评价初始指标以功能定位涉及的三个维度向下延伸，评价对象包括会计核算、税务管理等九个一级指标，每个一级指标下根据职能确定多个二级指标，然后将需求的适配性、重要性、正确性、完整性、紧迫性作为三级指标。

2. 初始评价指标体系。根据财务共享服务中心功能定位涉及的会计服务、风险控制和价值创造的三个评价维度，设置会计核算、税务管理、资金管理、资产管理、影像管理、档案管理、风险识别、风险预警和决策支持九个一级指标，然后在一级指标下按照其职能分类设计二级指标，将需求的适配性、重要性、正确性、完整性、紧迫性作为三级指标，以此建立评价指标体系对财务共享服务中心进行初始评价。

（1）适配性。适配性是衡量需求与业务的匹配程度。在财务共享服务中心建设时，应该将需求的适配程度作为首要考虑要素。适配程度通常是需求与战略、业务、人员等方面的适配进行衡量，对于适配性较低的需求在初始建设时应该慎重考虑。

（2）重要性。重要性是反映需求的重要程度。对于重要程度较高的需求，在财务共享服务中心初始建设时将优先满足此部分功能的建设。由于需求的重要性不同，这可能影响指标的权重和优先级。

（3）正确性。正确性是指用户对于需求表达的准确性。在获取建设方的需求之后，需要评价需求表达的正确性，否则按照错误的需求实施，不但不能达到用户的期望，可能还会给企业带来风险。因而对需求的正确性评价十分重要。

（4）完整性。完整性是指建设方所提出的需求是否最大程度地涵盖了其目前及将来可能需要利用财务共享服务中心处理的业务。需求表达完整性的高低将影响财务共享服务中心建设的质量。若需求的完整性低，可能会给财务共享服务中心的运行维护带来较大的影响。

（5）紧迫性。紧迫性是反映需求的紧迫程度。对于建设方当下紧急的需求，应该予以优先满足。特别是对于用户重要且紧急的需求一定要加以重视，在初始建设时应当优先考虑这部分需求。

财务共享服务中心需求的初始评价指标体系如表4-1所示。

表4-1　　　　　　　　财务共享服务中心需求的初始评价指标体系

评价维度	一级指标	二级指标	三级指标
会计服务	会计核算	凭证生成	适配性
			重要性
			正确性

续表

评价维度	一级指标	二级指标	三级指标
会计服务	会计核算	凭证生成	完整性
			紧迫性
		凭证审核	适配性
			重要性
			正确性
			完整性
			紧迫性
		存货核算	适配性
			重要性
			正确性
			完整性
			紧迫性
	税务管理	发票识别	适配性
			重要性
			正确性
			完整性
			紧迫性
		发票查重	适配性
			重要性
			正确性
			完整性
			紧迫性
		发票生成	适配性
			重要性
			正确性
			完整性
			紧迫性
		纳税申报	适配性
			重要性
			正确性

续表

评价维度	一级指标	二级指标	三级指标
会计服务	税务管理	纳税申报	完整性
			紧迫性
	资金管理	资金对账	适配性
			重要性
			正确性
			完整性
			紧迫性
		资金结算	适配性
			重要性
			正确性
			完整性
			紧迫性
		资金分析	适配性
			重要性
			正确性
			完整性
			紧迫性
	资产管理	资产核算	适配性
			重要性
			正确性
			完整性
			紧迫性
		资产识别与定位	适配性
			重要性
			正确性
			完整性
			紧迫性
	影像管理	影像扫描	适配性
			重要性
			正确性

续表

评价维度	一级指标	二级指标	三级指标
会计服务	影像管理	影像扫描	完整性
			紧迫性
		单据识别	适配性
			重要性
			正确性
			完整性
			紧迫性
	档案管理	档案采集	适配性
			重要性
			正确性
			完整性
			紧迫性
		档案审批	适配性
			重要性
			正确性
			完整性
			紧迫性
		档案归档	适配性
			重要性
			正确性
			完整性
			紧迫性
风险控制	风险识别	风险识别	适配性
			重要性
			正确性
			完整性
			紧迫性
		风险应对	适配性
			重要性
			正确性

续表

评价维度	一级指标	二级指标	三级指标
风险控制	风险识别	风险应对	完整性
			紧迫性
	风险预警	风险预测	适配性
			重要性
			正确性
			完整性
			紧迫性
		风险预警	适配性
			重要性
			正确性
			完整性
			紧迫性
价值创造	决策支持	报表分析	适配性
			重要性
			正确性
			完整性
			紧迫性
		经营业绩预测	适配性
			重要性
			正确性
			完整性
			紧迫性

4.3.3 基于 CART 决策树算法的需求初始评价

决策树是一种着眼于无规则、无次序事例进行归纳学习，决策树模拟了人类做决策的过程，所能处理的问题非常广泛，具备良好的学习效率和解释能力，通常被用于数据分析与预测。本书引入 CART 决策树算法对财务共享服务中心初始建设阶段的需求进行初始评价。

1. CART 决策树算法需求评价初始评价原理。在常用的决策树中，

CART 决策树采用 Gini Ratio 系数（分类树）以及方差（回归树）作为决策树生长阶段判定树模型是否继续进行分支的依据，以此构建二分类树模型。相比 C4.5、C5.0 等决策树算法，CART 决策树算法既能够处理分类和离散变量数据、也能够处理含有有序和连续变量的数据生成分类树。CART 决策树能够处理同时存在多个不同类型变量的样本数据集，其建立主要是通过每次分支取决的最大特征变量对样本数据不断进行划分，通常选用基尼（Gini）系数作为决策树的分支属性，基尼指数反映了样本的不确定性，基尼指数越小，样本之间的差异越小，数据集的纯度越高。

2. 基于 CART 决策树算法的初始建设阶段需求初始评价流程。基于 CART 决策树算法对财务共享服务中心初始建设阶段需求进行评价，主要包含三大流程，一是需求初始评价数据采集与数据预处理，二是需求初始评价指标体系构建，三是基于 CART 决策树算法的需求初始评价与优化，其框架如图 4 – 5 所示。

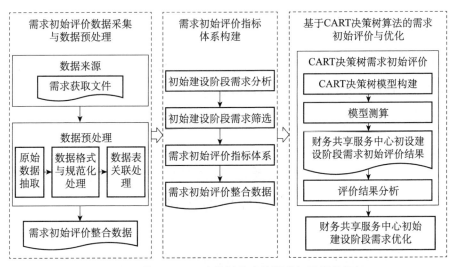

图 4 – 5 基于 CART 决策树算法的需求初始评价框架

需求初始评价数据采集与数据预处理阶段，需求初始评价的数据来源于已经获取的用户需求数据，将收集到的用户需求数据进行预处理，将无效的需求表达数据进行清洗，最后得到需求初始评价整合数据。

需求初始评价指标体系构建包括初始建设阶段需求分析、初始建设阶段需求筛选、构建需求初始评价指标体系等，最后将指标体系提炼为需求初始评价整合数据。在这里需要说明的是，财务共享服务中心初始建设阶段的需求初始评价指标体系采用前面介绍的方法进行构建。

基于 CART 决策树算法的需求初始评价与优化阶段，将指标代入 CART 决策树模型中进行测算，得到评价结果，并对评价结果进行分析。这里的评价结果主要是针对"需求改进"展开，即"需求合理，不需要改进""需求不合理，需要重新获取"，最后对财务共享服务中心初始建设阶段需求进行优化。

4.3.4　需求初始评价结果的优化策略

基于 CART 决策树算法对财务共享服务中心初始阶段的需求进行初始评价之后得到评价结果，实施方需要和建设方协同，根据不同的评价结果则采取匹配的优化策略。

对于需要重新获取的需求，应当根据评价结果占比确定新需求的数量和重要性，然后再基于 CART 决策树算法对新需求进行第二次评价，同样，剔除不合理、需要重新改进的需求，达到需求优化的目的。对于合理需求、无须改进的需求，可以在财务共享服务中心运营管理阶段纳入需求的动态评价，以评价财务共享服务中心初始建设阶段的需求随着业务和技术的动态变化，在运营管理阶段是否依然有效。

4.4　财务共享服务中心运营管理阶段需求的动态评价与优化

在厘清财务共享服务中心运营管理阶段需求评价思路的基础上，设计了评价指标体系，利用 SOM 神经网络机器学习算法进行需求评价，并根据评价结果制定了需求优化策略。

4.4.1　动态评价思路

财务共享服务中心需求的动态评价是针对财务共享服务中心运营管理阶段建设方业务变化引起的需求的变化，从功能性需求和非功能性需求两个方面对用户的需求进行评价。由于用户对财务共享服务中心需求一直处于不断迭代、动态变化的状态，因此对其进行需求评价时应对各个时点的需求进行评价，对于需要改进的需求，根据输出值与目标值的偏离程度确定需求优化的等级。

依据需求评价指标进行第 t 期的需求评价，通过向专家发放调查问卷获取初始评价数据，建立 SOM 神经网络评价模型，经过模拟实施获取第 t 期需求的动态评价结果输出值，将输出值与目标值进行比对得到最终的评价结果，对于 t+1 期的评价，在第 t 期评价结果的基础上，通过同样的流程得到第 t+1 期的评价结果，通过两期评价结果的比对可得到运营管理阶段各个时期各功能对需求的满足程度、达标情况以及需要改进的具体方向。

财务共享服务中心运营管理阶段需求的动态评价思路如图 4-6 所示。

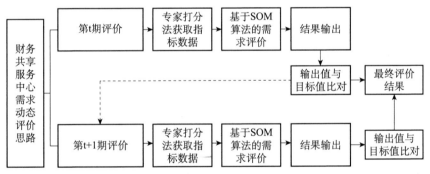

图 4-6　财务共享服务中心运营管理阶段需求的动态评价思路

4.4.2　动态评价指标体系设计

业务发展和技术应用决定了财务共享服务中心需求的评价在各个时期的侧重点有所不同，构建一个能够全面反映财务共享服务中心需求质量的动态评价指标体系显得至关重要。由于对财务共享服务中心进行需求评价的质量指标较多，做需求评价时并不能穷尽，因而本书只考虑关键控制环节，选取具有典型性和重要性的关键指标进行评价。

在构建财务共享服务中心运营管理阶段需求的动态评价指标体系时，针对当前企业财务共享服务中心的功能架构，结合业务变化发展和技术应用趋势，可以将需求分为功能性需求和非功能性需求进行评价，功能性需求是指信息系统需要实现的基本操作，一般是比较显而易见的，这里是指财务共享服务中心实现了什么功能，提供了什么服务。功能性需求一般体现在正确性、完整性、可用性以及可维护性方面。

（1）正确性。正确性是指财务共享服务中心运营管理阶段，各功能处理业务的准确程度。只有在业务正确的情况下才能推进功能的优化，因而其对财务共享服务中心的功能性需求评价是否重要。

（2）完整性。完整性是指随着业务和技术的变化，财务共享服务中心已有的功能对现有业务的覆盖程度。如果财务共享服务中心运营管理过程中已用功能不能满足现有的业务需求，则需要增设相应的功能。

（3）可用性。可用性是指财务共享服务中心各功能较为完备的情况下，这些功能应用于具体业务时所具有的有效性和用户对于功能使用过程的主观满意程度。例如，功能出现故障的频率、界面布局是否符合心理学特点、操作流程的复杂程度等。

（4）可维护性。可维护性是指针对财务共享服务中心的各功能模块，如果某个功能需要维护对于其他功能模块的影响程度，若各系统之间没有缓冲区间，某个功能崩溃可能会引起整个系统的瘫痪，这种状态下的可维护性则非常低。

同时，针对财务共享服务中心运营管理阶段新增加的业务，进而增加的需求，则从需求的适配性、重要性、正确性、完整性以及紧迫性五个方面进行评价。

财务共享服务中心需要动态评价指标体系（功能性需求）如表4－2所示。

表4－2　　　财务共享服务中心需求动态评价指标体系（功能性需求）

一级指标	二级指标	三级指标
会计核算	报销申请/审核/审批	功能的正确性
		功能的完整性
		功能的可用性
		功能的可维护性

续表

一级指标	二级指标	三级指标
会计核算	应收对账	功能的正确性
		功能的完整性
		功能的可用性
		功能的可维护性
	付款申请/复核	功能的正确性
		功能的完整性
		功能的可用性
		功能的可维护性
	凭证生成	功能的正确性
		功能的完整性
		功能的可用性
		功能的可维护性
	凭证审核	功能的正确性
		功能的完整性
		功能的可用性
		功能的可维护性
	账表管理	功能的正确性
		功能的完整性
		功能的可用性
		功能的可维护性
	其他	功能的正确性
		功能的完整性
		功能的可用性
		功能的可维护性
税务管理	发票识别	功能的正确性
		功能的完整性
		功能的可用性
		功能的可维护性

续表

一级指标	二级指标	三级指标
税务管理	发票申请	功能的正确性
		功能的完整性
		功能的可用性
		功能的可维护性
	自动纳税申报	功能的正确性
		功能的完整性
		功能的可用性
		功能的可维护性
	其他	功能的正确性
		功能的完整性
		功能的可用性
		功能的可维护性
档案管理	档案入库保存	功能的正确性
		功能的完整性
		功能的可用性
		功能的可维护性
	电子会计档案备份	功能的正确性
		功能的完整性
		功能的可用性
		功能的可维护性
	档案借阅申请	功能的正确性
		功能的完整性
		功能的可用性
		功能的可维护性
	档案借阅记录	功能的正确性
		功能的完整性
		功能的可用性
		功能的可维护性

续表

一级指标	二级指标	三级指标
档案管理	其他	功能的正确性
		功能的完整性
		功能的可用性
		功能的可维护性
影像管理	影像批量扫描	功能的正确性
		功能的完整性
		功能的可用性
		功能的可维护性
	影像智能识别	需求的适配性
		需求的重要性
		需求的正确性
		需求的完整性
		需求的紧迫性
	影像智能校对	需求的适配性
		需求的重要性
		需求的正确性
		需求的完整性
		需求的紧迫性
	影像智能转换	需求的适配性
		需求的重要性
		需求的正确性
		需求的完整性
		需求的紧迫性
	影像查询	需求的适配性
		需求的重要性
		需求的正确性
		需求的完整性
		需求的紧迫性

续表

一级指标	二级指标	三级指标
影像管理	其他	需求的适配性
		需求的重要性
		需求的正确性
		需求的完整性
		需求的紧迫性
风险管理	合同跟踪记录	功能的正确性
		功能的完整性
		功能的可用性
		功能的可维护性
	应收风险实时管理	功能的正确性
		功能的完整性
		功能的可用性
		功能的可维护性
	资金监控预警	功能的正确性
		功能的完整性
		功能的可用性
		功能的可维护性
	固定资产实时监控	功能的正确性
		功能的完整性
		功能的可用性
		功能的可维护性
	库存风险识别	功能的正确性
		功能的完整性
		功能的可用性
		功能的可维护性
	税务风险智能分析	需求的适配性
		需求的重要性
		需求的正确性
		需求的完整性
		需求的紧迫性

续表

一级指标	二级指标	三级指标
风险管理	资产组合风险智能分析	需求的适配性
		需求的重要性
		需求的正确性
		需求的完整性
		需求的紧迫性
	其他	需求的适配性
		需求的重要性
		需求的正确性
		需求的完整性
		需求的紧迫性
决策支持	经营分析	需求的适配性
		需求的重要性
		需求的正确性
		需求的完整性
		需求的紧迫性
	库存控制	功能的正确性
		功能的完整性
		功能的可用性
		功能的可维护性
	资产分析	功能的正确性
		功能的完整性
		功能的可用性
		功能的可维护性
	资金分析	功能的正确性
		功能的完整性
		功能的可用性
		功能的可维护性
	其他	功能的正确性
		功能的完整性
		功能的可用性
		功能的可维护性

非功能性需求与功能性需求相对，非功能性需求评是指对系统提供的服务等方面的评价。本书从可靠性、安全性、时效性、效率以及资源占用率五个方面对财务共享服务中心的非功能性需求进行评价。

（1）可靠性。可靠性是指在规定时间和条件下，系统维持其性能水平的能力，对财务共享服务中心各系统运行过程可靠程度的评价，可体现在系统宕机的频率、失效率、出现故障的次数等。

（2）安全性。安全性是指财务共享服务中心各系统不受外来人为破坏的影响，防止未授权用户对系统资源，特别是非法用户对信息的非法使用从而采取的安全和保密手段。此处指用户使用各功能时其权限授权范围的合理性以及整个财务共享服务中心系统的加密程度。

（3）时效性。时效性是指财务共享服务中心业务处理的及时性，现有的功能配置能否在规定时间内完成处理完相应的业务，这在某种程度上会影响财务共享服务中心所提供信息对于特定决策的价值。

（4）效率。效率即性能，是指在规定的条件和环境下，与系统的性能水平和所需的资源量有关的一组属性，此处指财务共享服务中心各功能在单位时间内处理的业务量。

（5）资源占用率。资源占用率指财务共享服务中心各功能在建设、运营管理过程以及优化过程中资源消耗情况。

财务共享服务中心运营管理阶段需求动态评价指标体系（非功能性需求）如表4－3所示。

表4－3　　财务共享服务中心运营管理阶段需求动态评价指标体系（非功能性需求）

一级指标	二级指标	三级指标
会计核算	报销申请/审核/审批	功能的可靠性
		功能的安全性
		功能的时效性
		功能的效率
		功能的资源占用率
	应收对账	功能的可靠性
		功能的安全性
		功能的时效性

续表

一级指标	二级指标	三级指标
会计核算	应收对账	功能的效率
		功能的资源占用率
	付款申请/复核	功能的可靠性
		功能的安全性
		功能的时效性
		功能的效率
		功能的资源占用率
	凭证生成	功能的可靠性
		功能的安全性
		功能的时效性
		功能的效率
		功能的资源占用率
	凭证审核	功能的可靠性
		功能的安全性
		功能的时效性
		功能的效率
		功能的资源占用率
	账表管理	功能的可靠性
		功能的安全性
		功能的资源占用率
	其他	功能的可靠性
		功能的安全性
		功能的资源占用率
税务管理	发票识别	功能的可靠性
		功能的安全性
		功能的时效性
		功能的效率
		功能的资源占用率
	发票申请	功能的可靠性
		功能的安全性

续表

一级指标	二级指标	三级指标
税务管理	发票申请	功能的时效性
		功能的效率
		功能的资源占用率
	自动纳税申报	功能的可靠性
		功能的安全性
		功能的时效性
		功能的效率
		功能的资源占用率
	其他	功能的可靠性
		功能的安全性
		功能的时效性
		功能的效率
		功能的资源占用率
档案管理	档案入库保存	功能的可靠性
		功能的安全性
		功能的时效性
		功能的效率
		功能的资源占用率
	电子会计档案备份	功能的可靠性
		功能的安全性
		功能的时效性
		功能的效率
		功能的资源占用率
	档案借阅申请	功能的可靠性
		功能的安全性
		功能的时效性
		功能的效率
		功能的资源占用率
	档案借阅记录	功能的可靠性
		功能的安全性

续表

一级指标	二级指标	三级指标
档案管理	档案借阅记录	功能的时效性
		功能的效率
		功能的资源占用率
	其他	功能的可靠性
		功能的安全性
		功能的时效性
		功能的效率
		功能的资源占用率
影像管理	影像批量扫描	功能的可靠性
		功能的安全性
		功能的时效性
		功能的效率
		功能的资源占用率
	影像查询	功能的可靠性
		功能的安全性
		功能的时效性
		功能的效率
		功能的资源占用率
	其他	功能的可靠性
		功能的安全性
		功能的时效性
		功能的效率
		功能的资源占用率
风险管理	合同跟踪记录	功能的可靠性
		功能的安全性
		功能的时效性
		功能的资源占用率
	应收风险实时监控	功能的可靠性
		功能的安全性
		功能的时效性
		功能的资源占用率

续表

一级指标	二级指标	三级指标
风险管理	资金监控预警	功能的可靠性
		功能的安全性
		功能的时效性
		功能的资源占用率
	固定资产实时监控	功能的可靠性
		功能的时效性
		功能的效率
		功能的资源占用率
	库存风险识别	功能的可靠性
		功能的时效性
		库存风险识别的效率
		功能的资源占用率
	其他	功能的可靠性
		功能的时效性
		库存风险识别的效率
		功能的资源占用率
决策支持	经营分析	功能的可靠性
		功能的时效性
		功能的资源占用率
	库存控制	功能的可靠性
		功能的资源占用率
	资产分析	功能的可靠性
		功能的时效性
		功能的资源占用率
	资金分析	功能的可靠性
		功能的时效性
		功能的资源占用率
	其他	功能的可靠性
		功能的时效性
		功能的资源占用率

4.4.3　基于 SOM 神经网络算法的需求动态评价

在构建财务共享服务中心需求的初始评价基础上，得到每个评价指标的数据之后，在财务共享服务中心运营管理阶段，有必要应用科学的评价方法对需求进行评价，并根据评价结果，结合相应的优化策略予以改进。本书主要利用 SOM 神经网络算法，基于构建的财务共享服务中心需求动态评价指标体系进行评价。下面从 SOM 神经网络与需求的动态评价原理和评价流程进行详细阐述。

1. SOM 神经网络与需求的动态评价原理。SOM 神经网络算法作为机器学习的典型算法，分类是其最典型的应用领域。按照预先设定好的规则，将样本数据进行训练和学习，以达到样本划分的目的。财务共享服务中心需求的分类必须给定训练样本，进行无监督学习，最后输出特征值，然后将其与目标值进行比对，由此得到需求评价的结果。在运用 SOM 神经网络算法对需求进行分类时，需要注意六个方面，具体如下。

①网络初始化。采用较小的权值对输入神经元到输出层神经元的连接进行权值设置，用集合 Sj 来表示输出神经元 j 个"邻接神经元"。在 t = 0 时刻，神经元 j 的邻接神经元用 Sj（O）表示；在 t 时刻的"邻接神经元"集合用 S（t）表示。随着时间的增长，S（t）的值也是在不断减小的。

②输入向量的输入。从训练集中选取输入值并进行归一化处理，用向量 X 表示输入向量。然后，将向量 $X = (x_1, x_2, x_3, \cdots, x_n)^T$ 输入到输入层。

③计算欧式距离。计算输入向量和各神经元的权值向量的欧式距离。输入向量与映射层中的第 j 个神经元按照式（4-1）计算欧式距离。

$$d_j = \| X - W_j \| = \sqrt{\sum_{i=1}^{m}(x_i(t) - w_{ij}(t))^2} \qquad (4-1)$$

其中，w_{ij} 为输入层的 i 神经元与映射层的 j 神经元之间的权值。欧式距离最小的神经元为获胜神经元 j^*，并输出其邻接神经元集合。

④权值的学习。按照式（4-2）进行权值的修正，不仅需要对输出神经元的权值进行修正，还需要对其邻接神经元的权值进行修正。

$$\Delta w_{ij} = w_{ij}(t+1) - w_{ij}(t) = \eta(t)(x_i(t) - w_{ij}(t)) \qquad (4-2)$$

其中，学习率 η 为一个常数，$\eta \in [0, 1]$，随着训练时间的变化，η 逐渐趋近于零。

$$\eta(t) = \frac{1}{t} \ 或 \ \eta(t) = 0.2 \ (1 - \frac{t}{10000}) \qquad (4-3)$$

⑤计算输出。通过对样本数据的训练和学习，计算输出O_k。

$$O_k = f \ (min \parallel X - W_j \parallel) \qquad (4-4)$$

其中，$f(*)$ 为非线性函数。

⑥是否达到预先设定的要求。当 SOM 神经网络达到预先设定的要求时，学习率 η 会衰减至某个预先设定的小数或零。若未满足要求，则会返回至步骤②进行反复学习。

2. SOM 神经网络算法的需求动态评价流程。基于 SOM 神经网络算法，结合财务共享服务中心运营管理阶段需求动态评价特点，财务共享服务中心构建了基于 SOM 神经网络算法的运营管理阶段需求动态评价流程，如图 4-7 所示。

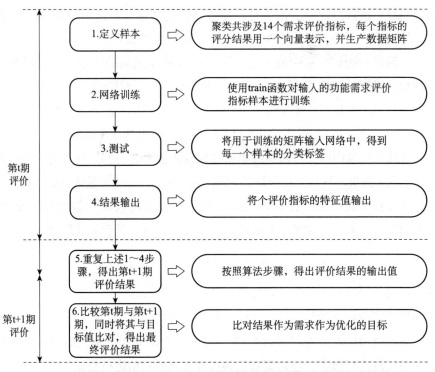

图 4-7 基于 SOM 神经网络算法的运营管理阶段需求动态评价流程

由图 4-7 可知，基于 SOM 神经网络算法的运营管理阶段需求动态评价流程主要通过将两期多维度的评价指标量化数据变化值通过 SOM 神经网络算法能够有效反映需求优先级变化。第 t 期需求评价过程如下。

①定义样本。完成需求的动态评价指标体系构建工作之后，则需要选择恰当的样本特征，样本特征的选取关系着正确评价优先级的结果。为了能够全面反映财务共享服务中心运营管理阶段的需求特征，将功能的正确性、完整性、可用性、可维护性、可靠性、安全性、时效性、效率、资源占用率以及需求的适配性、重要性、正确性、完整性以及紧迫性为输入样本。定义输入样本之后，根据样本组数 N，生成 13 × N 的数据矩阵，矩阵的每一列为一个样本。

②网络训练与测试。利用函数 train 和函数 sim 对需求的动态评价指标数据进行反复训练与测试运算，当训练次数达到一定次数，指标数值的归属类别不再发生变化时，训练结束并输出聚类结果。

③评价结果输出。在网络训练与测试完成之后，将评价结果的值输出，一般而言数值越高代表需求的满足程度越高，但因企业对各业务板块的功能需求标准设置不同，对于相对较为重要的功能，其标准值设置较大，因此需要将输出值和目标值进行比对。

④输出值与目标值比对。在第 t 期需求评价时，将各需求的输出值与目标值进行比对，以检验现有功能在功能性和非功能性方面是否达标，未达标的则作为需求优化的目标。

在进行第 t + 1 期需求评价时，在第 t 期评价的基础上，重复上述①到④步骤，得到需求评价的输出值，与目标值比对后进而得到需求改进的方向。

4.4.4　需求动态评价结果的优化策略

在基于 SOM 神经网络算法对运营管理阶段的需求进行评价之后，基于动态评价结果，根据输出值与目标值的比对情况，将未达标的需求分为三类，设 A = | 1 - 输出值/目标值 | × 100，其表示相对于目标值的偏离程度，将 A 作为分类的对象，如表 4 - 4 所示。

表 4 - 4　　　　　　　　　　　　需求优化等级划分

项目	A ≥ 15%	10% ≤ A < 15%	5% ≤ A < 10%	A < 5%
优化等级	强优化	较强度	中等优化	弱优化

由表 4 - 4 可得，当 A≥15% 时，说明该需求远偏离企业的现有标准，需要进行强度优化；当 10%≤A<15%，说明该需求离企业的现有标准仍有一定的距离，需要进行较强程度的优化；当 5%≤A<10%，则需要进行中等程度的优化，当 A<5%，说明该部分需求与企业的标准相差较小，只需进行适度的改进即可。

4.5　实例研究

下面以 ZJRH 集团为对象进行实例研究，从评价准备、指标的选取、权重的确定以及结果的分析四个方面对 ZJRH 集团财务共享服务中心运营管理阶段需求进行动态评价，最后基于评价结果对 ZJRH 集团的需求制定优化策略。

4.5.1　研究背景

受业务变化和技术发展的影响，在财务共享服务中心初始建设和运营管理过程中，ZJRH 集团财务共享服务中心一线人员基于自身工作中的感知不断提出了新的需求，使得不同的时期财务共享服务中心建设方的需求始终处于变化状态。

在初始建设阶段，其基本需求主要包括基础的费用报销、凭证生成、凭证审核等会计核算业务、税务管理、资产管理等基础性功能，当然在初始建设阶段也有风险控制的需求。由于这部分需求大多来源于一线工作人员的反馈，由于各其需求表达能力参差不齐，因而十分有必要对其所提需求的合理性进行评价，避免决策不当，盲目建设造成资源的浪费。同样，针对 ZJRH 集团财务共享服务中心运营管理阶段的需求，需要基于本课题构建的动态指标体系采用 SOM 神经网络算法进行评价，通过这种评价来检验 ZJRH 集团财务共享中心运营管理阶段获取的需求是否能够达标，若达标则说明该需求满足，不达标则说明还存在不足，需要对需求进行优化和改进。

4.5.2　需求的初始评价与优化

ZJRH 集团财务共享服务中心初始建设阶段需求的初始评价，可以从构建初始评价指标体系、决策树评价模型构建、评价结果分析和需求优化三个部分展开。

1. 构建初始评价指标体系。按照需求的来源不同，将需求源确定为主要由会计服务、风险控制和价值创造三个方面组成，根据需求源的主要三个来源，设计会计核算、税务管理、资金管理、资产管理、成本管理等六个一级指标。对于每个一级指标下设与需求源相对应的若干二级指标。

通过对需求源的辨识，可以设计出 ZJRH 集团财务共享服务中心初始建设阶段需求的初始评价指标体系，如图 4 – 8 所示。

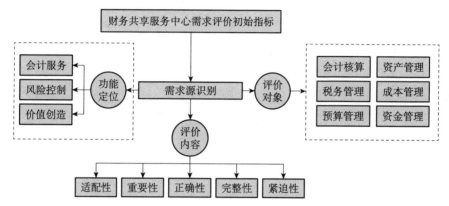

图 4 – 8　ZJRH 集团财务共享服务中心初始建设阶段需求的初始评价指标体系

根据图 4 – 8 的评价指标体系，结合其业务需求，可以设计出 ZJRH 集团财务共享服务中心初始建设阶段需求的初始评价指标如表 4 – 5 所示。

表 4 – 5　ZJRH 集团财务共享服务中心初始建设阶段需求的初始评价指标

一级指标	二级指标	三级指标
会计核算	费用报销	适配性
		重要性
		正确性
		完整性
		紧迫性
	应收管理	适配性
		重要性
		正确性
		完整性
		紧迫性

续表

一级指标	二级指标	三级指标
会计核算	存货核算	适配性
		重要性
		正确性
		完整性
		紧迫性
	账表管理	适配性
		重要性
		正确性
		完整性
		紧迫性
资金管理	账户管理	适配性
		重要性
		正确性
		完整性
		紧迫性
	内部网银	适配性
		重要性
		正确性
		完整性
		紧迫性
	资金结算	适配性
		重要性
		正确性
		完整性
		紧迫性
	银企直连	适配性
		重要性
		正确性
		完整性
		紧迫性

续表

一级指标	二级指标	三级指标
预算管理	预算编制	适配性
		重要性
		正确性
		完整性
		紧迫性
税务管理	发票管理	适配性
		重要性
		正确性
		完整性
		紧迫性
资产管理	资产台账	适配性
		重要性
		正确性
		完整性
		紧迫性
	资产处置	适配性
		重要性
		正确性
		完整性
		紧迫性
成本管理	成本核算	适配性
		重要性
		正确性
		完整性
		紧迫性

2. 基于 CART 决策树的需求初始评价模型构建。下面基于 CART 决策树算法对 ZJRH 集团财务共享服务中心初始阶段需求进行评价，其具体步骤如下。

（1）定义变量。利用决策树进行数据挖掘建模，第一步是进行变量的指定。首先将分析对象中的某个变量定义为目标变量，称作因变量。其次将其他相关变量定义为输入变量，称作自变量。在财务共享服务中心初始阶段需求的初始评价中，我们选定财务共享服务中心初始阶段"需求改进"为目标变量，以选定的其他需求特征与内容指标为输入变量。"需求改进"变量取值为"a"表示需求合理，不需要改进，取值为"b"表示需求不合理，需要重新获取。

（2）决策树的生成。分类与回归树（classification and regression tree，CART）模型由特征选择、树的生成及剪枝组成，模型既可以用于分类也可以用于回归。CART 算法有决策树生成和决策树剪枝两个步骤。第一步基于训练数据集生成决策树，并且生成的决策树要尽量大，遍历所有可能性；第二步对决策树进行剪枝，剪枝标准是基于损失函数最小原则，剪枝方法是用验证数据集对已生成的决策树进行剪枝，选择一个最优的子树。

分类树用基尼指数选择最优特征，同时决定该特征的最优二值切分点。Gini 指数小反映集合的纯度高，也就是说指数越小表示集合中被选中的样本被分错的概率也就越小；反之，集合越不纯，样本被分错的概率就越大。基尼系数的表达式为：

$$\text{Gini}\ (T_i)\ =\ \sum_{m=1}^{M} P_j\ (1 - P_j) \qquad\qquad (4-5)$$

其中，T_i 表示第 i 个特征变量，其取值一共有 i（i = 1，2，…，j）种；P_i 表示第 j 个特征取值在样本总数当中所占的比例，样本总数为 m；m_j 表示属于 j 个特征值的样本个数。

（3）决策树剪枝。决策树在生成时受到数据中的噪声和离群点的影响，许多分枝反映的是训练数据中的异常，产生过分拟合的问题，剪枝这个步骤就是用来处理这种过分拟合数据问题。剪枝通常使用统计度量剪掉最不可靠的分枝，剪枝后的树更小也更简单，因此更容易理解。一般来说，经过剪枝的树在对独立的检验集进行正确分类时比未剪枝的树更快更好。

3. 评价结果分析。ZJRH 集团财务共享服务中心初始建设阶段的需求初始评价结果如表 4-6 所示，根据 CART 决策树算法，将结果表达为 a 和 b，a 为需求合理，不需要改进；b 为需求不合理，需要重新获取。

表 4 – 6   **ZJRH 集团财务共享服务中心初始建设阶段的需求初始评价结果**

一级指标	二级指标	三级指标	输出
会计核算	费用报销	适配性	a
		重要性	a
		正确性	a
		完整性	a
		紧迫性	b
	应收管理	适配性	a
		重要性	a
		正确性	b
		完整性	a
		紧迫性	b
	存货核算	适配性	a
		重要性	a
		正确性	a
		完整性	a
		紧迫性	b
	账表管理	适配性	a
		重要性	a
		正确性	a
		完整性	a
		紧迫性	b
资金管理	账户管理	适配性	a
		重要性	b
		正确性	a
		完整性	b
		紧迫性	b
	内部网银	适配性	a
		重要性	b
		正确性	a
		完整性	a
		紧迫性	b

一级指标	二级指标	三级指标	输出
资金管理	资金结算	适配性	a
		重要性	b
		正确性	b
		完整性	b
		紧迫性	a
	银企直连	适配性	a
		重要性	a
		正确性	b
		完整性	a
		紧迫性	b
预算管理	预算编制	适配性	a
		重要性	b
		正确性	a
		完整性	b
		紧迫性	a
税务管理	发票管理	适配性	b
		重要性	a
		正确性	b
		完整性	b
		紧迫性	b
资产管理	资产台账	适配性	b
		重要性	a
		正确性	a
		完整性	a
		紧迫性	b
	资产处置	适配性	b
		重要性	a
		正确性	a
		完整性	a
		紧迫性	b

续表

一级指标	二级指标	三级指标	输出
成本管理	成本核算	适配性	b
		重要性	a
		正确性	a
		完整性	b
		紧迫性	b

根据评价结果可以看出，"紧迫性"需求在不同板块内都相对不合理，应当重新获取"紧迫性"需求，从二级指标来看，"发票管理"中的需求对象多数值为"b"，说明税务管理这部分的需求应当重新获取，考虑该板块内的其他需求。还有其他值为"b"的需求，在整体变动的基础上，应当对剩余部分进行需求的重新获取。

4. 需求优化。根据 ZJRH 集团财务共享服务中心初始建设阶段需求的评价结果，对值为"b"的需求项进行重新获取，如果值为"a"，则无须对现有的需求项进行重新获取，需要在动态管理过程中持续对保留的需求进行动态评价。将值为"b"的需求项剔除后，重新获取新的需求项，新需求项按照"CART 决策树算法"重新进行评价、剔除，即达到需求优化的目的。在这里需要注意，每次进行评价时，新需求项的数量和正确性都应当根据上一次评价结果重新确定。

4.5.3　需求的动态评价与优化

经过对 ZJRH 集团经济业务的多次调研和信息系统分析，在业务的变化与发展、技术的升级与迭代的影响下，财务共享服务中心的功能定位变化使得需求会发生演化，或者产生新的需求，这里主要体现在功能性需求和非功能性需求两个方面，因此，需要对 ZJRH 集团财务共享服务中心运营管理阶段的需求进行动态评价，并对评价结果进行分析以制定匹配的需求优化策略。

1. 构建动态评价指标体系。考虑到 ZJRH 集团的特点，选取会计核算、税务管理、档案管理等 6 个二级指标，针对财务共享服务中心功能性需求，对需求已经实现的功能，从正确性、完整性、可用性以及可维护性方面进行评价，而对于财务共享服务中心运营管理阶段新增加的需求，则从需求的适配性、重要性、正确性、完整性以及紧迫性进行评价。ZJRH 集团对财务共享服务中心的非功能性需求主要体现在可靠性、安全性、时效性、效率以及资源占用率上，选取的动态评价指标体系如表 4－7 所示。

表 4－7　　ZJRH 集团财务共享服务中心运营管理阶段需求动态评价指标体系

评价角度	一级指标	二级指标	三级指标
功能性需求	会计核算	费用报销	功能的正确性
			功能的完整性
			功能的可用性
			功能的可维护性
		凭证生成	功能的正确性
			功能的完整性
			功能的可用性
			功能的可维护性
		凭证审核	功能的正确性
			功能的完整性
			功能的可用性
			功能的可维护性
		应收智能稽核	需求的适配性
			需求的重要性
			需求的正确性
			需求的完整性
		应付自动对账	需求的适配性
			需求的重要性
			需求的正确性
			需求的完整性
	税务管理	发票申请	功能的正确性
			功能的完整性
			功能的可用性
			功能的可维护性

续表

评价角度	一级指标	二级指标	三级指标
功能性 需求	税务管理	自动纳税计算	需求的适配性
			需求的重要性
			需求的正确性
			需求的完整性
		自动纳税申报	需求的适配性
			需求的重要性
			需求的正确性
			需求的完整性
			需求的紧迫性
	档案管理	档案入库保存	功能的正确性
			功能的完整性
			功能的可用性
			功能的可维护性
		会计档案备份	功能的正确性
			功能的完整性
			功能的可用性
			功能的可维护性
		档案借阅申请	功能的正确性
			功能的完整性
			功能的可用性
			功能的可维护性
		档案借阅记录	功能的正确性
			功能的完整性
			功能的可用性
			功能的可维护性
	影像管理	影像批量扫描	功能的正确性
			功能的完整性
			功能的可用性
			功能的可维护性
		影像智能识别	需求的适配性

评价角度	一级指标	二级指标	三级指标
功能性需求	影像管理	影像智能识别	需求的重要性
			需求的正确性
			需求的完整性
			需求的紧迫性
		影像智能转换	需求的适配性
			需求的重要性
			需求的正确性
			需求的完整性
			需求的紧迫性
		影像查询	需求的适配性
			需求的重要性
			需求的正确性
			需求的完整性
			需求的紧迫性
	风险管理	合同跟踪记录	功能的正确性
			功能的完整性
			功能的可用性
			功能的可维护性
		应收风险实时管理	需求的适配性
			需求的重要性
			需求的正确性
			需求的完整性
			需求的紧迫性
		资金监控预警	需求的适配性
			需求的重要性
			需求的正确性
			需求的完整性
			需求的紧迫性
		固定资产实时监控	功能的正确性
			功能的完整性

续表

评价角度	一级指标	二级指标	三级指标
功能性需求	风险管理	固定资产实时监控	功能的可用性
			功能的可维护性
		税务风险智能分析	需求的适配性
			需求的重要性
			需求的正确性
			需求的完整性
			需求的紧迫性
		资产组合风险智能分析	需求的适配性
			需求的重要性
			需求的正确性
			需求的完整性
			需求的紧迫性
	决策支持	经营分析	需求的适配性
			需求的重要性
			需求的正确性
			需求的完整性
			需求的紧迫性
		资金分析	功能的正确性
			功能的完整性
			功能的可用性
			功能的可维护性
非功能性需求	会计核算	费用报销	功能的可靠性
			功能的安全性
			功能的时效性
			功能的效率
			功能的资源占用率
		应收智能稽核	功能的可靠性
			功能的安全性
			功能的时效性
			功能的效率
			功能的资源占用率

评价角度	一级指标	二级指标	三级指标
非功能性 需求	会计核算	应付自动对账	功能的可靠性
			功能的安全性
			功能的时效性
			功能的效率
			功能的资源占用率
		凭证生成	功能的可靠性
			功能的安全性
			功能的时效性
			功能的效率
			功能的资源占用率
		凭证审核	功能的可靠性
			功能的安全性
			功能的时效性
			功能的效率
			功能的资源占用率
	税务管理	发票申请	功能的可靠性
			功能的安全性
			功能的时效性
			功能的效率
			功能的资源占用率
		自动纳税计算	功能的可靠性
			功能的安全性
			功能的时效性
			功能的效率
			功能的资源占用率
		自动纳税申报	功能的可靠性
			功能的安全性
			功能的时效性
			功能的效率
			功能的资源占用率

续表

评价角度	一级指标	二级指标	三级指标
非功能性需求	档案管理	档案入库保存	功能的可靠性
			功能的安全性
			功能的时效性
			功能的效率
			功能的资源占用率
		电子会计档案备份	功能的可靠性
			功能的安全性
			功能的时效性
			功能的效率
			功能的资源占用率
		档案借阅申请	功能的可靠性
			功能的安全性
			功能的时效性
			功能的效率
			功能的资源占用率
		档案借阅记录	功能的可靠性
			功能的安全性
			功能的时效性
			功能的效率
			功能的资源占用率
	影像管理	影像批量扫描	功能的可靠性
			功能的安全性
			功能的时效性
			功能的效率
			功能的资源占用率
		影像查询	功能的可靠性
			功能的安全性
			功能的时效性
			功能的效率
			功能的资源占用率

评价角度	一级指标	二级指标	三级指标
非功能性需求	风险管理	合同跟踪记录	功能的可靠性
			功能的安全性
			功能的时效性
			功能的资源占用率
		应收风险实时监控	功能的可靠性
			功能的安全性
			功能的时效性
			功能的资源占用率
		资金监控预警	功能的可靠性
			功能的安全性
			功能的时效性
			功能的资源占用率
		固定资产实时监控	功能的可靠性
			功能的时效性
			功能的效率
			功能的资源占用率
	决策支持	经营分析	功能的可靠性
			功能的时效性
			功能的资源占用率
		资金分析	功能的可靠性
			功能的时效性
			功能的资源占用率

2. 动态评价结果分析。基于 SOM 神经网络算法，根据上述确定的 ZJRH 集团财务共享服务中心运营管理阶段需求的动态评价指标，采用专家打分法分别得到 120 组需求的动态评价指标得分数据，以评价 ZJRH 运营管理过程中财务共享服务中心的需求。首先对 120 组指标数据进行归一化和标准化处理，建立自组织网络结构并训练，如图 4 - 9 所示。

该网络的输入层选择 120 个节点，对应 120 组需求的动态评价指标数据，将功能的正确性、完整性、可用性、可维护性为输入变量，评价结果

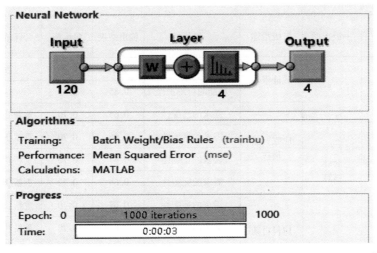

图 4-9　基于 SOM 神经网络的财务共享服务中心需求的动态评价数据训练模型

为输出变量，得到了各需求评价结果的输出值。根据评审专家的意见，考虑到各功能的重要性以及利用程度，由此对各功能的目标值进行一一确定，对重要性和利用程度较高的需求，其需求评价的目标值设定更大，再将各需求的输出值与目标值进行比对，进而得到各需求的达标情况以及新增的需求的合理性。由此得到 ZJRH 集团财务共享服务中心运营管理阶段第 t 期需求的动态评价结果，如表 4-8 所示。

表 4-8　　ZJRH 集团财务共享服务中心运营管理阶段第 t 期需求的动态评价结果

评价角度	一级指标	二级指标	三级指标	输出结果	目标值	评价结果
功能性需求	会计核算	费用报销	功能的正确性	0.86	0.85	达标
			功能的完整性	0.87	0.85	达标
			功能的可用性	0.85	0.85	达标
			功能的可维护性	0.83	0.85	改进
		凭证生成	功能的正确性	0.86	0.85	达标
			功能的完整性	0.90	0.85	达标
			功能的可用性	0.85	0.85	达标
			功能的可维护性	0.86	0.85	达标
		凭证审核	功能的正确性	0.87	0.85	达标
			功能的完整性	0.86	0.85	达标

续表

评价角度	一级指标	二级指标	三级指标	输出结果	目标值	评价结果
功能性需求	会计核算	凭证审核	功能的可用性	0.80	0.85	改进
			功能的可维护性	0.85	0.85	达标
		应收智能稽核	需求的适配性	0.65	0.70	重新获取需求
			需求的重要性	0.66	0.70	重新获取需求
			需求的正确性	0.67	0.70	重新获取需求
			需求的完整性	0.64	0.70	重新获取需求
		应付自动对账	需求的适配性	0.67	0.70	重新获取需求
			需求的重要性	0.65	0.70	重新获取需求
			需求的正确性	0.67	0.70	重新获取需求
			需求的完整性	0.64	0.70	重新获取需求
	税务管理	发票申请	功能的正确性	0.82	0.80	达标
			功能的完整性	0.83	0.80	达标
			功能的可用性	0.82	0.80	达标
			功能的可维护性	0.81	0.80	达标
		自动纳税计算	需求的适配性	0.55	0.65	重新获取需求
			需求的重要性	0.54	0.65	重新获取需求
			需求的正确性	0.56	0.65	重新获取需求
			需求的完整性	0.61	0.65	重新获取需求
		自动纳税申报	需求的适配性	0.78	0.70	需求合理
			需求的重要性	0.72	0.70	需求合理
			需求的正确性	0.75	0.70	需求合理
			需求的完整性	0.74	0.70	需求合理
			需求的紧迫性	0.75	0.70	需求合理
	档案管理	档案入库保存	功能的正确性	0.74	0.70	达标
			功能的完整性	0.62	0.70	改进
			功能的可用性	0.75	0.70	达标
			功能的可维护性	0.76	0.70	达标
		会计档案备份	功能的正确性	0.67	0.65	达标
			功能的完整性	0.70	0.65	达标

续表

评价 角度	一级指标	二级指标	三级指标	输出结果	目标值	评价结果
功能性 需求	档案 管理	会计档案 备份	功能的可用性	0.75	0.65	达标
			功能的可维护性	0.72	0.65	达标
		档案借阅 申请	功能的正确性	0.75	0.70	达标
			功能的完整性	0.74	0.70	达标
			功能的可用性	0.73	0.70	达标
			功能的可维护性	0.72	0.70	达标
		档案借阅 记录	功能的正确性	0.70	0.65	达标
			功能的完整性	0.69	0.65	达标
			功能的可用性	0.68	0.65	达标
			功能的可维护性	0.71	0.65	达标
	影像 管理	影像批量 扫描	功能的正确性	0.75	0.80	改进
			功能的完整性	0.76	0.80	改进
			功能的可用性	0.74	0.80	改进
			功能的可维护性	0.73	0.80	改进
		影像智能 识别	需求的适配性	0.81	0.75	需求合理
			需求的重要性	0.85	0.75	需求合理
			需求的正确性	0.84	0.75	需求合理
			需求的完整性	0.80	0.75	需求合理
			需求的紧迫性	0.85	0.75	需求合理
		影像智能 转换	需求的适配性	0.80	0.75	需求合理
			需求的重要性	0.76	0.75	需求合理
			需求的正确性	0.80	0.75	需求合理
			需求的完整性	0.81	0.75	需求合理
			需求的紧迫性	0.75	0.75	需求合理
		影像查询	需求的适配性	0.65	0.70	重新获取需求
			需求的重要性	0.60	0.70	重新获取需求
			需求的正确性	0.55	0.70	重新获取需求
			需求的完整性	0.59	0.70	重新获取需求
			需求的紧迫性	0.50	0.70	重新获取需求

续表

评价角度	一级指标	二级指标	三级指标	输出结果	目标值	评价结果
功能性需求	风险管理	合同跟踪记录	功能的正确性	0.70	0.75	改进
			功能的完整性	0.72	0.75	改进
			功能的可用性	0.65	0.75	改进
			功能的可维护性	0.65	0.75	改进
		应收风险实时管理	需求的适配性	0.75	0.70	需求合理
			需求的重要性	0.78	0.70	需求合理
			需求的正确性	0.75	0.70	需求合理
			需求的完整性	0.74	0.70	需求合理
			需求的紧迫性	0.79	0.70	需求合理
		资金监控预警	需求的适配性	0.65	0.70	重新获取需求
			需求的重要性	0.64	0.70	重新获取需求
			需求的正确性	0.69	0.70	重新获取需求
			需求的完整性	0.66	0.70	重新获取需求
			需求的紧迫性	0.59	0.70	重新获取需求
		固定资产实时监控	功能的正确性	0.69	0.75	改进
			功能的完整性	0.64	0.75	改进
			功能的可用性	0.70	0.75	改进
			功能的可维护性	0.71	0.75	改进
		税务风险智能分析	需求的适配性	0.75	0.70	需求合理
			需求的重要性	0.74	0.70	需求合理
			需求的正确性	0.75	0.70	需求合理
			需求的完整性	0.76	0.70	需求合理
			需求的紧迫性	0.79	0.70	需求合理
		资产组合风险智能分析	需求的适配性	0.56	0.70	重新获取需求
			需求的重要性	0.57	0.70	重新获取需求
			需求的正确性	0.62	0.70	重新获取需求
			需求的完整性	0.65	0.70	重新获取需求
			需求的紧迫性	0.60	0.70	重新获取需求

续表

评价角度	一级指标	二级指标	三级指标	输出结果	目标值	评价结果
功能性需求	决策支持	报表分析	需求的适配性	0.77	0.75	需求合理
			需求的重要性	0.80	0.75	需求合理
			需求的正确性	0.81	0.75	需求合理
			需求的完整性	0.79	0.75	需求合理
			需求的紧迫性	0.78	0.75	需求合理
		资产分析	需求的适配性	0.65	0.70	重新获取需求
			需求的重要性	0.61	0.70	重新获取需求
			需求的正确性	0.63	0.70	重新获取需求
			需求的完整性	0.52	0.70	重新获取需求
			需求的紧迫性	0.67	0.70	重新获取需求
		经营分析	需求的适配性	0.70	0.65	需求合理
			需求的重要性	0.74	0.65	需求合理
			需求的正确性	0.72	0.65	需求合理
			需求的完整性	0.71	0.65	需求合理
			需求的紧迫性	0.73	0.65	需求合理
		资金分析	功能的正确性	0.70	0.65	达标
			功能的完整性	0.61	0.65	改进
			功能的可用性	0.62	0.65	改进
			功能的可维护性	0.59	0.65	改进
非功能性需求	会计核算	费用报销	功能的可靠性	0.91	0.90	达标
			功能的安全性	0.90	0.90	达标
			功能的时效性	0.85	0.90	改进
			功能的效率	0.85	0.90	改进
			功能的资源占用率	0.85	0.90	达标
		凭证生成	功能的可靠性	0.86	0.85	达标
			功能的安全性	0.90	0.85	达标
			功能的时效性	0.79	0.85	改进
			功能的效率	0.81	0.85	改进
			功能的资源占用率	0.83	0.85	达标

续表

评价角度	一级指标	二级指标	三级指标	输出结果	目标值	评价结果
非功能性需求	会计核算	凭证审核	功能的可靠性	0.87	0.85	达标
			功能的安全性	0.86	0.85	达标
			功能的时效性	0.80	0.85	改进
			功能的效率	0.82	0.85	改进
			功能的资源占用率	0.87	0.85	达标
	税务管理	发票申请	功能的可靠性	0.88	0.80	达标
			功能的安全性	0.84	0.80	达标
			功能的时效性	0.86	0.80	达标
			功能的效率	0.75	0.80	改进
			功能的资源占用率	0.79	0.80	达标
	档案管理	档案入库保存	功能的可靠性	0.74	0.70	达标
			功能的安全性	0.77	0.70	达标
			功能的时效性	0.69	0.70	改进
			功能的效率	0.64	0.70	改进
			功能的资源占用率	0.72	0.70	改进
		电子会计档案备份	功能的可靠性	0.67	0.65	达标
			功能的安全性	0.70	0.65	达标
			功能的时效性	0.75	0.65	达标
			功能的效率	0.72	0.65	达标
			功能的资源占用率	0.71	0.65	改进
		档案借阅申请	功能的可靠性	0.76	0.70	达标
			功能的安全性	0.77	0.70	达标
			功能的时效性	0.65	0.70	改进
			功能的效率	0.72	0.70	达标
			功能的资源占用率	0.72	0.70	改进
		档案借阅记录	功能的可靠性	0.70	0.65	达标
			功能的安全性	0.69	0.65	达标
			功能的时效性	0.59	0.65	改进
			功能的效率	0.64	0.65	改进
			功能的资源占用率	0.62	0.65	达标

续表

评价角度	一级指标	二级指标	三级指标	输出结果	目标值	评价结果
非功能性需求	影像管理	影像批量扫描	功能的可靠性	0.75	0.80	改进
			功能的安全性	0.76	0.80	改进
			功能的时效性	0.74	0.80	改进
			功能的效率	0.73	0.80	改进
			功能的资源占用率	0.82	0.80	改进
	风险管理	合同跟踪记录	功能的可靠性	0.70	0.75	改进
			功能的安全性	0.72	0.75	改进
			功能的时效性	0.65	0.75	改进
			功能的资源占用率	0.65	0.75	改进
		固定资产实时监控	功能的可靠性	0.69	0.75	改进
			功能的时效性	0.64	0.75	改进
			功能的效率	0.70	0.75	改进
			功能的资源占用率	0.71	0.75	改进
	价值创造	资金分析	功能的可靠性	0.70	0.65	达标
			功能的时效性	0.61	0.65	改进
			功能的效率	0.62	0.65	改进
			功能的资源占用率	0.59	0.65	改进

由表 4-8 可知，在功能性需求方面，总体而言，对于现有的绝大多数基础性功能需求已达标，但是仍然存在需要改进的地方。例如，费用报销功能的可维护性存在不足，影像批量扫描、合同跟踪记录、固定资产实时监控、资金分析等在功能的正确性完整性、可用性以及可维护性方面都没有达到企业目标，因而需要改进。对于新增的部分智能自动化和风险管理方面的需求，依然存在部分需求不合理，需要重新获取需求。例如，应收智能稽核、应付自动对账、自动纳税计算、影像查询、资金监控预警、资产组合风险智能分析等需求在需求的适配性重要性、正确性以及完整性等方面都不符合要求，因而需要重新考虑相应的需求是否合理。

在非功能需求评价方面，绝大多数功能在可靠性、安全性方面基本已符合企业的现有标准，值得注意的是费用报销、凭证生成、凭证审核以及发票申请等基础性功能在时效性和效率两方面均没有达到设定的标准，还需要后期不断的改进。同时，对于风险管理和价值创造两个方面的功能在可靠性、时效性、效率以及资源占用率方面均不能满足现有的要求，要不断地完善、改进。

在第 t 期评价的基础上，运用上述同样的方法，得到了 ZJRH 集团财务共享服务中心运营管理阶段第 t+1 期需求的动态评价结果，如表4-9所示。

表4-9　　ZJRH 集团财务共享服务中心运营管理阶段第 t+1 期需求的动态评价结果

评价角度	一级指标	二级指标	三级指标	输出结果	目标值	评价结果
功能性需求	会计核算	费用报销	功能的正确性	0.89	0.85	达标
			功能的完整性	0.87	0.85	达标
			功能的可用性	0.85	0.85	达标
			功能的可维护性	0.88	0.85	达标
		凭证生成	功能的正确性	0.86	0.85	达标
			功能的完整性	0.90	0.85	达标
			功能的可用性	0.85	0.85	达标
			功能的可维护性	0.86	0.85	达标
		凭证审核	功能的正确性	0.87	0.85	达标
			功能的完整性	0.89	0.85	达标
			功能的可用性	0.86	0.85	达标
			功能的可维护性	0.85	0.85	达标
		应收智能稽核	需求的适配性	0.75	0.70	需求合理
			需求的重要性	0.76	0.70	需求合理
			需求的正确性	0.77	0.70	需求合理
			需求的完整性	0.80	0.70	需求合理
		应付自动对账	需求的适配性	0.86	0.70	需求合理
			需求的重要性	0.75	0.70	需求合理
			需求的正确性	0.76	0.70	需求合理
			需求的完整性	0.77	0.70	需求合理
	税务管理	发票申请	功能的正确性	0.82	0.80	达标
			功能的完整性	0.83	0.80	达标

续表

评价 角度	一级指标	二级指标	三级指标	输出结果	目标值	评价结果
功能性 需求	税务 管理	发票申请	功能的可用性	0.82	0.80	达标
			功能的可维护性	0.81	0.80	达标
		自动纳税 计算	需求的适配性	0.75	0.65	需求合理
			需求的重要性	0.72	0.65	需求合理
			需求的正确性	0.56	0.65	重新获取需求
			需求的完整性	0.61	0.65	重新获取需求
		自动纳税 申报	功能的正确性	0.78	0.70	达标
			功能的完整性	0.72	0.70	达标
			功能的可用性	0.75	0.70	达标
			功能的可维护性	0.74	0.70	达标
	档案 管理	档案入库 保存	功能的正确性	0.74	0.70	达标
			功能的完整性	0.72	0.70	达标
			功能的可用性	0.75	0.70	达标
			功能的可维护性	0.76	0.70	达标
		会计档案 备份	功能的正确性	0.71	0.65	达标
			功能的完整性	0.72	0.65	达标
			功能的可用性	0.75	0.65	达标
			功能的可维护性	0.72	0.65	达标
		档案借阅 申请	功能的正确性	0.85	0.70	达标
			功能的完整性	0.78	0.70	达标
			功能的可用性	0.73	0.70	达标
			功能的可维护性	0.72	0.70	达标
		档案借阅 记录	功能的正确性	0.70	0.65	达标
			功能的完整性	0.69	0.65	达标
			功能的可用性	0.68	0.65	达标
			功能的可维护性	0.71	0.65	达标
	影像 管理	影像批量 扫描	功能的正确性	0.75	0.80	改进
			功能的完整性	0.76	0.80	改进
			功能的可用性	0.74	0.80	改进
			功能的可维护性	0.73	0.80	改进

续表

评价角度	一级指标	二级指标	三级指标	输出结果	目标值	评价结果
功能性需求	影像管理	影像智能识别	功能的正确性	0.81	0.75	达标
			功能的完整性	0.70	0.75	改进
			功能的可用性	0.84	0.75	达标
			功能的可维护性	0.80	0.75	达标
		影像智能转换	功能的正确性	0.80	0.75	达标
			功能的完整性	0.76	0.75	达标
			功能的可用性	0.70	0.75	改进
			功能的可维护性	0.81	0.75	达标
		影像查询	需求的适配性	0.75	0.70	需求合理
			需求的重要性	0.72	0.70	需求合理
			需求的正确性	0.55	0.70	重新获取需求
			需求的完整性	0.59	0.70	重新获取需求
			需求的紧迫性	0.75	0.70	需求合理
	风险管理	合同跟踪记录	功能的正确性	0.76	0.75	达标
			功能的完整性	0.77	0.75	达标
			功能的可用性	0.65	0.75	改进
			功能的可维护性	0.65	0.75	改进
		应收风险实时管理	功能的正确性	0.69	0.70	改进
			功能的完整性	0.65	0.70	改进
			功能的可用性	0.55	0.70	改进
			功能的可维护性	0.59	0.70	改进
		资金监控预警	需求的适配性	0.65	0.70	重新获取需求
			需求的重要性	0.64	0.70	重新获取需求
			需求的正确性	0.69	0.70	重新获取需求
			需求的完整性	0.66	0.70	重新获取需求
			需求的紧迫性	0.59	0.70	重新获取需求
		固定资产实时监控	功能的正确性	0.69	0.75	改进
			功能的完整性	0.64	0.75	改进
			功能的可用性	0.70	0.75	改进
			功能的可维护性	0.71	0.75	改进

续表

评价角度	一级指标	二级指标	三级指标	输出结果	目标值	评价结果
功能性需求	风险管理	税务风险智能分析	功能的正确性	0.80	0.70	达标
			功能的完整性	0.74	0.70	达标
			功能的可用性	0.75	0.70	达标
			功能的可维护性	0.76	0.70	达标
		资产组合风险智能分析	需求的适配性	0.65	0.70	重新获取需求
			需求的重要性	0.67	0.70	重新获取需求
			需求的正确性	0.61	0.70	重新获取需求
			需求的完整性	0.65	0.70	重新获取需求
			需求的紧迫性	0.60	0.70	重新获取需求
	决策支持	报表分析	功能的正确性	0.77	0.75	达标
			功能的完整性	0.65	0.75	改进
			功能的可用性	0.71	0.75	改进
			功能的可维护性	0.69	0.75	改进
		资产分析	需求的适配性	0.65	0.70	重新获取需求
			需求的重要性	0.57	0.70	重新获取需求
			需求的正确性	0.59	0.70	重新获取需求
			需求的完整性	0.58	0.70	重新获取需求
			需求的紧迫性	0.67	0.70	重新获取需求
		经营分析	功能的正确性	0.70	0.65	达标
			功能的完整性	0.61	0.65	改进
			功能的可用性	0.55	0.65	改进
			功能的可维护性	0.60	0.65	改进
		资金分析	功能的正确性	0.70	0.65	达标
			功能的完整性	0.71	0.65	达标
			功能的可用性	0.72	0.65	达标
			功能的可维护性	0.79	0.65	达标
非功能性需求	会计核算	费用报销	功能的可靠性	0.92	0.90	达标
			功能的安全性	0.91	0.90	达标
			功能的时效性	0.95	0.90	达标

续表

评价角度	一级指标	二级指标	三级指标	输出结果	目标值	评价结果
非功能性需求	会计核算	费用报销	功能的效率	0.92	0.90	达标
			功能的资源占用率	0.85	0.90	达标
		凭证生成	功能的可靠性	0.86	0.85	达标
			功能的安全性	0.90	0.85	达标
			功能的时效性	0.85	0.85	达标
			功能的效率	0.87	0.85	达标
			功能的资源占用率	0.83	0.85	达标
		凭证审核	功能的可靠性	0.87	0.85	达标
			功能的安全性	0.86	0.85	达标
			功能的时效性	0.79	0.85	改进
			功能的效率	0.80	0.85	改进
			功能的资源占用率	0.87	0.85	达标
	税务管理	发票申请	功能的可靠性	0.88	0.80	达标
			功能的安全性	0.84	0.80	达标
			功能的时效性	0.86	0.80	达标
			功能的效率	0.75	0.80	改进
			功能的资源占用率	0.79	0.80	达标
		自动纳税申报	功能的可靠性	0.82	0.80	达标
			功能的安全性	0.82	0.80	达标
			功能的时效性	0.75	0.80	改进
			功能的效率	0.76	0.80	改进
			功能的资源占用率	0.79	0.80	达标
	档案管理	档案入库保存	功能的可靠性	0.74	0.70	达标
			功能的安全性	0.77	0.70	达标
			功能的时效性	0.65	0.70	改进
			功能的效率	0.61	0.70	改进
			功能的资源占用率	0.72	0.70	达标
		电子会计档案备份	功能的可靠性	0.67	0.65	达标
			功能的安全性	0.73	0.65	达标

续表

评价角度	一级指标	二级指标	三级指标	输出结果	目标值	评价结果
非功能性需求	档案管理	电子会计档案备份	功能的时效性	0.65	0.65	达标
			功能的效率	0.72	0.65	达标
			功能的资源占用率	0.71	0.65	改进
		档案借阅申请	功能的可靠性	0.75	0.70	达标
			功能的安全性	0.74	0.70	达标
			功能的时效性	0.60	0.70	改进
			功能的效率	0.65	0.70	改进
			功能的资源占用率	0.72	0.70	改进
		档案借阅记录	功能的可靠性	0.70	0.65	达标
			功能的安全性	0.69	0.65	达标
			功能的时效性	0.68	0.65	达标
			功能的效率	0.71	0.65	达标
			功能的资源占用率	0.62	0.65	达标
	影像管理	影像批量扫描	功能的可靠性	0.75	0.80	改进
			功能的安全性	0.76	0.80	改进
			功能的时效性	0.74	0.80	改进
			功能的效率	0.73	0.80	改进
			功能的资源占用率	0.82	0.80	改进
		影像智能识别	功能的可靠性	0.81	0.75	达标
			功能的安全性	0.70	0.75	改进
			功能的时效性	0.84	0.75	达标
			功能的效率	0.70	0.75	改进
			功能的资源占用率	0.80	0.75	达标
		影像智能转换	功能的可靠性	0.71	0.75	改进
			功能的安全性	0.76	0.75	达标
			功能的时效性	0.70	0.75	改进
			功能的效率	0.69	0.75	改进
			功能的资源占用率	0.70	0.75	达标

续表

评价角度	一级指标	二级指标	三级指标	输出结果	目标值	评价结果
非功能性需求	风险管理	合同跟踪记录	功能的可靠性	0.70	0.75	改进
			功能的安全性	0.72	0.75	改进
			功能的时效性	0.65	0.75	改进
			功能的资源占用率	0.65	0.75	改进
		固定资产实时监控	功能的可靠性	0.69	0.75	改进
			功能的时效性	0.64	0.75	改进
			功能的效率	0.70	0.75	改进
			功能的资源占用率	0.71	0.75	改进
		应收风险实时管理	功能的可靠性	0.69	0.75	改进
			功能的时效性	0.72	0.75	改进
			功能的效率	0.69	0.75	改进
			功能的资源占用率	0.71	0.75	达标
		固定资产实时监控	功能的可靠性	0.78	0.75	达标
			功能的时效性	0.80	0.75	达标
			功能的效率	0.70	0.75	改进
			功能的资源占用率	0.71	0.75	达标
		税务风险智能分析	功能的可靠性	0.71	0.70	达标
			功能的时效性	0.65	0.70	改进
			功能的效率	0.66	0.70	改进
			功能的资源占用率	0.65	0.70	达标
	价值创造	资金分析	功能的可靠性	0.70	0.65	达标
			功能的时效性	0.61	0.65	改进
			功能的效率	0.62	0.65	改进
			功能的资源占用率	0.59	0.65	改进
		报表分析	功能的可靠性	0.77	0.75	达标
			功能的时效性	0.65	0.75	改进
			功能的效率	0.71	0.75	改进
			功能的资源占用率	0.69	0.75	改进

续表

评价 角度	一级指标	二级指标	三级指标	输出结果	目标值	评价结果
非功 能性 需求	价值 创造	经营分析	功能的可靠性	0.70	0.65	达标
			功能的时效性	0.59	0.65	改进
			功能的效率	0.54	0.65	改进
			功能的资源占用率	0.68	0.65	改进

由表 4 – 9 可得，相较于第 t 期，针对功能性需求评价，对于会计核算、税务管理等基础性的功能需求在功能的正确性、完整性、可用性以及可维护性方面基本已达到企业的标准。而部分智能自动化和风险管理两个方面的功能性需求在功能的正确性、完整性等方面还存在需要改进的地方。同时，在第 t + 1 期仍对增加的需求进行了合理性的评价，其中资金监控预警、资产组合风险智能分析、资产分析等需求仍然未达标准，需要重新获取。

就非功能性需求评价而言，会计核算、税务管理等基础性的功能在功能的可靠性、安全性、时效性、效率等方面已经符合企业要求。但是，固定资产实时监控、应收风险实时管理、税务风险智能分析等风险控制方面的需求，以及资金分析、报表分析、经营分析等价值创造方面的需求在功能的可靠性、安全性、时效性、效率、资源占用率等方面还需要不断改进，本次动态评价结果为后续的需求优化提供了参考方向。

3. 需求的优化。需求优化是在财务共享服务中心运营管理阶段根据动态评价结果对需要改进的需求进行优化。将未达标的需求分为三类，设 A = |1 – 输出值/目标值| × 100，并将 A 作为分类的对象，由此得到 ZJRH 集团需求优化等级如表 4 – 10 所示。

表 4 – 10　　　　　　　　　ZJRH 集团需求优化等级

优化 等级	一级指标	二级指标	三级指标	A（%）
强度 优化	影像管理	影像查询	需求的正确性	21.43
	风险管理	应收风险实时管理	功能的可用性	21.43
	决策支持	资产分析	需求的重要性	18.57
			需求的完整性	17.14
		经营分析	功能的效率	16.92

续表

优化 等级	一级指标	二级指标	三级指标	A（%）
强度 优化	影像管理	影像查询	需求的完整性	15.71
	风险管理	应收风险实时管理	功能的可维护性	15.71
		资金监控预警	需求的紧迫性	15.71
	决策支持	资产分析	需求的正确性	15.71
		经营分析	功能的可用性	15.38
较强度 优化	风险管理	固定资产实时监控	功能的完整性	14.67
		固定资产实时监控	功能的时效性	14.67
		资产组合风险 智能分析	需求的紧迫性	14.29
	档案管理	档案借阅申请	功能的时效性	14.29
	税务管理	自动纳税计算	需求的正确性	13.85
	风险管理	合同跟踪记录	功能的可用性	13.33
		合同跟踪记录	功能的可维护性	13.33
	决策支持	报表分析	功能的完整性	13.33
	风险管理	合同跟踪记录	功能的时效性	13.33
		合同跟踪记录	功能的资源占用率	13.33
	决策支持	报表分析	功能的时效性	13.33
	风险管理	资产组合风险 智能分析	需求的正确性	12.86
	档案管理	档案入库保存	功能的效率	12.86
中等 程度 优化	决策支持	资金分析	功能的资源占用率	9.23
		经营分析	功能的时效性	9.23
	影像管理	影像批量扫描	功能的可维护性	8.75
		影像批量扫描	功能的效率	8.75
	风险管理	资金监控预警	需求的重要性	8.57
		固定资产实时监控	功能的正确性	8.00
	决策支持	报表分析	功能的可维护性	8.00
	影像管理	影像智能转换	功能的效率	8.00

续表

优化等级	一级指标	二级指标	三级指标	A（%）
中等程度优化	风险管理	固定资产实时监控	功能的可靠性	8.00
		应收风险实时管理	功能的可靠性	8.00
		应收风险实时管理	功能的效率	8.00
	决策支持	报表分析	功能的资源占用率	8.00
		经营分析	功能的可维护性	7.69
	影像管理	影像批量扫描	功能的可用性	7.50
		影像批量扫描	功能的时效性	7.50
	风险管理	应收风险实时管理	功能的完整性	7.14
		资金监控预警	需求的适配性	7.14
		资产组合风险智能分析	需求的适配性	7.14
		资产组合风险智能分析	需求的完整性	7.14
	决策分析	资产分析	需求的适配性	7.14
	档案管理	档案入库保存	功能的时效性	7.14
		档案借阅申请	功能的效率	7.14
	风险管理	税务风险智能分析	功能的时效性	7.14
	会计核算	凭证审核	功能的时效性	7.06
	影像管理	影像智能转换	功能的可用性	6.67
	风险管理	固定资产实时监控	功能的可用性	6.67
	影像管理	影像智能识别	功能的安全性	6.67
		影像智能识别	功能的效率	6.67
		影像智能转换	功能的时效性	6.67
	风险管理	合同跟踪记录	功能的可靠性	6.67
		固定资产实时监控	功能的效率	6.67
		固定资产实时监控	功能的效率	6.67
	影像管理	影像批量扫描	功能的正确性	6.25
	税务管理	发票申请	功能的效率	6.25
		自动纳税申报	功能的时效性	6.25

续表

优化等级	一级指标	二级指标	三级指标	A（%）
中等程度优化	影像管理	影像批量扫描	功能的可靠性	6.25
	税务管理	自动纳税计算	需求的完整性	6.15
	决策支持	经营分析	功能的完整性	6.15
		资金分析	功能的时效性	6.15
	会计核算	凭证审核	功能的效率	5.88
	风险管理	资金监控预警	需求的完整性	5.71
		税务风险智能分析	功能的效率	5.71
		固定资产实时监控	功能的可维护性	5.33
	决策支持	报表分析	功能的可用性	5.33
	影像管理	影像智能转换	功能的可靠性	5.33
	风险管理	固定资产实时监控	功能的资源占用率	5.33
	决策支持	报表分析	功能的效率	5.33
	影像管理	影像批量扫描	功能的完整性	5.00
	税务管理	自动纳税申报	功能的效率	5.00
	影像管理	影像批量扫描	功能的安全性	5.00
弱优化	风险管理	资产组合风险智能分析	需求的重要性	4.29
	决策支持	资产分析	需求的紧迫性	4.29
	风险管理	合同跟踪记录	功能的安全性	4.00
		应收风险实时管理	功能的时效性	4.00
			功能的正确性	1.43
		资金监控预警	需求的正确性	1.43

由表4-10可知，强度优化的部分主要包括资产分析、资金分析在需求的合理性方面需要的改进，也包含了经营分析功能在效率、可用性方面的改进。较强度优化主要包括固定资产实时监控等部分风险管理功能在功能的完整性、时效性以及效率上的优化，以及报表分析功能在功能完整性层面的优化。可见，大部分待改进的需求都处于中等程度的优化，涵盖了影像管理、风险管理、决策支持等功能，在功能性需求和非功能性需求方面

都需要改进。弱优化主要是针对新增的资产组合风险智能分析、资产分析、资金监控预警需求在重要性和紧迫性方面的改进，同时对于应收风险实时管理、资金监控预功能在功能的时效性以及正确性方面的改进。

4.5.4　研究结论与相关建议

财务共享服务中心需求评价对提高 ZJRH 集团需求管理水平、推动财务共享服务中心功能升级与优化具有重要意义。本节对 ZJRH 集团财务共享服务中心进行需求的初始评价和动态评价，确定了需求评价的目标和内容，设计了符合 ZJRH 集团的需求评价指标体系，构建了基于机器学习算法的需求评价模型，并对模型结果进行分析，基于动态评价结果对 ZJRH 集团的功能需求进行了优化。

研究发现 ZJRH 集团财务共享服务中心在不同阶段需求存在差异，在财务共享服务中心初始建设阶段，建设方对财务共享服务中心的需求基本是基础性的功能需求，其中包括会计核算、税务管理、资金管理和资产管理。随着业务和技术的驱动，在财务共享服务中心运营管理过程中，增加了智能自动化的需求，例如影像智能识别、税务风险智能分析等。同时，对基础功能在性能方面的需求也有所增加。随着财务共享服务中心各功能以及性能的日趋完善，建设方逐步对价值创造方面的需求强度也有所增强。

针对 ZJRH 集团财务共享服务中心的需求评价，为了增强评价结果的合理性、客观性，提出以下 3 点建议。

（1）提升财务共享服务中心一线工作人员的表达能力。财务共享服务中心需求的初始评价指标确定时主要是基于建设方一线工作人员对需求的阐述，其对需求描述的准确度影响着各功能最后呈现的效果，若其表达不清楚也增加了与实施方的沟通成本，因此提升财务共享服务中心一线工作人员的表达能力十分重要。

（2）增强财务共享服务中心需求评价的应用。通过对 ZJRH 集团的实地考察，发现企业虽重视财务共享服务中心需求评价工作，但对于需求评价结果的运用还远远不够。

（3）问卷调查有助于进行需求评价时充分考虑功能需求满足程度以及用户满意度，但目前的调研对象主要还是针对 ZJRH 集团财务共享服务中心基层工作人员，较少地参考了管理层人员的意见。

第 5 章

财务共享服务中心需求
与软件模块映射策略研究

在对财务共享服务中心初始建设阶段的需求和运营管理阶段的需求（统一简称用户需求）进行获取与评价之后，需要将这些需求准确、有效地映射到财务共享服务中心对应的软件模块，最终以信息系统的形式呈现财务共享服务中心的功能定位。鉴于此，本章通过对财务共享服务中心的常用软件模块进行梳理，分析获取的基本需求、增强需求与软件模块之间的映射关系，采用 QFD 和 DEMATEL 方法构建初始建设阶段用户需求与软件模块的静态映射模型，并在静态映射模型的基础上，采用 QFD 与 DSM 方法构建运营管理阶段的用户需求与软件模块的动态映射模型，分别从静态和动态两个角度提出用户需求与软件模块的映射策略，以 L 供应商为 ZJRH 集团提供财务共享软件产品为例进行了实例研究。

5.1　理论分析与研究思路

根据财务共享服务中心的初始建设和运营管理两个阶段，需求的映射分为初始建设阶段用户需求与软件模块的静态映射和运营管理阶段用户需求与软件模块的动态映射，需求的有效映射能够解决用户需求与软件模块之间、软件模块与软件模块之间的冗余。本节对研究财务共享软件产品映射的内在逻辑进行理论分析，并提出本章的研究思路。

5.1.1　理论分析

在财务共享服务中心的建设过程中，财务共享软件产品作为最重要的枢纽，将人、信息、数据等要素连接在一起，承载着企业的财务活动、业务活动等信息，是财务共享服务中心需求得以实现的载体。从本质上来看，财务共享服务中心的功能定位最终是以财务共享服务中心软件产品的形式呈现。

针对财务共享软件，需求分析和体系结构设计是其生命周期的两个关键活动，需求分析关注如何刻画问题空间，而体系结构设计则主要关注如何刻画解空间，所以需求分析域和软件体系结构领域的大多数研究工作都相对独立，而如何将需求分析快速有效地映射为相应的软件体系结构，是软件开发所必须研究和解决的核心问题①。保持需求分析和软件体系结构的一致性和可追踪性是财务共享服务中心功能定位要追求的目标。

映射是一个数学术语，指两个元素的集之间有一对一、一对多、多对一以及多对多的相互对应关系，即函数关系。财务共享软件产品的实现是实施方根据用户需求进行软件的二次开发，因此需要进行财务共享服务中心需求与软件模块的映射与转换。由于需求与软件模块间存在一对一、一对多和多对多的关系，而软件模块之间又存在交叉和独立关系，因此需要对存在交叉关系的软件模块进行去冗余处理。由于去除冗余后的软件模块在相关性方面同样存在互斥关系、不相关关系、互相冲突关系和相互协作关系，因此还需要进一步对其进行筛选。

为了进行财务共享服务中心用户需求与软件模块映射策略的相关研究，笔者调查了企业在财务共享服务中心建设中需求映射的具体实践情况，专门设置了关于财务共享服务中心功能模块使用情况、不同功能模块之间切换频率、对于演化需求的软件模块更新情况等方面相关的调查问题，如图 5-1 所示。

根据调查分析，企业搭建财务共享服务中心使得业务处理时间得以缩短，49.40% 企业的业务处理时间缩短了一半以上，24.10% 企业的业务处理时间得以些微缩短，然而在财务共享服务中心的建设中仍存在一些问题：财务共享服务系统的功能模块出现闲置，仅有 21.69% 企业的财务共享服务系统的功能模块得到全部使用；功能模块部署不合理，需要切换至其他模

---

① 文少波．需求动态演化下的智能财务共享软件产品映射研究［D］．重庆：重庆理工大学，2021．

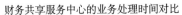

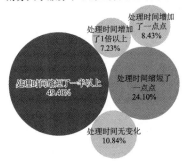

财务共享服务中心的业务处理时间对比

财务共享服务中心功能模块的使用情况

□ 存在完全未使用的模块
▨ 使用了大部分模块
▦ 使用了小部分模块
▧ 使用了一半的模块
■ 使用全部模块

不同功能模块之间的切换频率

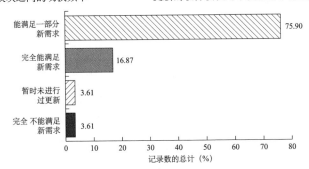

更新的软件模块对于演化需求的满足情况

图 5-1　财务共享服务中心软件模块相关情况调查分析

块，仅有 30.12% 企业的财务共享服务系统完全不会切换或者较少切换；当需求发生变化时，财务共享服务中心的相关软件系统也需要进行更新，然而仅有 16.87% 的财务共享服务中心能完全满足新需求，79.51% 的财务共享服务中心或多或少存在新需求不能被满足的情况。因此，为了使建设方的需求快速准确地在财务共享软件产品上得到体现，研究财务共享服务中心用户需求到财务共享软件产品的映射策略至关重要。

由于企业的经营管理特征和对新一代信息技术的理解和应用认知存在差异，导致财务共享服务中心的功能定位在各个企业间是具有差异性的，财务共享服务中心建设是一个具有渐进性、层次性、递进性的动态变化过程，且不同企业对财务共享服务中心的需求是不同的，可以将财务共享服务中心建设分为多个阶段，逐步完成财务共享服务中心的功能优化升级。在财务共享服务中心的初始建设阶段，尽可能地考虑到满足基本业务的需求，维持企业的基本运营，在该阶段将初始建设用户需求映射到财务共享软件产品的各个软件模块显得尤为重要，该阶段的映射又被称为静态映射。

　　在市场经营环境不断发生变化的同时集团业务也在不断变化，财务共享服务中心业务的深度和广度也在扩展，因此财务共享服务中心用户在面临业务变化时也对财务共享服务中心产生了新的需求。随着集团财务共享服务中心业务不断扩张，财务共享服务中心已集成了隐含着巨大价值的大量业务财务信息，实现了与更多内外部系统间的数据共享，尤其是在业财融合的趋势下，财务共享服务中心建设方不应仅限于满足集中核算处理的基本职能，还应在促进企业战略转型升级、加强风险管控、提升运营管理水平、增加企业价值等方面发挥作用。

　　另外，智能化技术已在财务领域得到了广泛的应用，同样也能够为财务共享服务中心的优化升级提供技术支撑，在智能化技术的不断发展下财务共享服务中心也势必产生新的需求。技术的发展是具备时间先后顺序的，对于早期诞生的技术而言，后续出现的新技术一方面可以对先前的技术产生更新迭代，另一方面也可以结合先前的技术实现协同发展。随着财务共享服务中心建设的不断推进，无论是系统基础功能的完备性还是财务共享服务范围的覆盖率都在不断提升，企业也希望能够将更多关键前沿的智能化技术应用于财务共享服务中心。

　　用户需求的演化和技术的发展，使得财务共享服务中心的功能定位动态变化，从而导致财务共享服务中心的需求发生变化，随之财务共享软件产品也要作出相应的调整，因此需要将运营管理阶段用户需求映射到财务共享软件产品的相应软件模块。由于该阶段的需求具有动态性，将该阶段的需求映射称为动态映射。

　　鉴于此，基于以上的理论梳理和调查分析，本书从实施方的角度，以"映射关系分析—静态映射—动态映射"为路线贯穿本章，对用户需求与软件模块的映射关系进行分析，从而确定初始建设阶段需求到软件模块的静态映射、运营管理阶段需求到软件模块的动态映射，由此制定财务共享服务中心需求到软件模块的映射策略。为了改善财务共享软件产品模块冗余、需求空间与产品空间分离等导致的软件产品风险，将用户需求重要度转化为软件模块的重要度，从而确定软件模块开发的先后顺序；同时将需求演化下的用户需求变更量映射为软件模块的变更量，以便实施方最优化分配软件开发人员和预测软件变更项目的工期，从而实现需求动态演化下，财务共享软件产品的高效映射。

5.1.2 研究思路

在充分考虑财务共享服务中心初始建设阶段和运营管理阶段需求差异的情况下，对财务共享服务中心的用户需求（包括初始建设阶段需求和运营管理阶段需求）和财务共享服务软件模块的静态映射策略、动态映射策略进行研究，以实现财务共享软件产品高效映射。

财务共享服务中心用户需求与软件模块映射策略研究思路如图 5 – 2 所示。

首先，对用户需求与财务共享服务中心常用的软件模块之间的映射关系进行分析。根据前面对需求获取的类别是分为基本需求和增强需求，因此映射关系也包括基本需求与软件模块之间的映射关系、增强需求与软件模块之间的映射关系，在此基础上，从用户需求到软件模块的映射也分为初始建设阶段用户需求与软件模块的静态映射、运营管理阶段用户需求与软件模块的动态映射。

其次，构建基于质量屋的初始建设阶段用户需求与软件模块静态映射模型。需求与模块之间往往存在一对多、多对一和多对多的关系，为了达到高效地映射，构建用户需求与软件模块的二维质量屋映射模型，并分别利用质量功能展开法（quality function deployment，QFD）对用户需求与软件模块的关联关系进行分析和利用设计结构矩阵法（design structure matrix，DSM）对各个软件模块的相互关联关系进行分析，在考虑用户需求的基础上对软件模块重要度进行评价，并对软件模块的重要度进行修正。

再次，构建基于三维质量屋的运营管理阶段用户需求与软件模块动态映射模型。在二维质量屋映射模型的基础上增加"变化"这个维度，从而构建三维质量屋映射模型，以实现"需求的重要度"映射转化为"软件模块的重要度"和"需求的变化"映射转化为"软件模块的变化"，结合软件模块的重要度和因需求变化导致的软件模块的变更范围以及变更程度，由软件系统工程师最优化配置软件开发人员和预测软件变更项目工期，以实现需求动态演化下财务共享软件产品的高效映射。

从次，从静态和动态两个方面研究用户需求与软件模块映射策略。根据静态映射模型和动态映射模型，对应着初始建设用户需求与软件模块静态映射策略、运营管理用户需求与软件模块动态映射策略。

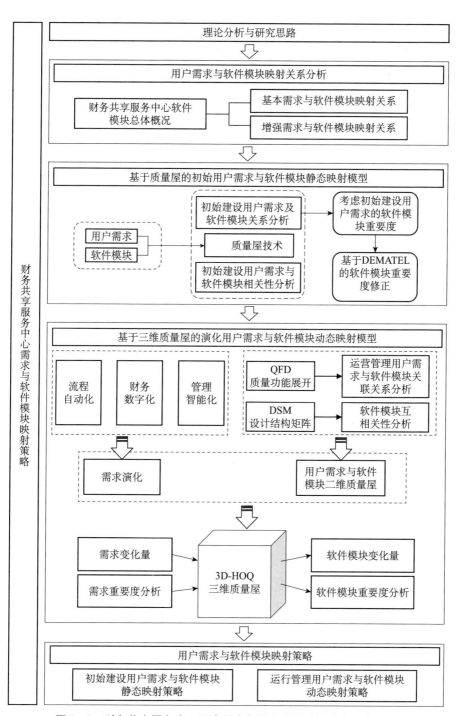

图 5 - 2　财务共享服务中心用户需求与软件模块映射策略研究思路

最后，以 L 供应商为例进行实例研究。通过实例来验证需求映射到 IT 系统方法的正确性、有效性和可行性，为财务共享服务中心建设提供支持，同时也为财务共享软件实施方升级完善财务共享软件产品提供参考和依据，达到缩短项目工期目标的同时从根本上也保证了软件质量，减少软件质量损失成本。

5.2 财务共享服务中心需求与软件模块映射关系分析

随着云计算、RPA、大数据、人工智能等新一代信息技术的发展与应用，国务院和财政部提出加快产业数字化转型，拓展数字经济发展新空间。在财务领域，数字化转型的主要呈现形式为财务共享服务中心的建设，其功能定位取决于企业在会计服务、风险控制和价值创造方面的需求。建设财务共享服务中心的首要工作是获取需求，在业务演化和技术发展的双重驱动下，财务共享服务中心的需求分为基本需求和增强需求。在需求获取和评价之后，需要将这些用户需求映射到财务服务中心软件模块，财务共享服务软件涵盖了财务会计系统、税务管理系统、资金管理系统等核心系统，而每个系统又由许许多多的子系统组成，每个子系统包括了更细粒度的模块。财务共享服务中心用户需求如何与系统、子系统和模块对应，本节将根据用户需求的类型从基本需求和增强需求两个角度分析与软件模块的映射关系。

5.2.1 财务共享服务中心软件组成总体分析

数字经济时代，随着企业信息系统的持续建设与应用的深化，信息系统处理的业务越来越多、越来越复杂，与此同时，企业的经营发展也对财务工作提出了更多的职能转型要求，这就使得企业财务共享服务中心需要不断地进行业务拓展和技术升级。目前，大数据、人工智能技术财务领域的研究与应用越来越多，很多学者将智能技术在财务领域的应用称为智能财务，并且针对主要的应用场景企业财务共享服务中心建设内容进行了非常多的研究。韩向东等（2018）提出了一些智能财务应用方向，如财务预测、经营推演、风险量化、价值优化、决策自动化和信息推荐等。刘梅玲等（2020）分析了智能财务的定义与特点，构建了智能财务会计共享平台的框架，主要包括智能财务会计共享的核心内容，财务共享运营管理平台和影像管理平台，以及平台中涉及的会计核算、财务会计报告、资金结算、税务会计和会计档案管理五类业务；还包括了智能财务会计共享平台与采购管理系统、项目管理系统、费用报销管理系统、资产管理系统和人力资源系统等周边系统的对接。余永亮（2022）基于业财融合构建了智能财务建设思路，主要包括会计核算系统、管理会计系统和数据应用系统，其中会计核算系统涵盖了资金管理系统、税务管理系统、核算管理系统，管理会计系统涵盖预算、绩效、内控风险管理系统，数据应用系统多维分析、智能报表、交互式图表等。

从实务界和学术界的研究可以发现，作为企业智能财务建设的核心内容，财务共享服务中心应该涉及会计核算系统、资金管理系统、税务管理系统、档案管理系统等事务处理，并且会朝着预测、决策、控制、评价等风险控制和价值创造进行深化应用。本书考虑财务共享服务的初始建设阶段和运营管理阶段需求差异，将映射分类为基本需求与软件模块的映射、增强需求与软件模块的映射。为了研究的需要，结合企业财务共享服务中心实地调研和问卷调查结果，本书将财务共享服务中心软件包括的系统范围主要确定为财务共享系统、财务会计系统、资金管理系统、全面预算系统、税务管理系统、资产管理系统、影像管理系统、档案管理系统、合同管理系统、成本管理系统、人力资源系统、决策支持系统。

财务共享服务中心不能仅提供会计服务功能，更要利用新一代信息技术强化风险控制和价值创造功能发挥，这就需要和业务系统进行集成，从而实现业务、财务和技术的一体化发展。财务共享服务中心包括财务会计、税务管理、资金管理、成本管理、预算管理、绩效管理等众多系统。系统是由一群有关联的个体组成的，根据某种规则运作，能完成个别元件不能单独完成的工作的群体；系统中又有不同的子系统，子系统可以理解成更大系统中的一部分；子系统又由许许多多的软件模块组合而成，软件模块是一套一致而互相有紧密关联的软件组织。以 LC 集团为例，财务共享服务中心信息系统示例如表 5-1 所示。

表 5 −1   **财务共享服务中心信息系统示例**

财务共享系统（7 个子系统）			
网上报账	纳税申报	资金结算	预算编制
业务操作	风险监控	运营管理	

财务会计系统（9 个子系统）			
总账	往来	辅助	应收管理
应付管理	固定资产	存货核算	成本核算
合并报表			

资金管理系统（10 个子系统）			
基础管理	账户管理	内部网银	资金结算
柜台结算	资金计划	资信管理	银行借款
票据管理	银企直联		

全面预算系统（7 个子系统）			
体系定义	战略目标	预算编制	预算执行
预算调整	预算分析	预算考核	

税务管理系统（7 个子系统）			
基础设置	税基设置	发票管理	增值税申报
企业所得税	小税种管理	代扣代缴管理	

资产管理系统（6 个子系统）			
基础管理	资产购置	资产台账	使用管理
资产租赁	资产处置		

成本管理系统（4 个子系统）			
初始化设置	成本核算	成本计划	成本估算

影像管理系统（3 个子系统）			
影像采集	影像处理	影像查询	

档案管理系统（6 个子系统）			
档案采集	档案审批	档案归档	档案变更
档案借阅	档案销毁		

合同管理系统（4 个子系统）			
合同管理	合同结算	合同档案	履约管理

续表

人力资源系统（4 个子系统）			
员工管理	假勤管理	薪酬管理	绩效管理
决策支持系统（8 个子系统）			
报表分析	库存控制	经营分析	财务预测
资金分析	税务分析	资产分析	成本决策

以财务共享系统为例，它是完成会计核算的主要信息系统，包括网上报账、纳税申报、资金结算、预算编制、业务操作、风险监控、运营管理 7 个子系统，网上报账子系统中又包括我的报账、收款付款、应收应付、员工查询等模块。

5.2.2　用户的基本需求与软件模块映射关系分析

为适应集团企业精细化管理和管理会计数字化转型的需要，财务共享服务中心在总部财务、共享中心、成员单位财务三个层面强调灵活共享、精细化管控业务驱动财务转型，将税务、资金管理、电子发票、会计电子档案全面纳入，助力企业打造管控和服务并重的财务共享服务中心。支持灵活共享模式，在保持企业集团控制线不变的前提下，可以灵活设置服务范围和服务对象，但原有财务监督权、资金审批权和所有权不变。加强对各成员单位的财务管控。强调财务与业务流程融合，横向打通业务系统和共享平台，以业务推送方式生成票据，财务数据有业务的来源，可追溯联查，将管控前移，打造业财一体化的财务共享服务中心。从简单的账务共享升级为业财一体化共享模式，甚至全面支持的共享模式。帮助大型集团企业实现财务共享服务中心与集团管控的多角度融合，提升企业的管理价值。

财务共享服务中心在初始建设阶段考虑更多的是基本需求，为了将基本需求落地实施，映射到财务共享软件产品，则需明确基本需求对应的系统、子系统以及模块。根据每个企业的自身情况，对于基本需求可能是不同的。例如，某些企业在搭建财务共享服务中心的初期，可能考虑的仅仅是财务共享系统和财务会计系统。

以 LC 集团为例，财务共享系统包括 7 个子系统，其中，网上报账平台作为企业财务数据的采集入口，将企业的报账支付数据全面数字化，利用信息技术再现原本的经营活动，并为每一笔支出建立一条独立的审计路线。在费用报销业务流程中，以报销申请与审批这一需求为例，其映射到财务共享系统的网上报账子系统，然后再映射到网上报账子系统中的"我的报账"模块。其中共享中心业务人员依托于业务运营平台，完成业务单据、凭证的审批，以及实物和电子档案管理。资金结算平台为不同共享中心模式下的资金结算业务提供了统一的办理平台，通过参数配置，满足不同企业因共享中心和资金中心的组织定位和分工而形成的多种共享模式下的结算场景，实现会计结算和网上支付一体化管理。LC 集团的财务共享系统基本需求映射示例如表 5-2 所示。

表 5-2   LC 集团的财务共享系统基本需求映射示例

需求	模块
网上报账（子系统）	
报销申请、审批	我的报账
对外收款/付款的申请	收款付款
应收应付收支管理	应收应付
员工对内报销	员工查询
纳税申报（子系统）	
申报增值税	增值税
申报所得税	企业所得税
申报印花税	小税种管理
资金结算（子系统）	
资金支付	付款办理
银行对账	柜台结算
预算编制（子系统）	
预算收支计划拟订	预算编制
预算收支审查	预算执行
业务操作（子系统）	
稽核报账单	财务稽核
复核报账单	财务复核

续表

需求	模块
风险监控（子系统）	
重点单位、交易对象预警	支付风险
大额付款预警	支付风险
支付风险设置	预警设置
运营管理（子系统）	
单据处理时长	绩效管理
单据处理日报	绩效管理
员工信用等级	员工信用

　　财务会计系统包含总账、往来、辅助、应收管理、应付管理、固定资产、存货核算等子系统，是协助企业搭建统一集中的财务管理系统平台，支撑所属单位的会计核算与财务管理工作，其中总账子系统完成记账凭证编制到各种账表的生成，固定资产子系统能够完成各类企业单位的各种固定资产业务处理功能。财务会计系统基本需求映射示例如表 5 - 3 所示。

表 5 - 3　　　　　　　　　　财务会计系统基本需求映射示例

需求	模块
总账（子系统）	
凭证生成/审核	凭证管理
账表编制	账簿
试算平衡检查	财务报表
初始建账	初始化
往来（子系统）	
录入往来个人信息	个人
录入往来单位信息	单位
往来业务核销	核销
辅助（子系统）	
项目辅助核算	项目
产品辅助核算	产品
部门辅助核算	部门

需求	模块
应收管理（子系统）	
应收对账	应收收款
应收账龄分析	账龄分析
应付管理（子系统）	
应付对账	应付付款
付款申请/复核	付款
固定资产（子系统）	
采购申请	资产请购
计提折旧	折旧管理
报废单填制	资产处置
存货核算（子系统）	
出入库成本计算	存货核算
存货调整	成本调整
成本核算（子系统）	
成本费用归集	归集分配
成本费用分配	
成本费用计算	成本计算
成本费用调整	成本调整
成本费用结转	成本结转
合并报表（子系统）	
合并报表编制	报表编制
外币折算方法	折算准备
股权关系	合并准备
合并报表调整	报表调整

5.2.3 用户的增强需求与软件模块映射关系分析

业务的变化发展与技术的升级迭代，使得财务共享服务中心在运营管理过程中会产生增强需求。不仅财务共享系统和财务会计系统有新的需求，为了更大程度地满足业务和技术需求，还会有对于其他系统新的需求。

对于财务共享系统和财务会计系统的增强需求，更多的是在自动化、智能化上的新需求映射，其示例如表 5 - 4 和表 5 - 5 所示。

表 5 - 4　　　　　　　　　财务共享系统增强需求映射示例

需求	模块
网上报账（子系统）	
自动报账	我的报账
付款单智能审核	收款付款
收款自动核销	
应收自动对账	应收应付
应付自动对账	
业务操作（子系统）	
自动稽核	财务稽核
自动生成凭证	凭证制证
风险监控（子系统）	
合同跟踪分析	监控分析
应收风险实时管理	
预算风险智能监测	
固定资产实时监控	
预算实时预警	预警设置
资金监控预警	
运营管理（子系统）	
单据处理智能报告	绩效管理

表 5 - 5　　　　　　　　　财务会计系统增强需求映射示例

需求	模块
总账（子系统）	
自动试算平衡	财务报表
自动核对账表	账簿
往来（子系统）	
往来业务自动核销	核销
辅助（子系统）	
产品辅助自动核算	项目
部门辅助自动核算	部门

续表

需求	模块
应收管理（子系统）	
应收款智能稽核	应收收款
应付管理（子系统）	
应付款自动复核	付款
固定资产（子系统）	
自动计提折旧	折旧管理

在财务共享服务中心的运行过程中，初始建设阶段的综合性系统仅能满足基本业务，为了满足用户新的需求或者已变化的需求，可以实施功能完整的其他系统，如资金管理系统、全面预算系统、税务管理系统等。

资金管理是企业财务管理的重要组成部分，也是企业整体运作至关重要的环节。建立资金管理系统，可以实现结合企业的资金收支预算，与企业内其他业务协同，实现集团资源优化配置，提高资金使用效率，降低财务风险。根据资金智能支付、全流程账户管理、线上收支等增强需求，映射到基础管理、账户管理、内部网银、资金结算等十个子系统，囊括了资金计划、资金结算、票据管理和银企直联等一整套资金管理业务板块。资金管理系统增强需求映射示例如表5-6所示。

表5-6　　　　　　　　　　资金管理系统增强需求映射示例

需求	模块
基础管理（子系统）	
资金智能支付	机构设置
	基础数据
	规则设置
账户管理（子系统）	
全流程账户管理	分类及规则
	账户开立
	账户变动
内部网银（子系统）	
线上收支	银企直联
内部贷款申请	内部贷款
内转收付款	结算业务

续表

需求	模块
资金结算（子系统）	
资金智能支付	付款办理
资金调度申请与处理	资金调度
资金计划（子系统）	
资金计划编制/查询	基础设置
	资金计划编制
	计划查询分析
资信管理（子系统）	
保证金处理/明细查询	支出保证金管理
	收到保证金管理
保函登记/复核	开出保函管理
	收到保函管理
资信证明申请/登记/查询	开出资信证明管理
	收到资信证明管理
银行借款（子系统）	
借款申请	银行借款业务办理
贷款经办	
放还款经办/登记	
票据管理（子系统）	
自动验票入库	应收票据管理
贴现申请	
自动背书网银发送	
银企直联（子系统）	
异常支付数据处理	交易管理
账户余额查询	统计查询

全面预算系统能为企业构建一套完整的信息化预算管理体系，包括体系定义、战略目标、预算编制、预算调整、预算分析等多方面的管理活动，从体系定义到预算编制，预算通过审批后也能对各项业务进行事中的控制，以及事后的各项分析。全面预算系统增强需求映射示例如表 5-7 所示。

表 5–7　　　　　　　　　　全面预算系统增强需求映射示例

需求	模块
体系定义（子系统）	
预算收支计划智能编制	基础数据
	编制准备
	数据处理定义
战略目标（子系统）	
预算收支计划智能编制	战略目标分类
	指标分解定义
	年度指标
	指标下达
预算编制（子系统）	
预算收支计划智能编制	编制预算
	报表汇总
	预算细化
	预算提交审批
	导入方案定义
	Excel 数据导入
预算调整（子系统）	
预算表调整	预算调整
预算分析（子系统）	
预算智能报告	分析定义
	预算分析
预算考核（子系统）	
预算实时考核	指标体系
	考核排名
	指标得分

　　税务管理系统可以规范税务全过程管理，从前端与业务系统对接，获取税基数据到准确算税及纳税申报，规范各环节流程，帮助企业提高税务管理的效率，实现有效的税务筹划。税务管理系统包括基础设置、税基管理、发票管理、增值税申报等多个子系统，充分规范了税务管理流程，全

面支撑企业全过程税务管理。税务管理系统增强需求映射示例如表 5 – 8 所示。

表 5 – 8　　　　　　　　税务管理系统增强需求映射示例

需求	模块
基础设置（子系统）	
发票申请	基础数据
	开票信息管理
税基管理（子系统）	
纳税申报	税基设置
	税基数据
	减免税登记
	进项税转出
发票管理（子系统）	
发票领购	空白发票管理
发票分配	
发票退回	
发票申请	开票申请
发票作废	空白发票管理
	蓝字发票管理
增值税申报（子系统）	
自动纳税计算	增值税纳税
自动纳税申报	
自动生成税务底稿	增值税底稿
企业所得税（子系统）	
分配比例计算	预缴分配
预缴分配审核	
所得税纳税申报	基础设置
	所得税纳税申报
小税种管理（子系统）	
印花税登记	印花税
印花税台账	

续表

需求	模块
小税种管理（子系统）	
从价计征房产税登记	房产税
从价计征房产税台账	
印花税纳税申报	印花税纳税
房产税纳税申报	房产税纳税
代扣代缴管理（子系统）	
代扣代缴增值税	基础设置
	业务处理
代扣代缴所得税	基础设置
	业务处理
代扣代缴附加税	基础设置
	业务处理

传统资产管理模式下，与资产相关的信息要素分散在财务、计划、生产、物流运输等各个完全独立的系统，成了信息孤岛，所以很难达到资产全生命周期管理。资产卡片自动填制、编制资产采购计划到资产处置的资产全流程管理等增强需求促使企业建立资产管理系统。通过需求映射到子系统再映射到软件模块，实现财务共享服务中心资产信息化。资产管理系统增强需求映射示例如表5-9所示。

表5-9　　　　资产管理系统增强需求映射示例

需求	模块
基础管理（子系统）	
资产卡片自动填制	资产基础
	资产信息
资产购置（子系统）	
编制资产采购计划	业务计划
资产台账（子系统）	
资产增加台账	资产档案
资产减少台账	
资产卡片自动填制	
资产状态查询	

续表

需求	模块
使用管理（子系统）	
资产调拨	调拨管理
资产借用	借用管理
资产领用	领用管理
资产租赁（子系统）	
资产外部租入	外部租入管理
资产对外出租	对外出租管理
资产租赁结算	租赁结算管理
资产租赁统计	租赁查询
资产处置（子系统）	
资产报废单填制	资产处置
资产捐赠	

　　针对增强需求，成本管理系统主要包含成本计划和成本估算两个子系统，其中成本计划可以同全面预算集成，提供产品计划、固定成本计划、产品成本计划来帮助企业进行成本计划的编制。成本估算可以作为生产成本预测、销售利润预测、产品定价乃至企业生产运作决策依据。成本管理系统增强需求映射示例如表 5 – 10 所示。

表 5 – 10　　　　　　　　　成本管理系统增强需求映射示例

需求	模块
成本计划（子系统）	
自动核算计划成本	成本计划
自动编制成本计划报告	
成本估算（子系统）	
成本预估计算	估算对象
	估算方法
	成本估算

　　信息技术的不断发展迫使企业针对纸质档案、票据手工管理的弊端，提出了电子影像管理的解决方案，使得影像管理系统逐渐成为企业财务共

享服务中心建设实施的重要信息系统。影像管理系统主要是通过扫描将纸质单据生成电子影像，以影像信息作为流转要素，以电子信息化手段代替传统审批流程和原始凭证查阅。根据衍生的增强需求，分类映射出影像采集、影像处理、影像查询三个子系统，包含了从影像采集到后续查询的全过程，可以实现单据管理的规范化和高效化，促进单据审批流程高效运转，提升财务共享服务中心的运营能力和服务效率。影像管理系统增强需求映射示例如表 5-11 所示。

表 5-11   影像管理系统增强需求映射示例

需求	模块
影像采集（子系统）	
影像智能识别	基础设置
	影像扫描
影像智能校对	基础设置
	影像校对
影像处理（子系统）	
影像智能矫正	基础设置
	影像矫正
影像智能转换	基础设置
	影像转换
影像查询（子系统）	
影像单一/组合/元数据查询	票夹管理
影像实时浏览	

档案管理系统是一个采用档案电子化、影像数字化、办公无纸化以及信息网络化等先进技术，实现包括档案文件、声音、影像、文本在内的多媒体档案资源的存储和查询检索的计算机系统，为档案资料管理、利用和保护提供了有效的技术保证，可大大节约数据存储空间，无限地延长档案材料保存时间，同时也为查阅、利用档案文献带来了极大的便利。该系统的档案管理符合政府、企事业单位的业务流程，并遵循国家的法律、法规、标准以及相关规定，做到安全、有效的档案管理，实现政府、企事业单位档案的"无纸化"。但"无纸化"是一个循序渐进的过程，目前政府、企事业单位还需对纸质会计档案进行管理，所以档案管理系统同时也兼容对纸

质档案的管理。档案管理系统增强需求映射示例如表 5 - 12 所示。

表 5 - 12　　　　　　　　　档案管理系统增强需求映射示例

需求	模块
档案采集（子系统）	
自动生成电子档案	基础数据
	电子档案
档案审批（子系统）	
凭证、账簿和报表档案审批	档案业务审批
档案归档（子系统）	
电子会计档案备份	归档管理
账簿打印及装订	
原始单据及凭证整理	
档案入库保存	
档案变更（子系统）	
档案变更申请	档案变更
档案变更审核	
档案借阅（子系统）	
档案借阅记录	档案借阅
档案借阅申请	
档案销毁（子系统）	
档案销毁申请	档案销毁
档案销毁审核	

　　合同管理是企业经营管理基础工作上的重要内容。在"互联网＋"时代，随着经济一体化的不断加速，使得企业在其某些产品和服务的相关业务需求中必须增强管理规范，而合同管理将规范流程化，其签订和执行，能够有效提升效益、规范标准、降低风险、优化管理。合同管理系统结合行业特点和综合情况，从制造业和非制造业两方面抽象出合同管理所共有的核心要素，形成了一个强大的合同管理系统，其中包括合同立项、合同登记、合同变更、履约管理等功能。系统使用灵活，内容丰富，在现有的核心功能基础上，针对各行业的特点，可实现对各领域合同信息及业务流程的支持。合同管理系统增强需求映射示例如表 5 - 13 所示。

表 5 - 13   合同管理系统增强需求映射示例

需求	模块
合同管理（子系统）	
合同申请制单	合同申请
合同立项	合同业务
合同登记	
合同变更	
合同生效	
合同冻结	
合同汇总	合同汇总
合同结算（子系统）	
合同收付款	基础数据
	付款业务
	收款业务
合同档案（子系统）	
合同批量归档	基础数据
	合同中心
履约管理（子系统）	
合同履约计划录入	基础数据
	履约管理

人力资源系统覆盖员工全生命周期，从应聘、入职到转正、调岗、离职的各个环节，为人力资源（HR）的工作效益和员工的体验保驾护航。这些环节中涉及的入职手续办理、转正申请、离职申请等事务，员工都能够在线上发起申请，并清晰透明掌握申请进度，提升员工事务办理的流畅度；审批流程闭环流转，审批人在线进行查阅审批，大幅度减少了 HR 的琐碎事务工作量。企业员工能够随时随地在线上提出请假、调班、销假申请，审批流程透明清晰，轻松掌握审批进度，员工的假勤情况也会自动同步管理端，实时掌握员工出勤状况。人力资源系统支持多种灵活算薪方式，同时根据职级、岗位、职务体系来划定薪资标准和绩效奖金标准，HR 配置好标准薪资便可直接调用。支持多种绩效考核方式，多层级对齐，实现上下左右欲同，并且满足不同行业、不同岗位要求的绩效管理方式。针对上述需

求，映射到人力资源系统的员工管理、假勤管理、薪酬管理和绩效管理四个子系统。人力资源系统增强需求映射示例如表 5 - 14 所示。

表 5 - 14　　　　　　　　　　人力资源系统增强需求映射示例

需求	模块
员工管理（子系统）	
员工入职	员工信息
员工转正	
员工调动	
人员流动智能分析报告	人事报表
假勤管理（子系统）	
调休假申请与审批	休假管理
考勤记录实时看板	考勤管理
考勤记录智能分析	
薪酬管理（子系统）	
薪酬查询	薪资报表
薪酬数据计算	薪资设置
	薪资核算
薪酬自动审批	薪资发放
薪酬统计报表自动编制	薪资报表
绩效管理（子系统）	
绩效考核自动分类	指标设置
	绩效考核
绩效档案自动归档	绩效档案
绩效实时看板	绩效报表

　　决策支持系统通过财务、库存、资金、税务、资产、成本等进行分析，向企业提供有价值的决策信息，从而为企业提供一些商业问题的解决办法，降低公司管理人员进行较低层次信息处理和数据分析工作的压力，从而促使员工专心从事最需要决策智慧和经验的工作，从而提高企业决策的质量和效率。结合可视化技术能够对报表数据分析实现可视化看板、结合 RPA 与 AI 能实现库存的智能预测和智能经营报告的生成。决策支持系统增强需求映射示例如表 5 - 15 所示。

表 5 – 15 决策支持系统增强需求映射示例

需求	模块
报表分析（子系统）	
智能财务分析	指标设置
	仪表盘
报表数据可视化展现	综合展板
库存控制（子系统）	
库存结构分析	指标设置
	仪表盘
库存智能预测	指标设置
	预测工具
特殊库存分析	指标设置
	仪表盘
经营分析（子系统）	
经营资源投入分析	指标设置
	仪表盘
智能经营报告	智能报告
财务预测（子系统）	
财务预测智能计算	指标设置
	预测工具
经营业绩智能预测	指标设置
	预测工具
资金分析（子系统）	
资金运作分析	指标设置
	仪表盘
智能预测未来现金流	指标设置
	预测工具
税务分析（子系统）	
税务筹划分析	指标设置
	仪表盘
税务智能分析报告	智能报告

续表

需求	模块
资产分析（子系统）	
资产运用效率分析	指标设置
	仪表盘
资产组合投资智能分析	指标设置
	仪表盘
成本决策（子系统）	
使用成本智能管控	成本管理
成本趋势智能分析	指标设置
	仪表盘

5.3　基于质量屋的初始建设阶段需求与软件模块的静态映射

一般来说，在财务共享服务中心的初始建设阶段，企业更多考虑的是业务层面的需求，主要包括大部分基本需求和小部分增强需求，以满足财务共享服务中心的基本运营。本节通过引入质量屋，分析用户需求与软件模块之间的相关性、对软件模块的重要度进行评价、分析软件模块之间的相关程度并进行重要度修正，以将初始建设用户需求高效地映射到软件模型，尽可能地加快建设周期、降低成本。

5.3.1　理论分析与模型构建

作为财务共享服务中心的建设方，因为在企业性质、企业规模、发展战略、信息化程度、财务组织和财务职能等方面存在差异，因此在初始建设阶段的用户需求不尽相同。而实施方为了交付产品首要关注的是用户的需求，为了优先交付对用户重要度较高的软件模块，提高财务共享软件产品的交付水平及交付效率，需要将用户需求的重要度转换为软件模块的重要度。

1. 理论分析。质量功能展开又称质量屋，最先是由日本学者赤尾洋二提出的，是一种将用户需求转化为设计要求的方法论，即在产品投放市场之前，对重要的质量保证工序进行展开分析，保证该阶段的设计质量在产品开发过程中得到贯彻。质量屋是一种形象直观的二元矩阵展开图表，完整的质量屋结构要素主要包括：天花板—设计要求或质量特性、左墙—用户需求及其重要度、房间—需求与设计的关系矩阵、右墙—市场竞争力评估矩阵、屋顶—自相关矩阵、地板—工程措施及其重要度、地下室—技术竞争能力评估矩阵。

质量功能展开可以应用在新产品开发决策支持系统上，将重要的顾客需求逐步展开为技术要求、零部件要求、工艺要求、生产要求，并确定出影响顾客需求的关键质量特性和关键工艺参数，为制订产品规划、工艺计划、生产计划以及产品和工艺的连续质量改进提供可靠的决策信息。质量功能展开也可将模糊数学方法和质量功能展开相结合，应用在帮助企业进行跨国供应商选择上。先对用户以自然语言表达的需求进行关键词聚类，然后构建维度分别为用户需求和供应商选择标准的质量屋，构建两者之间的对应关系，使用户自然语言表的用户需求转换映射为供应商选择的准则。

目前财务共享软件产品的开发模式以瀑布式开发为主，瀑布式开发重视和强调产品开发初期用户需求文档的整理，财务共享软件实施方在产品开发后期再向用户交付财务共享软件产品。用户在产品开发初期只能通过用户需求文档了解系统的模样，并且财务共享服务中心的需求与财务共享软件产品是两个不同的领域，为了建立两者之间的联系，本书在初始开发财务共享软件产品时采用质量功能展开的方法，分析用户对财务共享软件产品的需求与财务共享软件产品的模块之间的关系，把用户需求映射到财务共享软件产品各个系统的模块，从而体现出用户需求和技术需求两个因素各自的相互关系，并实现两个因素之间的转换，将用户需求传递到技术需求，以实现用户需求域到财务共享软件产品域的转化和映射。

2. 模型构建。本书引入质量屋理论，利用质量屋展开图建立财务共享服务中心初始建设阶段用户需求与软件模块之间的相关关系，得到软件模块的重要度。在质量屋的左端输入用户需求以及用户需求重要度，质量屋的右端输出软件模块和软件模块重要度，质量屋的房屋构建用户需求与软件模块的相互关系矩阵。采用质量屋技术将用户需求重要度转化为软件产品模块重要度，考虑到质量功能展开关联矩阵信息的不确定性问题，采用概率语义术语集获取并处理专家对用户需求重要度的评价信息，运用质量屋技术建立用户需求与软件模块的关系，得到考虑用户需求的软件模块重要度。利用 DEMATEL 技术对软件模块进行相关性分析，借此修正软件模块的重要度。基于质量屋的初始建设阶段用户需求与软件模块静态映射模型如图 5-3 所示。

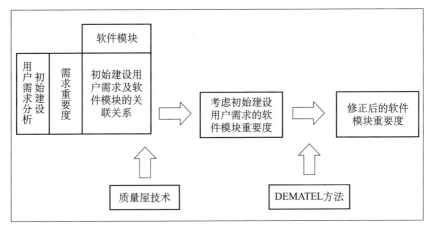

图 5-3　基于质量屋的初始建设阶段用户需求与软件模块静态映射模型

5.3.2　基于 QFD 的用户需求与软件模块相关性分析

财务共享服务中心软件产品（以下简称财务共享软件产品）的设计需要注意需求与设计的一致性，一致性的具体实现方式是需求及设计的转换和映射，财务共享软件产品开发的基本条件是用户需求和产品之间映射的一致性，这也是评价软件模块交付顺序的重要基础。用户需求会影响到软件产品的相关组成部分，也就是财务共享软件产品各个系统的软件模块。因此，在分析用户需求与财务共享软件产品的相关关系时，需要把用户需求映射到财务共享软件产品的业务模块，然后利用质量功能展开技术分析用户需求及软件模块的相关性。

质量功能展开模型描述了由 n 个模块构成的财务共享软件产品可以实现 m 种用户需求，图中的 "×" 表示用户需求到软件模块是存在映射关系的，本章用逻辑值 1 表示两者间有映射关系，当需求到软件模块之间不存在映射关系时，用逻辑值 0 来表示，用户需求与软件模块的关系矩阵如图 5-4

所示。

	1	2			n-1	n
1					×	
2		×				×
⋮						
m-1					×	
m						

需求╲组件	1	2	⋯	n-1	n
1	■		×		×
2		■			×
⋮			■		
n-1	×			■	×
n					■

图 5-4 用户需求与软件模块的关系矩阵

5.3.3 考虑用户需求的软件模块重要度评价

对用户需求 C_i 的重要度评价为：

$$A_i = \sum_{k=1}^{h} G_{ij}^{k} \left(G_A^* \left(L (p)_i^k \right) \times P_k \right) \qquad (5-1)$$

运用质量屋技术对用户需求重要度实现转换，通过用户需求与财务共享软件产品模块之间的关系将用户需求的重要度转化成财务共享软件产品模块重要度。用户需求与财务共享软件产品模块之间的关联关系矩阵为 B_{ij}：

$$B_{ij} = \begin{bmatrix} B_{11} & B_{12} & \cdots & B_{1n} \\ B_{21} & B_{22} & \cdots & B_{2n} \\ \cdots & \cdots & \cdots & \cdots \\ \cdots & \cdots & \cdots & \cdots \\ B_{m1} & B_{m2} & \cdots & B_{mn} \end{bmatrix} \qquad (5-2)$$

本书在考虑用户需求的基础上，对财务共享软件产品模块的重要度进行评价。得到考虑用户需求的财务共享软件产品模块重要度，如式（5-3）所示。其中，第 i 个需求 C_i 的重要度为 A_i，第 i 个需求和第 j 个软件模块之间的相关关系所对应的数字值为 B_{ij}，第 j 个软件模块的重要度为 M_j。

$$M_j = \sum_{i=1}^{m} A_i \times B_{ij}, \ j = 1, 2, \cdots, n \qquad (5-3)$$

5.3.4 基于 DEMATEL 的软件模块重要度修正

将财务共享软件产品的系统平台划分并设计出一系列业务模块，按照软件模块进行设计与交付，有利于实施方对财务共享软件产品开发和产品交付进行管理，保证财务共享软件产品后期的可维护性。各个软件模块相互之间可能存在一定的关联关系，一部分模块可能会对另一部分模块产生影响，识别出它们之间的关联关系，有助于修正软件模块的重要度。

例如，财务共享软件产品中的影像管理系统会涉及网络报销系统、税务会计系统，与其他系统的关联度很大。本书采用 DEMATEL 法来分析模块之间的相关程度。DEMATEL 方法，运用相互影响有向图与矩阵分析问题，其优势是可以依据各个因素之间的相互影响程度，对因素初始权重进行修正，具体的实施步骤如下。

步骤 1：分析软件模块之间的关系

通过构建有向图分析各个软件模块之间的关系，并用数字标识各个软件模块之间的影响程度，两两软件模块的影响度分别用数字 1、2、3、4、5来表示，值越大，表明影响度越高，软件模块相互影响如图 5-5 所示。

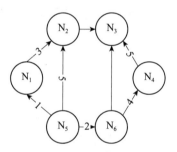

图 5-5 软件模块相互影响

步骤 2：建立软件模块直接影响矩阵

用矩阵来表达软件模块相互影响有向图，称为直接影响矩阵 $G_{n \times n}$。

$$G = \begin{bmatrix} G_{11} & \cdots & G_{1n} \\ \vdots & \ddots & \vdots \\ G_{n1} & \cdots & G_{nn} \end{bmatrix} \qquad (5-4)$$

步骤 3：建立软件模块规范影响矩阵

分析软件模块之间的间接影响关系，需要将直接影响矩阵 G 标准化，也就是归一化的过程，具体方式是各行元素求和，找到最大值，得到规范影响矩阵$D_{n \times n}$。

$$D = \frac{G}{MAX(\sum\limits_{j=1}^{n} G_{ij})}, \quad i = (1, 2, \cdots, n) \quad\quad (5-5)$$

步骤4：建立综合影响矩阵

得到规范影响矩阵 D 后，由下式可得出综合影响关系矩阵 T，即交叉增援矩阵。式（5-6）中$(I-X)^{-1}$为$(I-X)$的逆矩阵，本课题使用 MAT-LAB 工具求解逆矩阵。

$$T = X(I-X)^{-1} = T(t_{ij})_{n \times n} \quad\quad (5-6)$$

步骤5：修正软件模块重要度

把综合影响矩阵$T(t_{ij})_{n \times n}$作为交叉增援矩阵，利用这个矩阵修正软件模块的基本重要度，即：

$$w_i^T = \sum\limits_{j=1}^{n} t_{ij} w_i^0 \Big/ \sum\limits_{i=1}^{n} \sum\limits_{j=1}^{n} t_{ij} w_i^0 \quad\quad (5-7)$$

5.4 基于三维质量屋的运营管理阶段需求与软件模块的动态映射

随着 RPA、OCR、NLP、ML 等信息技术的发展与应用，以及业务的变化与拓展，财务共享服务中心在运营管理阶段也随之产生了新的需求。怎样有效地将这些动态的需求映射到财务共享软件产品开发过程，进而可以定量地分析需求变更给财务共享软件产品各个系统的模块带来的影响，响应动态变化的用户需求，从而提高用户的满意度。本书通过引入三维质量屋，添加"变化"维度，在分析需求与软件模块关联性、计算软件模块重要度、分析软件模块相关性的基础上，调整和改变需求变更影响的软件模块，使映射模型呈现动态化，能不断满足运营管理用户需求，维持和加强财务共享服务中心的建设。

5.4.1 理论分析与模型构建

由于业务的变化拓展和技术的升级迭代，企业对于财务共享服务中心的需求始终处于动态变化之中。不同的需求与财务共享软件产品模块之间存在着不同的映射关系，在需求发生变更的状况下，运营管理阶段用户需求对财务共享软件产品模块的影响程度使得软件进行调整或修改。

1. 理论分析。设计结构矩阵是一个具有 n 行 n 列的二元方阵，用于显示矩阵中元素之间的交互关系，可分为基于参数的 DSM、基于构件的 DSM 和基于任务的 DSM，通过构建设计结构矩阵，实现对复杂项目进行可视化分析。本书引入 DSM 理论，使用了基于构件的 DSM，表示矩阵中构件之间的串行、并行和耦合关系。本书主要研究财务共享服务中心用户需求与软件模块之间的映射关系，将构件衍变为模块，用基于模块的 DSM 表示模块之间的关系。设计结构矩阵中第 e 行第 f 列（e≠f）的元素表示的是矩阵的列向模块中的第 e 个模块对矩阵的横向模块中第 f 个模块的影响，反映了矩阵组成模块之间的信息交换。矩阵的行表示的是输入信息，矩阵的列表示的是输出信息，即模块 f 的输出会作为模块 e 的输入，模块 e 的实现依赖于模块 f。设计结构矩阵中对角线下方的元素表示的是矩阵组成模块之间存在信息的正向反馈关系；相反，对角线上方的元素就是矩阵组成模块之间的逆向反馈关系。如果逆向反馈信息过多，就会引起产品设计活动的反复和迭代，从而导致产品研发周期变长和研发成本增高。

运用设计结构矩阵的方法可以依次构建项目连接强度 DSM、初始风险因素 DSM、初始的项目—风险因素 DSM、最终的项目—风险因素 DSM 和最终的风险因素 DSM，并采用 PageRank 方法对项目组合中的风险因素进行排序和敏感性分析，从而建立了基于复杂网络中"邻接节点"的项目间连接强度模型。为了优化项目流程，使得项目执行时期望工期最短、成本最低，基于设计结构矩阵进行流程优化，主要是调整项目活动的执行顺序，缩减活动的反馈次数，从而减少产品研发项目活动的返工和迭代次数，进而达到优化项目流程的效果。将设计结构矩阵和质量功能展开相结合，构建逐级分析研发项目中元素之间依赖关系的多级瀑布模型，首先构建功能与关键设计参数的关系矩阵；其次将设计参数转换为功能，进而构建功能 DSM，分析各个功能之间的相互关系；再次根据功能与部件之间的映射关系，将功能转换为部件，从而构建产品 DSM，分析各部件之间的相互关系；最后根据部件与活动之间的映射关系，将部件转换为活动，进而构建流程 DSM，分析活动之间的相互关系，从而实现了功能—产品—流程的多级依赖关系分析。

由于会计业务流程的特殊性和信息技术发展的速度较快，使得财务共享软件产品的研发变得十分复杂，所以本书引入设计结构矩阵的方法，分析财务共享软件产品模块之间的相互关系，以实现减少产品研发的迭代次数，进而缩短软件变更项目周期和降低项目开发成本。

2. 模型构建。由于业务的发展以及信息技术对会计活动的冲击与影响，财务共享服务中心的需求会随着时间的推移、环境的变化而发生动态变化。需求的动态变化主要包括两个方面，一是随着时间的推移而产生的变化，二是在某一个时间点上的变化，如图 5 – 6 所示。

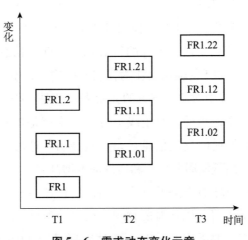

图 5 – 6　需求动态变化示意

质量屋是一种基于二维平面形式的矩阵框架，它描述了需求和软件模块之间的关系，从而实现了需求的转换。但质量屋实现的往往是既定或静态的用户需求转变，而真正的需求往往是动态的。质量屋由于其自身二维结构的局限性，不能对动态的需求进行描述，无法将需求的变化传递到技术的世界，实现向软件模块设计取值变换的转换。因此，本书对质量屋进行扩展和延伸，形成了基于立体形式的三维质量屋，并构建了基于三维质量屋的运营管理阶段用户需求与软件模块动态映射模型，如图 5 – 7 所示。

三维质量屋在用户需求与软件模块两个维度之外增加了"变化"这一维度，可以将需求的变化通过矩阵传递到软件模块参数设计的变化，从而

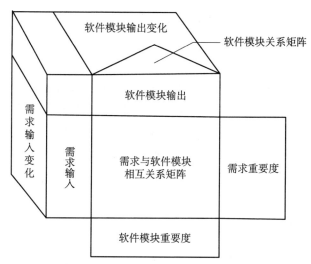

图 5 - 7　基于三维质量屋的运营管理阶段用户需求与软件模块动态映射模型

实现动态需求映射的效果。

可以将三维质量屋展开成平面形式，其输入项包括需求输入、需求输入变化和需求重要度；输出项包括软件模块输出、软件模块输出变换和软件模块重要度，而将输入项转换成输出项的主要介质是需求与软件模块相互关系矩阵和软件模块自身关系矩阵，如图 5 - 8 所示。

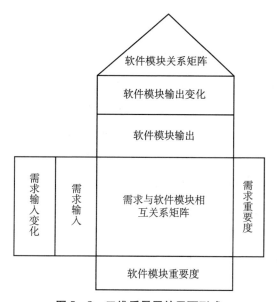

图 5 - 8　三维质量屋的平面形式

5.4.2 用户需求与软件模块关联分析

财务共享服务中心的用户需求作为软件交付评价的依据之一，贯穿于财务共享软件开发的始终。把需求分析阶段的需求描述看成是需求空间，设计阶段的软件模块配置作为体系结构空间。需求空间关注系统的行为，体系结构空间关注软件模块配置。财务共享软件产品开发过程中需求与设计之间的一致性是通过二者的转换和映射来实现的，保证需求模型和设计模型之间的映射一致性是软件体系结构开发的基础。用户需求与软件设计的关系如图 5 - 9 所示。

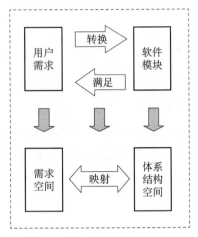

图 5 - 9　用户需求与软件设计的关系

本书针对财务共享软件产品体系结构的模块层，利用质量功能展开 QFD 分析需求与软件模块的映射关系。QFD 是质量管理领域中的以需求为导向的质量保证方法，这个过程主要通过质量屋的一系列图表和矩阵变换来实现。QFD 体现在软件设计过程中需求空间与体系结构空间的映射上，其实质是由用户需求与软件模块所构成的二维矩阵①，如图 5 - 10 所示。

QFD 模型描述了由 n 个软件模块构成的软件体系结构实现 m 种需求。图 5 - 10 中的 "×" 表示用户需求到软件模块之间有映射关系。用逻辑值 1 和逻辑值 0 来表示用户需求到软件模块之间是否存在映射关系，就可以建立

---

① 付赟. 软件需求变更影响建模与风险管理研究 [D]. 天津：天津大学，2011.

	软件模块				
		1	2	⋯	n−1	n
需求	1				×	
	2					×
	⋮					
	m−1		×			
	m				×	

图 5 −10　需求与软件模块的 QFD

关于用户需求与软件体系结构之间的 QFD 关系映射矩阵。

5.4.3　软 件 模 块 重 要 度 计 算 方 法

　　需求的重要度排序可以通过前面的层次分析法得出，而软件模块的重要度排序则需要通过重要度转化这一过程，进而将需求的重要度转换成软件模块的重要度。"质量展开"中"展开"一词有两种意思，一是需求项目的层次化，二是将需求重要度变换成软件模块重要度。所以，重要度转换在动态质量功能展开中占有相当重要的地位。本书采用独立分配点法转换重要度，独立配点法的映射算法，设 CFR_i 为第 i 个需求的重要度，R_{ij} 为第 i 个需求和第 j 个软件模块之间关系符号所对应的数字值，TIR_j 为第 j 个软件模块的重要度，即：

$$TIR_j = \sum_{i=1}^{n} CI R_i \times R_{ij}, \ j = 1, \ 2, \ \cdots, \ n \qquad (5-8)$$

5.4.4　软 件 模 块 互 相 关 性 分 析

　　财务共享软件产品各软件模块主要处理和影响的是企业的业务和财务活动，需求演化传播的根本路径也是企业业务流程和财务活动路线，财务共享软件产品模块之间因为财务业务活动的特征而存在着关系，业务流程中产生财务活动，财务活动和业务流程不可分割。

　　在图论中，一个邻接图是一个序偶（V，E），记为 G = （V，E）。其中，V = {v1，v2，⋯，vn} 是有限的非空节点集合，E 是有向边的集合，有向边 e 与节点（vi，vj）对相对应。软件模块之间的依赖关系与邻接图所表达的邻接关系相似，若将表示软件模块当作邻接图 G 的节点 V，模块之间的依赖关系当作有向边 E，则邻接图 G 实际上就是软件模块相互作用的关系模型，如图 5 – 11 所示。

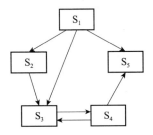

图 5 – 11 软件模块相互作用关系模型

软件模块相互关系模型中，其邻接图 G 的顶点由集合 S ＝ ｛S_1、S_2、S_3、S_4、S_5｝中的元素来表示，有向边由集合 S 中各模块之间的依赖关系来表示，若两个模块之间存在依赖关系，则在邻接图中存在一条对应的有向边。图 5 – 11 中各模块之间的依赖关系用有向边集表示为 E ＝ ｛e^{21} e^{31}，e^{51}，e^{32}，e^{43}，e^{34}，e^{54}｝。

DSM 是一种以 n×n 的方阵形式来用于对复杂系统进行建模和分析的工具。与图形化描述系统相比，矩阵能够直观地反映系统各组成部分之间的关系，它的形式紧密，有利于繁杂系统的可视化分析。在 DSM 中，系统的组件以相同的顺序排列在矩阵的第一行和第一列中。对角线元素描述系统的自相关会被填充。矩阵中的其他单元格用于描述系统组件之间的依赖关系。矩阵中第 i 行第 j 列（i≠j）的元素描述了系统组成元素 j 对 i 的影响，它反映了系统组成元素之间的信息交换。矩阵的行表示系统元素的输入信息，矩阵的列表示系统元素的输出信息。即系统元素 j 的输出会作为 i 的输入，i 的实现依赖于 j。DSM 中对角线下方的元素表示系统组成元素之间存在信息的正向前馈（feed – forward）关系，对角线上方的元素表示系统组成元素之间的信息交换具有逆向的反馈（feedback）关系。根据软件模块的关系模型，结合 DSM 建模，得出软件模块的依赖矩阵，如图 5 – 12 所示，模块 S_1 对 S_2、S_3 和 S_5 有影响，模块 S_2 对 S_3 有影响，S_3 对 S_4 有影响，S_4 对 S_3 和 S_5 有影响。

根据上述软件模块依赖矩阵，设软件模块的关系矩阵 M_r ＝（S_{ij}），其中 S_{ij} 表示模块 S_i 与模块 S_j 之间连接关系；i，j ＝1，2，…，n，并且：

	S_1	S_2	S_3	S_4	S_5
S_1	S_1				
S_2	1	S_2			
S_3	1	1	S_3	1	
S_4			1	S_4	
S_5	1			1	S_5

图 5 - 12 软件模块依赖矩阵

$$S_{ij} = \begin{cases} 1, & \text{当}S_i\text{与}S_j\text{之间存在直接交互关系时} \\ 0, & \text{当}S_i\text{与}S_j\text{之间不存在直接交互关系时} \end{cases}$$

则关系矩阵：

$$M_r = \begin{vmatrix} 1 & 0 & 0 & 0 & 0 \\ 1 & 1 & 0 & 0 & 0 \\ 1 & 1 & 1 & 1 & 0 \\ 0 & 0 & 1 & 1 & 0 \\ 1 & 0 & 0 & 1 & 1 \end{vmatrix}$$

设集合 $X = \{R_1, R_2, \cdots, R_i, \cdots, R_n\}$，则关系矩阵 M_r 对应的关系：$r \subseteq X^2$，于是，关系 r 的传递闭包 $r^+ = rY\ r^2Y \cdots Y\ r^n$，则 r^2 对应的矩阵 $M_r^+ = M_r \vee M_{r2}^2 \vee \cdots M_{rn}^n = \overset{n}{\underset{k=1}{\vee}} M_{rk}^k$。此时，$M_r^+$ 为软件模块的可达矩阵。

$$M\,r^+ = \begin{vmatrix} 0 & 0 & 0 & 0 & 0 \\ 1 & 0 & 0 & 0 & 0 \\ 1 & 1 & 0 & 1 & 0 \\ 1 & 1 & 1 & 0 & 0 \\ 1 & 1 & 1 & 1 & 0 \end{vmatrix}$$

由可达矩阵各列可以直接得出：模块 S_1（第 1 列）到其他模块（各行）都可达，模块 S_2（第 2 列）到模块 S_3（第 3 行）、模块 S_4（第 4 行）、S_5（第 5 行）可达，模块 S_3（第 3 列）到模块 S_4（第 4 行）、模块 S_5（第 5 行）可达，模块 S_4（第 4 列）到模块 S_3（第 3 行）、模块 S_5（第 5 行）可达，模块 S_5（第 5 列）到其他模块都不可达。

由此可见，通过可达矩阵非常容易判断某一软件模块变化所影响的其他软件模块，进而，当某一软件模块发生变化时，可以圈定被影响或波及的其他软件模块的范围。另外，通过可达矩阵，可以对各个软件模块对财务共享软件产品影响的大小（称为贡献或贡献大小）进行确定和排序。具体办法是，求取可达矩阵各列的元素之和，其大小代表相应列头软件模块所影响的其他软件模块的个数。当然，这个数值越大，该软件模块对财务共享软件产品的影响（贡献）越大。例如，图 5 - 12 的可达矩阵 M_r^+ 的各列头软件模块 S_1，S_2，S_3，S_4 和 S_5 对应的各列元素之和分别为 4，3，2，2 和 0。所以各软件模块对财务共享软件产品贡献的大小排列为 S1 > S2 > S3 ≥ S4 > S5。

5.4.5 需求演化下软件模块变更影响模型

财务共享软件产品的需求演化贯穿于软件使用的全过程，软件开发过程是一个需求分析和软件模块设计的过程。为了适应发展的需要，软件模块的设计需要作出相应的调整和改变。软件需求演化不仅影响与其直接相关的模块，还会根据模块之间的依赖关系将需求演化的影响扩散到其他模块，进而影响整个软件体系结构。例如，在基于模块的财务共享服务中心软件体系结构设计中，一个需求的演化会影响到模块 A，由于模块之间的关系，需求的演化也会影响到与模块 A 关联的模块 B，而模块 B 会影响到模块 C 和 D，所以一个简单的需求变化很可能会产生"多米诺效应"。需求演化在财务共享服务中心软件体系结构中的影响传播模型如图 5 - 13 所示。

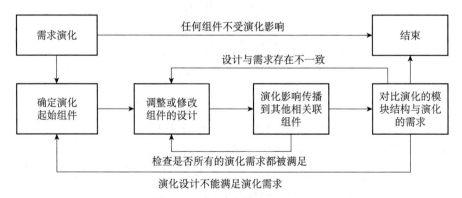

图 5 - 13　需求演化影响传播模型

当需求发生变化时，财务共享服务中心实施方的软件开发人员需要首先确定与变化需求相关的变化初始模块，并确定变化初始模块的设计是否需要调整或修改。一旦初始模块的设计发生变化，财务共享软件产品设计者将根据软件架构中模块的依赖关系来分析这些变化是否会影响其他模块。如果是，哪些模块可能会受到影响，以此类推。当这些设计更改影响到其他模块时，软件开发人员还必须对相关模块的设计进行调整或修改，以满足更改的要求。整个过程是持续不断的，直到对所有模块的所有更改都得到正确处理。当然，软件开发人员还必须检查整个更改传播过程，以确保调整和修改的软件体系结构设计与更改的要求一致。由于软件体系结构中组件之间的复杂依赖关系，软件体系结构设计修改中的任何遗漏或错误都会导致软件系统的不一致。如果变更后的软件架构不能满足变更的要求，软件开发人员应根据变更传播过程对软件架构进行重新分析，直到需求与设计一致。

在财务共享软件产品开发过程中，不仅需求和软件架构的完善是一个循序渐进的迭代过程，需求变更影响的传播过程也是一个逐步迭代和修正的过程。在给定需求变更影响的传播过程中：

（1）上游活动的变化通常会导致下游活动的变化或重组。

（2）当上游活动需要下游活动的反馈时，下游活动的变化通常会导致相应的上游活动的重新设计。

（3）当下游活动所需的输入信息因错误或其他情况而变得不可用时，通常会导致相关活动的重做。

作为一种设计阶段的质量保证方法，QFD 侧重于需求和软件体系结构的映射和匹配，而 DSM 侧重于识别软件模块之间的关系。需求变更的风险通过其对软件体系结构设计的影响来反映，根据 QFD，可以确定受需求变更影响的初始组件，DSM 进一步揭示需求变更影响的范围和程度。结合 QFD 和 DSM 方法，构建出用户需求与财务共享服务中心软件体系结构的复合关系矩阵。它由两部分组成，第一部分是表示需求和软件模块之间映射关系的 QFD，第二部分是软件体系结构中模块之间相互关联的 DSM，如图 5 - 14 所示。

5.5　用户需求与软件模块的映射策略

前面研究了初始建设阶段用户需求与软件模块静态映射、运营管理阶

				×	
2		×		×	
⋮					
m−1					
m					×
功能需求＼软件模块	1	2	⋯	n−1	n
1	●			×	
2		●			
⋮			●		
n−1	×	×		●	×
n					●

图 5-14 用户需求与财务共享服务中心软件模块的复合关系矩阵

段用户需求与软件模块动态映射，本节着重分析用户需求与软件模块映射策略的总体思路，分别制定初始建设阶段用户需求与软件模块静态映射策略、运营管理阶段用户需求与软件模块动态映射策略。

5.5.1 策略制定的总体思路

在企业建设财务共享服务中心时，基于企业自身的基础设施、制度、人员、资金等因素，每个企业的需求不完全相同，这使得财务共享软件产品趋向定制化。不同行业类型的企业所关注的需求点是不尽相同的，比如对于金融行业的企业可能会更关注风险控制，制造型企业一般更关注会计服务。由此可见，财务共享软件产品的实施方针对不同的用户时，会产生不同的需求，从而映射的软件模块也不同，导致软件模块的集成也存在不同的方式，这样对软件模块进行映射，就需要充分考虑用户需求，并作出相应功能模块的更迭，确保产品功能和用户需求相互匹配，而质量功能展开的关键点恰好是需求转换，所以本书利用质量功能展开方法，分析用户的需求，对软件模块映射策略进行研究。

在财务共享服务中心的初始建设阶段，由于是首次开发财务共享软件产品，用户需求只能映射到新的软件模块。在运营管理阶段，在业务和技术双重驱动下，带来了新的用户需求，其不仅对应着与已有软件模块的映射，还存在与新的软件模块的映射，其映射关系如图 5 – 15 所示。

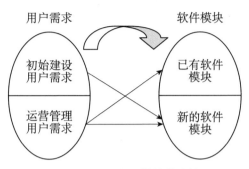

图 5 – 15 需求—模块的映射

财务共享服务中心用户需求与软件模块映射策略需要进行需求的获取与整理，厘清初始建设阶段用户需求与运营管理阶段用户需求，财务共享服务中心在初始建设阶段考虑的是基本需求，也可能只是基本需求中的一部分；为了更大程度地满足企业的业务和技术需求，财务共享服务中心在运营管理过程中会产生新的需求，此时可能一部分来自基本需求中的业务拓展，另一部分来自增强需求，具体内容参照 5.2 节。对于初始建设阶段用户需求，质量屋展开图建立用户需求与软件模块之间的相关关系，得到软件模块的重要度，确定用户需求与软件模块之间的相关矩阵，再采用 DEMATEL 方法分析软件模块之间的相关性，然后对软件模块的重要度进行修正。对于运营管理阶段用户需求，可以建立三维质量屋，来表示用户需求与技术需求之间的关系，同时还会对用户需求的变化如何影响技术需求目标值的选取进行描述。财务共享服务中心用户需求与软件模块映射策略如图 5 – 16 所示。

5.5.2 初始建设阶段需求与软件模块静态映射策略

财务共享软件产品各个系统的模块的设计是为了满足用户需求而存在的，通过技术与业务模式的相互作用，从而实现产品价值，为用户提供产品及服务。因此财务共享服务中心软件模块的设计需要严格把控各个关键点，以需求分析环节作为起点，经过需求解析及产品设计阶段，以交付满足用户需求的产品作为产品输出的终点。鉴于财务共享服务中心的用户需

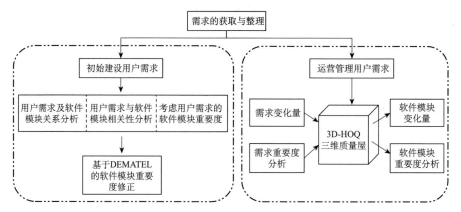

图 5 - 16　财务共享服务中心用户需求与软件模块映射策略

求与财务共享软件产品是两个不同的领域，为了建立两者之间的联系，本书运用质量功能展开的方法，以实现初始建设用户需求与软件模块静态映射，同时采用 DEMATEL 法来分析模块之间的相关程度，识别出它们之间的关联关系，有助于修正软件模块的重要度。DEMATEL 方法也被称为决策与试验评价实验室，通过系统中各要素之间的逻辑关系和直接影响矩阵，可以计算出每个要素对其他要素的影响度以及被影响度，从而计算出每个要素的原因度与中心度，作为构造模型的依据，从而确定要素间的因果关系和每个要素在系统中的地位。

财务共享软件产品开发过程中需求映射过程，可以表示为如图 5 - 17 所示的初始建设用户需求到软件模块的映射过程。需要注意的是，需求和软件模块的映射并不是唯一对应的，存在一对一、一对多、多对一以及多对多的现象。而需求的变更必将引起软件模块的变更，因此，需求的映射过程必须综合考虑各方面的约束和复杂的多多对应关系，响应需求的动态变化，以使所设计的软件尽可能对变化的需求具有更高的适应性。

财务共享软件产品的设计需要注意需求与设计的一致性，这也是评价软件模块交付顺序的重要基础。用户需求会影响到财务共享软件产品的相关组成部分，也就是财务共享软件产品的软件模块。因此，在分析财务共享服务中心用户需求与财务共享软件产品的相关关系时，需要把用户需求映射到财务共享软件产品的业务模块。本书利用质量功能展开技术分析用户需求及软件模块的相关性，运用质量屋技术对用户需求重要度实现转换，

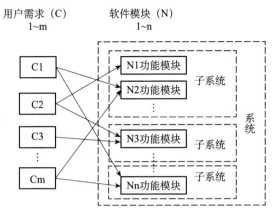

图 5 - 17　软件模块相互影响关系示意

通过用户需求与软件模块之间的关系将用户需求的重要度转化成软件模块重要度，采用 DEMATEL 法识别出软件模块之间的关联关系，从而确定每个模块在系统中的地位。

财务共享服务中心初始建设阶段用户需求到软件模块静态映射的步骤通常由五步组成，具体如下。

第一步，根据第 1 章的需求建模或获取策略对需求进行获取和分析。

第二步，根据第 4 章的需求优化策略确定需求的重要度。

第三步，构建初始建设阶段用户需求与软件模块之间的二维矩阵，以确定两者之间的关联关系。

第四步，通过初始建设阶段用户需求与软件模块之间的关系将初始建设阶段用户需求的重要度转化成软件模块重要度。

第五步，构建软件模块相互影响图以确定模块之间的影响程度，再构建直接影响矩阵、间接影响矩阵和综合影响矩阵，以此为依据对软件模块的重要度进行修正。

5.5.3　运营管理阶段需求与软件模块动态映射策略

数字经济背景下，用户对财务共享软件产品的需求偏好会受到业务和技术的影响，用户需求呈现动态变化的状态。当前，财务共享软件产品朝着智能自动化的方向发展，用户需求发生变化，很多时候来自建设方要求财务共享软件产品提供更多的智能自动化场景应用。只有以业务为驱动，融合信息技术的应用，实时、准确地获取用户对财务共享软件产品的需求，才能将财务共享软件产品的用户需求进行有效的映射，三维质量屋是在财务共享服务中心的用户需求与软件模块两个维度的基础上，增加了"变化"维度，从而能够将需求的变化通过矩阵传递到软件模块参数设计的变化，最终达到动态需求映射的目标。

当财务共享服务中心需求产生了变化之后，财务共享服务中心实施方的软件开发人员需要明确与变更需求相关联的变化量，并进行需求重要度分析，然后进行软件模块变化量和软件模块重要度分析，为了满足变化的需求，软件模块设计也必须作出相应的调整和改变，使得设计的财务共享软件产品尽可能地、较高程度地适应变化的需求，值得说明的是，用户需求和技术特性之间的映射并不是唯一的对应关系。用户需求的变化会导致软件的各种技术特性的方向发生变化，这些技术特性取向要求不仅为问题的解决提供了思路，还在实现这些技术特性取向要求的同时，也为问题的解决设置了多目标的约束条件。这对于技术特性与功能模块特性的映射也是一样的情况。因此，财务共享服务中心用户需求的映射必须要综合考虑各方面的约束条件和复杂的对应关系，响应用户需求的动态变化，使得财务共享软件产品尽可能对变化的需求具有更高的适应性。

在财务共享服务中心软件开发过程中，不仅需求与软件体系结构的改进是一渐进迭代的过程，需求变化影响的传播过程也是一个逐步迭代和修正的过程。QFD 作为一种设计阶段的质量保证方法，着重于需求与软件体系结构的映射和匹配，而基于动态的软件需求变更映射方法以软件开发中的需求变更为解决对象，以基于三维质量屋的动态质量功能展开为主要研究思路，把动态的软件需求有效地转换成技术特性，并一层一层地顺次展开，映射到软件开发设计过程中去。财务共享服务中心软件需求变更映射方法如图 5 – 18 所示。

财务共享服务中心运营管理阶段用户需求到软件模块动态映射的步骤通常由五步组成，具体如下。

第一步，根据第 1 章的需求建模或获取策略对需求进行获取和分析。

第二步，利用质量功能展开 QFD 分析用户需求与软件体系结构的模块层的关系。

第三步，在财务共享服务中心用户需求与软件模块之间相关关系的基

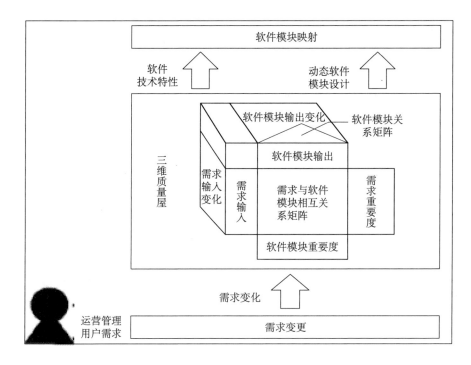

图 5-18　财务共享服务中心软件需求变更映射方法

础上，将用户需求的重要度转换为软件模块的重要度。

第四步，采用 DSM 进行各软件模块互相关性分析。

第五步，将 QFD 与 DSM 方法相结合，构建出需求与软件体系结构的复合关系矩阵，显示功能需求与软件模块的映射关系和各个软件模块的互相关性。

5.6　实例研究

下面以 ZJRH 集团的财务共享软件产品供应商 LC 集团（以下称为 L 供应商）为对象，研究初始建设阶段用户需求与财务共享软件产品模块静态映射模型和运营管理阶段用户需求与软件模块动态映射模型，分析用户需求与软件模块的相关性、确定软件模块的重要度、分析软件模块之间的互相关性，并对需求演化下的软件模块进行调整或修改。

5.6.1 研究背景

L 供应商在将 ZJRH 集团财务共享服务中心的需求映射到软件模块的研究背景从现状描述、存在的问题来进行，并以费用报销流程为例分析需求，包括初始建设阶段需求和运营管理阶段需求，再根据前面对需求的评价确定需求的权重。

1. L 供应商财务共享软件产品现状描述。L 供应商作为 ZJRH 集团的财务共享软件产品供应商，其提供的财务共享软件产品 GS7（以下简称 GS7），包括财务共享系统、财务会计系统、合同管理系统、税务管理系统、资产管理系统、资金管理系统等产品。

L 供应商为 ZJRH 集团提供财务共享、财务会计、资金管理、税务管理等软件服务时，不仅要充分了解用户表达的需求，还要深入分析满足需求需要注意的关键问题；同时，L 供应商的软件开发人员需要在软件设计、配置、测试等一系列措施中不断优化和调整功能模块，得以更好控制软件变更风险。用户在使用财务共享软件产品服务的过程中对软件需求变更将提交"需求变更申请表""故障建议隐患报告""需求变更验收单"等文件，如表 5 - 16 所示。例如，以前提供的需求有了新的标准或者要求，用户企业的相关部门要提交"软件需求变更申请表"，如表 5 - 17 所示。

表 5 -16　　　　　　　　　　产品需求变更申请文件

报告名称	提交时间
月度服务报告	每月 10 日前
季度服务报告	合同季度一次
故障建议隐患报告	事件升级问题时提交
需求变更申请表	申请变更时提交任务单
变更计划	变更前提交
恢复计划	变更前提交
需求变更任务单报告	每次变更由 SE 确认开发人员、天数之后交由开发组审核
需求变更验收单	每次开发完成并由用户确认满意后提交

表 5 − 17 产品需求变更申请表

软件需求变更申请表

客户名称：		项目经理：
项目名称：		用户单位：
需求部门：		申请个人：
提出时间：		完成时间：
需求人员：		预估工时：
变更类型	☐ 新增　　☐ 优化 ☐ 体验　　☐ 修改	
变更原因		
涉及文档	☐ 原合同　　☐ 延期　　☐ 需签订补充合同或协议 ☐ 新需求　　☐ 不延期　☐ 不需签订补充合同或协议	
需求描述		
功能描述		
开发时长		

　　L 供应商在收到用户的"软件需求变更申请表"之后，由软件系统工程师确认开发人员、开发天数等因素，然后由开发组审核，审核后，再开始执行用户需求财务共享软件产品映射开发过程。

　　2. L 供应商现有提供财务共享软件产品映射存在的问题。L 供应商在为 ZJRH 集团提供财务共享软件产品时，存在产品模块冗余、需求空间与产品空间分离、需求演化导致产品风险等问题。

　　（1）产品模块冗余。财务共享软件产品的实现是软件厂商根据需求进行软件的二次开发，因此需要进行财务共享服务中心需求与软件模块的映射与转换。目前 L 供应商提供的财务共享软件产品由于需求与软件模块间存在一对一、一对多和多对多的关系，而软件模块之间又存在交叉和独立关系，所以软件模块存在冗余。

　　（2）需求空间与产品空间分离。传统的软件开发模型将软件生命周期划分为需求空间和产品空间。需求空间面向以自然语言为代表的用户需求领域，产品空间面向以程序代码为代表的产品设计领域。通俗来说，一个解释"做什么"，是面向用户的；一个明确"怎么做"，是面向开发者的。

在瀑布模型中，需求空间是产品空间的输入，只有完成需求分析，才能开始产品的设计和开发，两者之间是有先后顺序的，但是需求分析的结束时间与产品开发的开始时间之间并没有确切的界限。况且，需求空间作用于产品空间，产品空间也作用于需求空间，两者是相互的，不能割裂开来。

L 供应商目前也是将需求分析阶段的需求规格描述看成需求空间，设计阶段的软件体系结构作为体系结构空间。需求空间关注系统的行为，体系结构空间关注系统的结构以及关于系统的设计决策等。然而需求空间和体系结构空间的关系应该是联系的、互补的，而不是割裂的，将需求视为需求空间、软件体系结构视为体系结构空间，是对问题理解的必要，却不代表需求和软件体系结构之间的绝对差异，所以 L 供应商目前的软件开发方法将软件需求与设计分割开来会对整个软件开发过程带来极其不利的影响。

（3）需求演化导致产品风险。在获取用户的需求时，由于用户与软件开发人员的专业背景的差异，在软件开发的早期往往很难获得完整、准确的需求。但是在软件开发的进程中，用户与软件开发者之间的沟通与交流逐渐增多，彼此之间的了解不断加强，需求也就产生了变化。同时，大数据、RPA、云计算等新一代信息技术在快速发展中，使得用户的传统需求向智能化需求转变，导致财务共享软件产品亟须升级换代。在软件开发过程中，不同的实体（如需求、组件、体系结构、产品等）都是相互依存的，任何实体的任何变化都可能导致其他相关实体发生变化。需求空间的动态性和易变性导致需求与软件体系结构的映射也会随着需求空间的变更而改变，将导致产品开发过程存在隐藏风险，从而使得软件变更项目出现质量下降、成本增加和工期延长等问题。同时，需求空间的动态性又会影响到体系结构空间的状态，进而给软件开发带来风险。由于智能化技术对传统财务管理领域的不断冲击，企业的财务和业务处理流程不断更新，进而相应的需求也在不断演化，而 L 供应商目前在需求动态演化下财务共享软件产品映射的处理方法还有待优化。

3. 财务共享软件产品的需求分析。本小节不仅对 ZJRH 集团报销流程的需求进行分析，还依据前面的方法论分别确定静态映射和动态映射下的需求权重，作为静态映射模型和动态映射模型的依据。

（1）需求分析。目前 L 供应商的财务共享软件产品趋于成熟，在大数据、人工智能的背景下，为实现财务共享产品的自动化、数字化、智能化，

L供应商运用新兴技术优化财务共享软件产品，提高产品市场竞争力的同时提升了用户满意度。管控服务型财务共享软件产品实现业务驱动财务转型，将税务管理模块、报表管理模块、费用预算管理模块以及运营管理模块全面纳入现有管理模块，助力开发管控与服务并重的财务共享软件产品。

随着财务共享服务中心实现财务流程自动化、账务处理数字化、数据资产化以及管理的智能化，各项业务流程出现创新以及重构，因此需要基于各项业务流程对动态演化的用户需求重新进行分析，考虑智能技术对财务共享软件产品用户需求的影响。目前，智能技术被广泛应用在财务共享平台中，例如自动认证查验、智能票据识别、进项票据共享智能对接报账核算、智能算税、智能申报应用在税务管理流程中；扫描 OCR 识别、影像扫描应用在付款申请流程中；资金自动调拨、银企直联支付、资金余额日报应用在资金管理流程中。

L供应商承接了 ZJRH 集团的财务共享软件产品项目，为 ZJRH 集团构建以会计服务、集团管控、价值创造为主要战略定位的财务共享服务中心提供支持。本节利用前面提出的以质量屋为基础的初始用户需求与软件模块静态映射模型和以三维质量屋为基础的演化用户需求与软件模块动态映射模型，以 ZJRH 集团财务共享服务中员工费用报销业务活动为例，对其费用报销系统实施需求动态映射策略。

由于 L供应商提供的财务共享软件产品子系统较多，且 ZJRH 集团是大型建筑公司，员工的费用报销业务较多，因此本书选择费用报销系统作为对象，对其需求进行分析。员工费用报销业务流程分为电子流和实物流，其中电子流主要是报销申请、领导审批、财务审核、凭证生成和付款；实物流主要是原始单据提交和凭证保管。员工费用报销业务流程如图 5 – 19 所示。

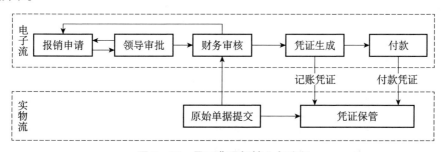

图 5 – 19　员工费用报销业务流程

根据上述对员工费用报销业务活动的描述与需求分析，将其初始建设需求归结为报销申请、报销审批、报销审核、接收票据、凭证生成、资金支付和账表编制七个需求来表示，其形式化表示为 $C = \{C_1, C_2, C_3, C_4, C_5, C_6, C_7\}$。

随着财务自动化、智能化和数字化的推进，机器学习、OCR 识别、RPA 技术等技术应用在了财务管理领域。因此，费用报销业务活动的需求发生演化，形成了费用报销自动化的运营管理用户需求。具体来说，将费用报销自动化需求归结为智能提单、智能审核、自动付款、自动账务处理、自动生成报表、费用分析六个更细粒度的运营管理用户需求，其形式化表示为 $FR = \{FR_1, FR_2, FR_3, FR_4, FR_5, FR_6\}$。

（2）基于 AHP 的需求重要度计算。考虑到费用报销系统需求项目之间关系复杂，采用 AHP 专家群组决策的方式进行重要度计算，最终得到需求的重要度。邀请 L 供应商和 ZJRH 集团公司多名具有 10 年以上相关系统管理和开发经验的技术专家填写费用报销系统需求重要度评判专家问卷，对费用报销活动的需求进行打分，将打分结果进行几何平均，从而得到费用报销系统需求重要度判断矩阵。

需求重要度判断矩阵中的数据通过 AHP 方法进行计算，可以得到需求"费用报销申请 C_1""费用报销审批 C_2""费用报销审核 C_3""接收票据上传 C_4""凭证生成 C_5""资金支付 C_6""账表编制 C_7"的重要度权重，如表 5-18 所示。一致性比率 $C = 0.024 < 0.1$，符合一致性检验。初始建设需求重要度排序依次为接收票据 C_4 > 报销申请 C_1 > 报销审批 C_2 > 报销审核 C_3 > 凭证生成 C_5 > 资金支付 C_6 > 账表编制 C_7。

表 5-18　　　　　　　　　　初始建设需求权重

需求	权重	一致性比率
报销申请	0.171	
报销审批	0.134	
报销审核	0.133	
接收票据	0.371	0.024
凭证生成	0.085	
资金支付	0.061	
账表编制	0.046	

在财务共享服务中心的运营管理过程中，需求发生变化，其运营管理需求权重如表 5 – 19 所示。运营管理需求重要度排序依次为 FR_4 自动账务处理 > FR_2 智能审核 > FR_1 智能提单 > FR_3 自动付款 > FR_5 自动生成报表 > FR_6 费用分析。

表 5 – 19　　　　　　　　　　　运营管理需求权重

用户需求	权重
智能提单	0.171
智能审核	0.178
自动付款	0.117
自动账务处理	0.371
自动生成报表	0.084
费用分析	0.079

5.6.2　初始建设阶段用户需求到软件模块的映射

以 ZJRH 集团的费用报销业务为例，在其财务共享服务中心的初始建设阶段，有报销申请、报销审批、报销审核、接收票据、凭证生成、资金支付、账表编制等需求，L 供应商在开发软件时将这些需求映射到各个模块，分析用户需求与软件模块的相关性，对软件模块的重要度进行评价，在映射过程中根据模块之间的影响度修改软件模块重要度，为初始建设需求到软件模块的映射提供理论支撑，加快建设周期，节约开发成本。

1. 初始用户需求与软件模块相关性分析。财务共享软件平台包括了传统财务共享平台的所有业务子系统，包含费用管理、资金管理、应收管理、应付管理、总账管理以及预算执行等模块，同时也有一系列运营管理平台、底层基础平台以及传统财务共享平台之外的创新系统，比如财务共享系统、采购共享系统和税务共享体系。本书研究的财务共享软件产品费用报销业务所涉及的软件模块主要包括网上报账软件模块、凭证管理软件模块、银企互联软件模块、发票管理软件模块和账簿管理软件模块，如图 5 – 20 所示。在这里，将网上报账软件模块、凭证管理软件模块、发票管理软件模块、银企互联软件模块以及账簿管理软件模块表示为 N = {N_1，N_2，N_3，N_4，N_5}。

网上报账模块的主要功能是实现报账信息的采集、审批和传递；凭证

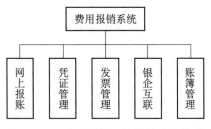

图 5－20　费用报销系统模块功能构成

管理模块是财务人员进行记账凭证编制的功能模块；账簿管理模块是财务人员以会计凭证为依据登记账簿，对全部经济业务进行全面、系统、连续、分类的记录和核算。发票管理模块通过接收并保管电子发票，以信息系统承载业务处理流程。银企互联模块是企业财务软件系统与银行网上系统在线连接的接入方式，整合银企信息和系统资源，使得企业结算更加高效、便捷，保证资金安全。

　　根据费用报销业务流程用户需求与软件模块的对应关系，构建用户需求与软件模块的关系矩阵。用户需求 C_1、C_2、C_3 与软件模块 N_1 有关联关系，用户需求 C_4 与软件模块 N_2 有关联关系，用户需求 C_5 与软件模块 N_3 有关联关系，用户需求 C_6 与软件模块 N_4 有关联关系，用户需求 C_7 与软件模块 N_5 有关联关系。将用户需求与软件模块的相互关系映射成关系矩阵 B_{ij}，根据式（5－2）对用户需求与模块间关联关系进行评价：

$$B_{ij} = \begin{vmatrix} 1 & 0 & 0 & 0 & 0 \\ 1 & 0 & 0 & 0 & 0 \\ 1 & 0 & 0 & 0 & 0 \\ 0 & 1 & 0 & 0 & 0 \\ 0 & 0 & 1 & 0 & 0 \\ 0 & 0 & 0 & 1 & 0 \\ 0 & 0 & 0 & 0 & 1 \end{vmatrix}$$

　　2. 考虑用户需求的软件模块重要度评价。利用式（5－3），将用户需求矩阵和用户需求与软件模块的相互关系矩阵相乘，得到矩阵。矩阵表示面向需求的模块重要度 M_j 为（0.466，0.371，0.074，0.053，0.036），可知费用报销业务中各模块的重要度排序依次为网上报账模块 > 发票管理模块 >

凭证管理模块 > 银企互联模块 > 账簿管理模块。

3. 软件模块重要度修正。根据上一节财务共享软件产品的软件模块重要度评价结果 $M_j = (0.466, 0.371, 0.074, 0.053, 0.036)$。利用 DEMA-TEL，将软件模块相互影响的有向图通过矩阵形式表达出来。

（1）形成直接影响矩阵 G：

$$G = \begin{bmatrix} 0 & 0 & 0 & 0 & 0 \\ 5 & 0 & 0 & 0 & 0 \\ 4 & 0 & 0 & 0 & 0 \\ 3 & 0 & 0 & 0 & 0 \\ 3 & 2 & 1 & 1 & 0 \end{bmatrix}$$

（2）根据式（5-4），得到规范影响矩阵：

$$D = \begin{bmatrix} 0 & 7 & 0 & 0 & 0 \\ \dfrac{5}{7} & 0 & 0 & 0 & 0 \\ \dfrac{4}{7} & 0 & 0 & 0 & 0 \\ \dfrac{3}{7} & 0 & 1 & 0 & 0 \\ \dfrac{3}{7} & \dfrac{2}{7} & \dfrac{1}{7} & \dfrac{1}{7} & 0 \end{bmatrix}$$

（3）根据式（5-5），将矩阵标准化，求出总影响关系矩阵 T，然后根据式（5-6），计算出财务共享软件产品模块的修正重要度：

$$M_j = (0.423, 0.389, 0.094, 0.053, 0.041)$$

5.6.3 运营管理阶段用户需求到软件模块的映射

财务共享软件产品不可能是一直不变的，与之相反，因为业务的变化发展和技术的升级迭代，需求会发生演化，甚至会出现一些新的需求。本小节考虑 ZJRH 集团的运营管理阶段用户需求，分析运营管理阶段用户需求与软件模块之间的关联，计算软件模块的重要度，分析软件模块互相关性，最后分析需求演化对软件模块带来的影响并修正。

1. 运营管理阶段用户需求与软件模块关联分析。随着 RPA、OCR 等信息技术的发展，费用报销流程中出现了智能化、自动化的需求。在新技术引领下的员工费用报销过程中，财务共享软件系统帮助企业实现智能提单、智能审核、自动付款、自动账务处理、自动生成报表、费用分析等自动化、智能化处理。将网上报账软件模块、财务会计软件模块、影像管理软件模块、银企互联软件模块、预算管理软件模块以及决策支持软件模块表示为 $S = \{S_1，S_2，S_3，S_4，S_5，S_6\}$。

员工收集报销发票和单据，发起报销申请。机器人接收报销申请，下载报销单据，使用 OCR 技术自动识别匹配各类发票和单据信息，再自动根据报销规则生成报销单，发送至业务领导审批。审批通过后，由机器人对发票真伪、重复报销、报销标准、预算控制进行自动审查；同时由人工对异常和例外情况进行审核，对于有问题的申请，需要与申请人进行沟通。审核通过后，由机器人自动生成付款单，并依据付款计划执行付款操作。付款完成后，机器人根据记账规则自动生成凭证，自动提交凭证、过账，并生成报表。机器人自动进行数据分析，生成分析报告，并对异常情况进行警示，自动生成邮件并发送至相关财务人员。

根据费用报销业务活动的运营管理阶段用户需求与软件模块的对应关系，构建用户需求与软件模块的关系矩阵如图 5 – 21 所示，其中●表示需求与软件模块有关联关系，即需求 FR_1 与软件模块 S_1、S_3 有关联关系，FR_2 与软件模块 S_1、S_5 有关联关系，需求 FR_3 与软件模块 S_4 有关联关系，需求 FR_4、FR_5 与软件模块 S_2 有关联关系，需求 FR_6 与软件模块 S_6 有关联关系。

	S_1	S_2	S_3	S_4	S_5	S_6
FR_1	●		●			
FR_2	●				●	
FR_3				●		
FR_4		●				
FR_5		●				
FR_6						●

图 5 – 21　用户需求与软件模块关系矩阵

将需求与软件模块相互关系矩阵用二元数字填充，映射成数值关系矩阵 M_{fs}，即●用数值 1 表示，空白用数值 0 表示。

$$M_{fs} = \begin{vmatrix} 1 & 0 & 1 & 0 & 0 & 0 \\ 1 & 0 & 0 & 0 & 1 & 0 \\ 0 & 0 & 0 & 1 & 0 & 0 \\ 0 & 1 & 0 & 0 & 0 & 0 \\ 0 & 1 & 0 & 0 & 0 & 0 \\ 0 & 0 & 0 & 0 & 0 & 1 \end{vmatrix}$$

2. 软件模块重要度计算。由费用报销各需求的重要度权重，计算出各个软件模块的重要度权重，可知在财务共享软件产品的费用报销系统中各模块的重要度排序依次为网上报账软件模块 > 影像管理软件模块 > 财务会计软件模块 > 银企互联软件模块 > 预算管理软件模块 > 决策支持软件模块，如表 5 – 20 所示。

表 5 – 20　　　　　　　　　财务共享软件模块重要度权重

软件模块	权重
网上报账	0.438
影像管理	0.371
财务会计	0.085
银企互联	0.051
预算管理	0.036
决策支持	0.020

3. 软件模块互相关性分析。分析费用报销流程，可表达出网上报账软件模块、财务会计软件模块、银企互联软件模块、影像管理软件模块、预算管理软件模块和决策支持软件模块的相互关系，如图 5 – 22 所示。

根据软件模块的依赖矩阵，其中▲表示软件模块自相关性，●表示软件模块（列）与软件模块（行）存在交互关系，且是列指向行，即软件模块 S_1 对软件模块 S_3 有数据流入，软件模块 S_2 对软件模块 S_1 和 S_5 有数据流入，软件模块 S_3 对软件模块 S_4 和 S_5 有数据流入，软件模块 S_4 对软件模块 S_5 有数据流入，如图 5 – 23 所示。

将软件模块依赖关系矩阵用二元数字填充，映射成数值关系矩阵 M_{ss}，即●和▲用数值 1 表示，空白用数值 0 表示。

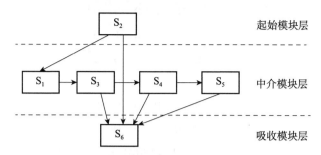

图 5 - 22   财务共享服务软件模块依赖关系

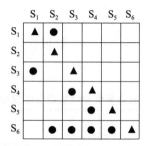

图 5 - 23   软件模块依赖关系矩阵

$$M_{ss} = \begin{vmatrix} 1 & 1 & 0 & 0 & 0 & 0 \\ 0 & 1 & 0 & 0 & 0 & 0 \\ 1 & 0 & 1 & 0 & 0 & 0 \\ 0 & 0 & 1 & 1 & 0 & 0 \\ 0 & 0 & 0 & 1 & 1 & 0 \\ 0 & 1 & 1 & 1 & 1 & 1 \end{vmatrix}$$

4. 需求演化下软件模块变更影响模型应用。近年来，随着财务自动化、智能化和数字化的推进，机器学习、语音识别、OCR 识别、数据挖掘、RPA 技术、知识图谱、文本挖掘、自然语言处理等技术应用在了财务共享服务中心，ZJRH 集团在费用报销方面的需求变化趋势如表 5 - 21。

表 5 - 21   ZJRH 集团在费用报销方面的需求变化趋势

运营管理 用户需求	变化的 可能性	技术支持	变化源头
智能提单	大	RPA 技术、OCR 技术	报销申请
智能审核	大	RPA 技术	报销审核

运营管理 用户需求	变化的 可能性	技术支持	变化源头
自动付款	大	RPA 技术	资金支付
自动账务处理	大	RPA 技术、大数据技术	凭证生成
自动生成报表	大	RPA 技术	—
费用分析	大	RPA 技术	—

　　费用报销业务活动的需求发生变化，可以用向量来表示。例如需求 FR_1 和需求 FR_2 发生变化，就可以用向量 $\Delta f = (\Delta, \Delta, \Delta, \cdots, \Delta)$ 来表示，Δ 表示它所在位置的需求发生变化，分析需求变化对软件模块变更传播影响，就是确定需求的一个子集（部分需求）发生变化时对软件模块的影响范围和影响程度。

　　根据需求与软件模块的关系矩阵 M_{fs} 和软件模块自身相互关系矩阵 M_{ss}，需求变化对软件模块的变化传播影响可以通过等式计算出来：

$$\Delta s = \Delta f \times M_{fs} \times M_{ss}^T$$

　　这一等式描述了需求变化对软件模块影响的变化传播过程。基于 ZJRH 集团费用报销需求变换趋势。假设需求智能提单 FR_1、智能审核 FR_2、自动付款 FR_3、自动账务处理 FR_4、自生成报表 FR_5 和费用分析 FR_6 变化，并将需求变化向量表示为 $\Delta f = (\Delta, \Delta, \Delta, \Delta, \Delta, \Delta)$，这样可以根据（式 5-1）计算得到软件模块影响向量：

$$\Delta s = \Delta f \times M_{fs} \times M_{ss}^T$$

$$= (\Delta, \Delta, \Delta, \Delta, \Delta, \Delta) \times \begin{vmatrix} 1 & 0 & 1 & 0 & 0 & 0 \\ 1 & 0 & 0 & 0 & 1 & 0 \\ 0 & 0 & 0 & 1 & 0 & 0 \\ 0 & 1 & 0 & 0 & 0 & 0 \\ 0 & 1 & 0 & 0 & 0 & 0 \\ 0 & 0 & 0 & 0 & 0 & 1 \end{vmatrix} \times \begin{vmatrix} 1 & 0 & 1 & 0 & 0 & 0 \\ 1 & 1 & 0 & 0 & 0 & 1 \\ 0 & 0 & 1 & 1 & 0 & 1 \\ 0 & 0 & 0 & 1 & 1 & 1 \\ 0 & 0 & 0 & 0 & 1 & 1 \\ 0 & 0 & 0 & 0 & 0 & 1 \end{vmatrix}$$

$$= (4\Delta, 2\Delta, 3\Delta, 2\Delta, 2\Delta, 6\Delta)$$

　　需求 FR_1、FR_2、FR_3、FR_4、FR_5 和 FR_6 发生变化传播影响了全部软件模块，其对软件模块 S_1 的影响程度是 4Δ，对软件模块 S_2 的影响程度是 2Δ，

对软件模块 S_3 的影响程度是 3Δ，对软件模块 S_4 的影响程度是 2Δ，对软件模块 S_5 的影响程度是 2Δ，对软件模块 S_6 的影响程度是 6Δ。

5.6.4 研究小结与相关建议

本小节对 L 供应商在财务共享服务中心用户需求与软件模块映射模型上的应用研究进行小结，并提出相关建议，为财务共享服务软件的供应商进行软件产品开发提供参考和借鉴。

1. 研究小结。财务共享软件产品的模块配置满足用户的定制服务，即各个企业使用的财务共享软件产品是有差异性的，为了更好地使 L 供应商在用户初始建设阶段提出初始需求以及在运营管理阶段提出演化需求和新需求，准确、高效地将这些用户需求映射到软件模块，通过将本书构建的基于质量屋的初始建设阶段用户需求与软件模块静态映射模型、基于三维质量屋的运营管理阶段用户需求与软件模块动态映射模型应用到 L 供应商的软件开发过程，以提高 ZJRH 集团财务共享服务中心的建设成效。

（1）分析 L 供应商为 ZJRH 集团提供财务共享软件产品的研究背景。通过对 L 供应商提供财务共享软件产品的现状进行描述，发现在映射过程中存在的问题，从而对 L 供应商应用映射模型。并以 ZJRH 集团的费用报销业务为例，对需求进行分析，确定了报销申请、报销审批、报销审核、接收票据、凭证生成、资金支付和账表编制 7 个初始建设阶段需求，以及智能提单、智能审核、自动付款、自动账务处理、自动生成报表、费用分析 6 个运营管理阶段需求，根据前面的 AHP 法确定需求重要度，为模型的应用奠定基础。

（2）应用基于质量屋的初始建设阶段用户需求与软件模块静态映射模型。分析初始建设阶段用户需求与软件模块的对应关系，构建初始建设阶段用户需求与软件模块的关系矩阵；依据初始建设阶段用户需求的重要度，确定软件模块的重要度；确定软件模块相互影响有向图，并通过矩阵形式表达出来，以对软件模块的重要度进行修正，使得需求能够在软件中得到高效映射，加快财务共享服务中心的建设。

（3）应用基于三维质量屋的运营管理阶段用户需求与软件模块动态映射模型。分析运营管理阶段用户需求与软件模块的对应关系，构建运营管理阶段用户需求与软件模块的关系矩阵；依据运营管理阶段用户需求的重要度，确定软件模块的重要度；根据软件模块之间的相互关系，构建软件模块的依赖矩阵；计算需求变更对软件模块的影响程度，使得财务共享服务中心的运营管理阶段能够高效地应对需求变更。

2. 相关建议。为了让 L 供应商有效实施财务共享服务中心用户需求与软件模块映射策略，针对 ZJRH 集团，提出以下建议。

（1）实施过程中依据 ZJRH 集团业务流程和财务活动现状获取和分析用户需求。财务共享服务中心的功能需求是复杂多样的，由于各个企业的发展阶段和业务模式存在差异。因此，在获取 ZJRH 集团财务共享服务中心的需求时，要结合单位的业务流程和财务活动现状，对需求进行提取和分析。

（2）考虑需求之间的相互影响和依赖，做好需求变更影响在软件模块之间的传播分析。通过对 L 供应商的财务共享软件产品进行研究，可知财务共享软件产品所涉及功能模块种类繁多。在运用基于三维质量屋进行用户需求与软件模块动态映射模型时，应当充分考虑软件模块的各个功能特性以及功能特性之间的勾稽关系，对其进行聚类划分，从而更好地分析软件模块之间的关系。

（3）优化项目开发人员配置，控制软件变更周期和研发成本。由于 ZJRH 集团的软件变更申请合同中经费和工期的限制，L 供应商根据自身单位软件开发人员的技术特性和时间安排，做好项目开发人员的最优化配置，以控制软件更新项目的研发风险，进而缩短项目周期和降低项目成本。

第 6 章

财务共享服务中心的实现路径研究

　　财务共享服务中心的实现路径研究是面向建设方和实施方在需求方面的选择与实施规划。由于建设方和实施方在财务共享服务中心建设过程中面临的制约因素不同，因此需要从建设方和实施方两个角度对其进行最优规划。需求的最优化选择有助于为建设方提供科学的规划和实施方案，而需求的优先级排序有助于实施方优化财务共享服务软件产品研发与实施流程。鉴于此，本章在对财务共享服务中心实现路径进行理论分析和研究框架构建的基础上，从建设方角度研究考虑需求重要性、需求预算、变革风险和技术成熟度等约束条件下基于需求的总体价值进行最优化的需求选择问题，从实施方角度研究考虑需求价值、需求的共享程度、需求之间的协同程度、需求实现的技术复杂程度等影响的需求优先级排序，然后从总体框架和运作机理方面论述了财务共享服务中心的实施策略，最后以 ZJRH 集团和 L 供应商为例进行了实例研究。

6.1　理论分析与研究思路

6.1.1　理论分析

　　财务共享服务中心的实现涉及建设方和实施方两个主体，其实现路径研究是面向建设方在需求获取后如何基于总体价值最大化从众多需求中进行最优化的需求选择，面向实施方则是在建设方确定需求后如何从提高交付质量和用户满意度的角度对需求进行优先级排序，以实现科学的项目管理。具体而言，财务共享服务中心的实现受到多种条件的约束，从建设方的角度，需要考虑需求价值、需求预算、变革风险与技术成熟度约束条件限制等问题，以最优化的需求选择实现建设方总体价值的最大化；从实施方的角度，财务共享服务中心的实现应考虑科学的项目管理和技术管理，如何在需求价值、需求共享程度、需求之间的协同程度以及需求实现的技术复杂程度等诸多因素的影响下科学地安排需求实施的优先级，这对提高项目管理水平，提高产品交付质量和用户满意度具有重要意义。

为了进行财务共享服务中心实现路径研究，笔者问卷调查了企业财务共享服务中心建设实施具体情况，超过 50% 的被调查企业表示，预算限制是建设方实施财务共享服务中心的重要约束条件，此外，开发项目工期、开发人员技术能力、技术成熟度也成为重要影响因素，系统环境与管理水平成为实施财务共享服务中心的其他主要阻碍因素，具体情况分析如图 6 - 1 所示。

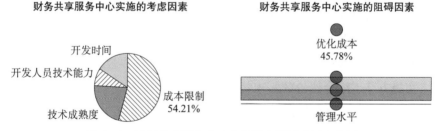

图 6 - 1 财务共享服务中心实施的主要影响因素分析

财务共享服务中心的实现需要在考虑预算、价值、技术、风险等诸多因素下进行科学合理的需求实施规划。当前，大数据、RPA、人工智能等新一代信息技术的引入使得财务共享服务中心建设实施的复杂度成倍增加，实施方面临着复杂的增强需求实现和复杂的需求技术实现等多种影响因素的挑战。鉴于此，本书从建设方和实施方的角度研究财务共享服务中心的实现路径，具体研究主题和理论分析如下。

（1）面向建设方的复杂约束条件下财务共享服务中心实施规划。从建设方（企业）的角度，需求增多使得财务共享服务中心的实施变得庞大，并且在需求价值、需求预算、变革风险以及技术成熟度等复杂约束条件下，一味单纯地将所有需求实现，反而无法在较低投入下获得边际效益，从而增加项目负担，需求总体价值不高。实际上，建设方需要根据用户需求相互关系以及重要度，找到合适的需求评价起点和侧重点，构建在需求价值、需求预算、变革风险以及技术成熟程度约束条件下需求选择的求解函数模型，规划合理的需求选择方案。

（2）面向实施方的需求优先级财务共享服务中心实施规划。建设方对财务共享服务中心的建设存在较高的交付质量和用户满意度需求，这就要求实施方在需求的复杂性、技术的复杂性等多重因素影响下，科学合理规划需求实施的优先级，以保障制定科学合理的实施规划。

6.1.2　研究思路

财务共享服务中心的实现路径研究涉及建设方和实施方两个主体，从建设方角度研究基于总体价值化的需求选择，从实施方角度研究需求优先级排序，其研究思路如图 6-2 所示。

如图 6-2 所示，建设方基于总体价值最大化的需求选择研究主要是需求的选择，通过 0-1 整数规划法，在需求价值、需求预算、变革风险以及技术成熟度的复杂约束条件下，以需求总体价值最大化为目标，对需求进行选择，针对需求实现的必要性和效益来进行需求的取舍。

实施方基于综合评价的需求优先级排序研究是针对需求价值、需求的共享程度、需求之间的协同程度以及需求实现的技术复杂程度等影响因素，建立评价指标体系，并对指标权重进行量化，最后使用层次分析法进行综合评价，根据评价分数确定需求的优先级排序。

6.2　建设方基于总体价值最大化的需求选择

6.2.1　需求选择的研究框架

建设方对财务共享服务中心实施的需求选择，通常是基于需求重要性、需求预算、变革风险和技术成熟度等复杂约束条件的考虑，如何进行需求选择以实现财务共享服务中心需求总体价值的最大化。建设方财务共享服

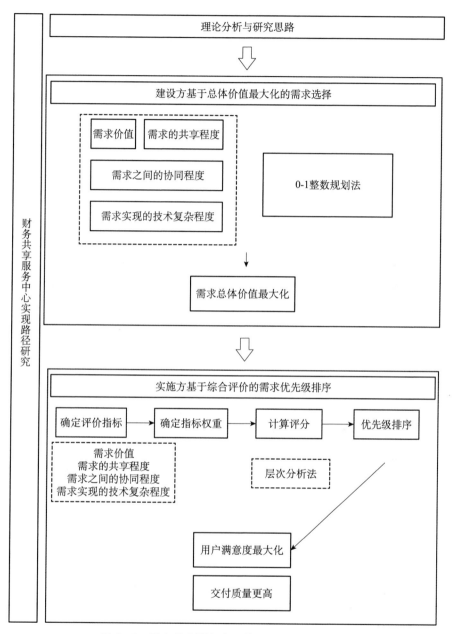

图 6-2　财务共享服务中心的实现路径研究思路

务中心需求选择研究框架如图 6-3 所示。

　　建设方以复杂约束条件和最优规划目标为导向，进行财务共享服务中

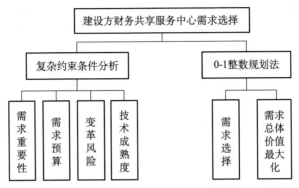

图 6 – 3　建设方财务共享服务中心需求选择研究框架

心的需求选择[①]。首先分析财务共享服务中心实施过程当中存在的各种复杂约束条件，即需求重要性、需求预算、变革风险和技术成熟度，然后选用0 – 1整数规划法构建约束条件下以需求总体价值最大化为目标的求解函数规划，最终规划得出财务共享服务中心实现路径最优方案。

6.2.2　需求选择的复杂约束条件分析

建设方在对财务共享服务中心进行需求选择时，通常受到需求重要性、需求预算、变革风险和技术成熟度等复杂约束条件的限制，利用函数模型和数学计算，通过适当的需求选择，求解需求总体价值最大化的实施规划方案。复杂约束条件的具体分析内容如下。

1. 需求重要性。需求重要性反映了财务共享服务中心建设中需求实施的意愿程度大小，需求重要性越高，实施的意愿越大，实施后带来的价值越高，因此在进行需求选择时目标制定时该项需求的目标权重也越高。

（1）需求重要性评价。建设方针对智能财务共享服务中心的各项功能需求进行重要性评价，分为"非常不重要""不太重要""一般""比较重要""非常重要"，分别用数值标度为1、2、3、4、5，用表示所有功能需求的重要度评价分值集合，如表6 – 1所示。

---

① 杨霁莞. 复杂约束条件下智能财务共享中心实现路径研究［D］. 重庆：重庆理工大学，2021.

表 6 - 1　　　　　　　　　　　　需求重要性调查问卷

需求	描述	非常重要	比较重要	一般	不太重要	非常不重要
N_i						
N_i						

整理功能需求重要度问卷调查结果，将评价结果进行汇总，其中 z_{ij} 为第 j 位评价人员对第 i 项功能需求的重要度的评价分值。$i \in (1, 2, \cdots, n)$，$j \in (1, 2, \cdots, m)$，如表 6 - 2 所示。

表 6 - 2　　　　　　　　　　　　需求重要性评价

需求	评价					
	U_1	U_2	$\cdots$	U_j	$\cdots$	U_m
N_1	z_{11}	z_{12}	$\cdots$	z_{1j}	$\cdots$	z_{1m}
N_2	z_{21}	z_{22}	$\cdots$	z_{2j}	$\cdots$	z_{2m}
$\cdots$	$\cdots$	$\cdots$	$\cdots$	$\cdots$	$\cdots$	$\cdots$
N_i	z_{i1}	z_{i2}	$\cdots$	z_{ij}	$\cdots$	z_{im}
$\cdots$	$\cdots$	$\cdots$	$\cdots$	$\cdots$	$\cdots$	$\cdots$
N_n	z_{n1}	z_{n2}	$\cdots$	z_{nj}	$\cdots$	z_{nm}

（2）设置需求权重。计算各项需求的加权平均重要度，用 $Z = (z_1, z_2, \cdots, z_n)$ 表示需求 $N = (N_1, N_2, \cdots, N_n)$ 的重要度，其中 z_n 表示第 n 项需求 N_n 的加权平均重要度，其函数表达式为：

$$z_n = \frac{\sum_{j=1}^{m} z_{nj}}{m} \tag{6-1}$$

2. 需求预算。财务共享服务中心的实施过程中，需求预算是定量指标，指财务共享服务软件需求实施投入的资金多少。建设方对于财务共享服务中心软件需求实施需要多少资金，其估算模型示例如表 6 - 3 所示。例如，通过对建设方的集团公司需要纳入共享体系的子公司是否同城、同业态、单账套的判断，来预估每个模块的实施"人天"数，根据需求模块以及项目组人员的级别和完成功能模块配置所需的人天数进行估算，不同的员工级别具有不同的标准成本率。

表6-3　　　　　　　　　模块实施的人力预算评估模型示例

模块的人力成本				a×h×4 000+b×h×2 000+d×h×1 000	
级别	标准模块及公共部分（实施人天）	调整系数	调整后人天（由评估者参照标准人天，综合用户单位规模、用户数、实施内容、产品成熟度、二次开发等因素调整系数后得出）	标准成本率（元/人天）	人力成本（实施人天×标准成本率）
专家	a	h	a×h	4 000	a×h×4 000
项目经理	b		b×h	2 000	b×h×2 000
高级顾问	c		c×h	2 000	c×h×2 000
实施顾问	d		d×h	1 000	d×h×1 000

3. 变革风险。财务共享服务中心的实施会对财务职能、财务组织架构、财务流程和财务人员等带来较大的变革，所产生的变革风险会影响实施计划、影响实施进度以及增加实施成本，甚至导致交付达不到预定要求。因此，财务共享服务中心实施过程中，需求实施的变革风险大小将直接关系到需求选择。一般情况下，风险较小的需求会得到优先选择。

财务共享服务中心的变革风险衡量由两部分组成，第一是风险事件发生的可能性；第二是风险发生后可能造成的损失。建设方采用 Delphi 法，评估变革风险，用函数表示为 $RE = P \times C$，其中 P 表示出现不尽如人意结果的可能性，C 表示与风险相关的损失程度[1]，具体如表6-4和表6-5所示。

表6-4　　　　　　　　财务共享服务中心变革风险概率标度尺

	非常可能	很可能	可能	或许	不太可能	不可能
概率	(0.8, 1)	(0.6, 0.8)	(0.4, 0.6)	(0.2, 0.4)	(0.02, 0.2)	(0, 0.02)
概率权重	5	4	3	2	1	0

① 徐敏. 成本控制视角下智能财务共享软件实施管理优化研究 [D]. 重庆：重庆理工大学，2021.

表 6 – 5　　　　　　　　财务共享服务中心模块实施风险影响因素评价表示例

	十分严重 （c = 100）	严重 （c = 75）	轻微严重 （c = 50）	可忽略 （c = 25）
性能	严重退化使根本无法达到要求的技术性能	技术性能有所下降	技术性能有较小的降低	技术技能将不会降低
支持	无法作出响应或无法支持的软件	在软件修改中有少量的延迟	较好的软件支持	易进行软件支持
成本	严重的资金短缺，很可能超出预算	资金不足，可能会超支	有充足资金来源	可能会低于预算
进度	无法在交付日期内完成	交付日期可能延迟	可完成进度计划	交付日期将提前

　　通过建立风险检查样表，针对具体需求的实施背景，评价每个需求的实现所带来的变革风险水平大小。由专家参照风险检查表，对发生风险事件的可能性程度进行选择，并对发生概率进行估算。根据公式 $RE = \sum_{i=1}^{n} p_i c_i$ 计算出各需求可能带来的风险事件的发生的风险概率与影响的乘积之和，即为该需求的变革风险，如表 6 – 6 所示。

表 6 – 6　　　　　　　　财务共享服务中心变革风险检查

可能的风险事件	概率 P	影响 C
项目人员开发和实施能力差		
项目开发人员是管理人员		
有挑战的进度要求		
项目人员流动		
项目团队沟通效果不好		
硬件设施不满足需求		
资金暂时不能回收		

　　4. 技术成熟度。在财务共享服务中心实施过程中，技术成熟度是用来衡量实现该需求所涉及的技术是否已经被熟练运用，以及二次开发的范围占原始标准总体范围的程度。需求所涉及的技术成熟度越高，说明该需求实现程度越容易，就更加具备原有项目的经验积累，便可以优先实施。技术成熟度采用专家打分法，专家采用 1 ~ 9 的分值进行需求技术成熟度的评

分，分值越大，表示该需求的技术成熟度越高。

6.2.3 基于 0-1 整数规划法的需求选择

在对需求选择的约束条件进行分析和确定后，下面将引入 0-1 整数规划进行需求选择研究。

1. 0-1 整数规划法。0-1 规划法作为一种特殊形式的整数规划法，将决策变量仅取值为 0 或 1，即 0-1 变量或二进制变量。因为一个非负整数都可以用二进制记数法，用若干个 0-1 变量表示。实际上，凡是有界变量的整数规划都可以转化为 0-1 规划来处理。0-1 规划法非常适用于只有两个选择方案的问题求解，对诸如进行取舍、有无、开关等问题所反映的离散变量间的逻辑关系、顺序关系以及互斥的约束条件进行量化描述，因此 0-1 规划常用于求解互斥计划问题、约束条件互斥问题、固定费用问题和指派问题等。

0-1 整数规划问题是整数规划问题的一种，即变量只取 0 和 1 的整数规划问题。将决策变量定义为 d_i，则基于 0-1 规划法的决策问题表示如下：

$$d_i = \begin{cases} 1, & \text{实施该方案} \\ 0, & \text{不实施该方案} \end{cases}$$

采用 0-1 整数规划法构建的约束条件下的规划模型一般形式如下：

$$\max(\min)G = c_1 d_1 + c_2 d_2 + \cdots + c_n d_n$$

$$\begin{cases} a_{11}d_1 + a_{12}d_2 + \cdots + a_{1n}d_n \leqslant (=, \geqslant) b_1 \\ a_{21}d_1 + a_{22}d_2 + \cdots + a_{2n}d_n \leqslant (=, \geqslant) b_2 \\ \cdots \\ a_{m1}d_1 + a_{m2}d_2 + \cdots + a_{mn}d_n \leqslant (=, \geqslant) b_m \\ d_i \in [0, 1] \end{cases}$$

其中，$\max(\min)G = c_1 x_1 + c_2 x_2 + \cdots + c_n x_n$ 为目标函数，括号中的表达式为约束方程或约束条件。

2. 基于 0-1 整数规划法的需求选择。财务共享服务中心建设是一项面向诸多需求实施的系统工程。由于企业自身资源有限，可能导致需求并不能得到全部的实现，因此需要明确基于总体价值最大化目标进行需求选择决策，选择时要考虑需求重要性、需求预算、变革风险和技术成熟度约束条件。采用 0 - 1 整数规划法，即设定需求决策变量为d_i，将决策变量取值范围定义为$d_i \in \{0, 1\}$，表示如下：

$$d_i = \begin{cases} 1, & \text{选择实施该需求} \\ 0, & \text{放弃实施该需求} \end{cases} \qquad (6-2)$$

3. 需求总体价值最大化目标函数建立。财务共享服务中心的需求选择，首先应当明确建设方需求最优规划目标，即总体需求价值最大化。因此，将建设方总体需求价值最大化作为需求选择下的实施规划的目标，需求$N = (N_1, N_2, \cdots, N_n)$的最优规划目标值 $MaxG(\omega)$ 越大或 $MinG(\omega)$ 越小，实现后需求总体价值越大，基于 0 - 1 整数规划法的需求选择最优化目标函数表达式为：

$$Max(Min)G(\omega) = \sum_{i=1}^{n} d_i \omega_i \qquad (6-3)$$

综合考虑需求重要性、需求预算、变革风险以及技术成熟度的复杂约束条件，运用 0 - 1 整数规划法，来进行需求选择。

用 $Z = (z_1, z_2, \cdots, z_n)$ 表示需求 $N = (N_1, N_2, \cdots, N_n)$ 的重要性，其中z_n表示第 n 项需求N_n的加权平均重要度，财务共享服务中心需求重要性函数表达式为：

$$\sum_{i=1}^{n} z_i d_i \leq DZ \qquad (6-4)$$

用 $C = \{c_1, c_2, \cdots, c_n\}$ 来表示财务共享服务中心需求 $N = (N_1, N_2, \cdots, N_n)$ 的需求预算，用 TC 来表示需求预算计划。

$$\sum_{i=1}^{n} d_i c_i \leq DC \qquad (6-5)$$

用 $R = \{r_1, r_2, \cdots, r_n\}$ 表示财务共享服务中心需求 $N = (N_1, N_2, \cdots, N_n)$ 的变革风险评分，财务共享服务中心需求的变革风险用 DR 来表示。

$$\sum_{i=1}^{n} d_i t_i \leq DR \qquad (6-6)$$

建设方需要尽可能降低财务共享服务中心建设所面临的变革风险，用目标函数表示为：

$$Min \ RT = \sum_{i=1}^{n} r_i t_i \qquad (6-7)$$

用 $F = \{f_1, f_2, \cdots, f_n\}$ 表示财务共享服务中心需求 $N = (N_1, N_2, \cdots, N_n)$ 的所涉及的技术的成熟度，财务共享服务中心需求的技术成熟度用 DF 来表示。

$$\sum_{i=1}^{n} f_i t_i \leqslant DF \tag{6-8}$$

综上所述，综合需求重要性、需求预算、变革风险以及技术成熟度约束条件，总体需求价值最大化目标下的需求选择问题求解模型为：

$$Max\ G(\omega) = \sum_{i=1}^{n} d_i \omega_i$$

$$\begin{cases} z_1 d_1 + z_2 d_2 + \cdots + z_n d_n \leqslant DZ \\ c_1 d_1 + c_2 d_2 + \cdots + c_n d_n \leqslant DC \\ r_1 d_1 + r_2 d_2 + \cdots + r_n d_n \leqslant DR \\ f_1 d_1 + f_2 d_2 + \cdots + f_n d_n \leqslant DF \\ d_1,\ d_2,\ \cdots,\ d_n = 0\ 或\ 1 \end{cases} \tag{6-9}$$

求解出的需求最优实施组合用 $N^° = (N_1,\ N_2,\ \cdots,\ N_n)$ 表示。

6.3 实施方基于综合评价的需求优先级排序

财务共享服务中心建设需要实施方进行合理的实施规划，确定最优的实施方案。实施方要考虑在需求价值、需求的共享程度、需求之间的协同程度、需求实现的技术复杂程度等影响因素下进行需求优先级排序，以提高产品的交付质量和用户的满意度。因此，确定需求实施优先级是财务共享服务中心实施规划的重要基础。

6.3.1 需求优先级排序的研究框架

从实施方的角度，财务共享服务中心的实施规划包括实施投入、实施内容以及实施成效等内容，需要根据企业财务共享服务中心需求的价值、共享程度、协同程度以及技术实现复杂程度来确定需求优先级。实施方财务共享服务中心需求优先级排序如图 6-4 所示。

实施方财务共享服务中心的需求优先级排序是采用 AHP 层次分析方法，将需求价值、需求的共享程度、需求之间的协同程度、需求实现的技术复杂程度等影响因素作为评价指标进行量化，并在权重确定后进行综合评价，最后根据评价得分确定需求的优先级顺序，其具体流程如图 6-5 所示。

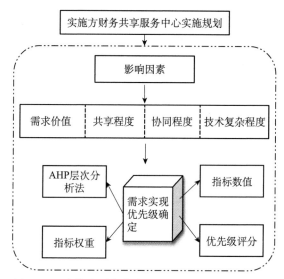

图 6 – 4　实施方财务共享服务中心需求优先级排序

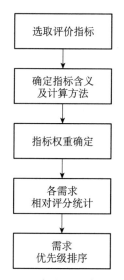

图 6 – 5　基于 AHP 层次分析法的需求优先级评价流程

由图 6 – 5 可知，利用 AHP 层次分析法确定需求实施优先级，首先应该在指标构建原则下选取适宜的评价指标，并且对已确定的各项评价指标赋予相应的权重；其次将指标按照定性与定量分类，定性指标通过专家打分确定数值，定量指标通过公式模型计算出数值；最后将各项指标的数值统计到各模块，并给出相应的评分排序，从而确定需求的优先级。

6.3.2 需求优先级评价指标选择

需求实施优先级的评价指标选择，应该遵循一定的原则，并基于这个原则确定财务共享服务中心需求实施优先级的评价指标。

1. 指标的选择原则。财务共享服务中心需求优先级的评价指标的选择，主要通过分析需求实现影响因素的重要性来确定。通过分析和量化需求实现的影响因素，从而规划财务共享服务中心实施效果更优的需求优先级排序。

（1）目标导向原则。对需求进行优先级排序，其目标就是提高财务共享软件产品的交付质量和用户的满意度。实现高收益低成本且用户满意度的整体效应，需要考虑影响需求优先级的效益型因素和成本型因素，以便作出最优的决策。

（2）系统性原则。财务共享服务中心建设过程中，面向实施方的基于需求优先级排序的实现路径，不能将各项需求孤立地进行评价，而应当对所需实现的所有需求进行整体评价，因此指标的选择应该考虑覆盖各种类型的需求，以及各需求之间的相互关系，以使整个财务共享服务中心需求实施管理作为整体优化目标。

（3）全面性原则。指标的选择要尽可能全面地反映财务共享服务中心各需求的特性，考虑各种影响因素，使得目标决策能够充分地利用这些因素进行衡量。

（4）可靠性原则。指标的选择必须基于足够的、大量的资料分析与总结的基础上，适当结合实际情况的调研与专业的、权威的决策群体意见，给出综合性的分析评价。

（5）可操作性原则。指标的选择应当尽量简化、突出重点，能够把理论与现实相结合，并运用到财务共享服务中心功能评价中。在设计、选择指标时，要考虑评价对象的层次性，尽可能涵盖财务共享服务中心的建设需求，并且评价数据易获得。

（6）定量与定性相结合原则。指标在选取时，需要将定性指标和定量指标结合起来，体现主观和客观相结合原理。对于定性指标要明确指标的定义，按照明确的标准对指标进行打分，恰当反映指标的性质。定量指标也应该具有清楚的概念界定和确定的计算模型或方法。

2. 指标的确定。需求优先级评定的指标按照成本与效益分类，针对定性与定量两种指标性质，结合财务共享服务中心需求实施背景，将指标分为成本与效益两种类型，统一采取量化方式，构建的需求优先级评价指标体系如表 6-7 所示。

表 6-7 需求优先级评价指标体系

序号	指标	指标类型
1	需求价值	效益型
2	需求的共享程度	成本型
3	需求之间的协同程度	效益型
4	需求实现的技术复杂程度	成本型

针对已经确定的需求优先级评价指标：需求价值、需求的共享程度、需求之间的协同程度、需求实现的技术复杂程度，应该明确界定其指标的含义，并在后续计量指标数值避免出现概念混淆、计算有误的情况。对上述评价指标内涵解释如下。

（1）需求价值。财务共享服务中心的实施过程中，需求价值是效益型指标，由需求的效益大小和需求的紧急程度共同决定。采用 1~9 的赋值方法进行打分，分值越高，建设方对该需求的需求价值就相对越大。

需求价值根据建设方的行业属性和建设方建立财务共享服务中心的战略目标决定，因为不同行业的会计核算重点和难点存在差异。基本需求（网络报销、电子影像、总账等）的配置完成就能够帮助建设方实现建设目标。基本需求对该建设方现阶段的需求效益价值较大。相应地，如果功能定位侧重在风险控制，则不仅需要基本需求，更需要预算管理、税务管理、资金管理等需求用来加强集团的管理能力，提高风险防范水平，如此风险控制相关需求的需求效益较大。对于功能定位侧重在价值创造，则更需要智能化需求来达成建设方的期望目标，智能化相关需求的效益更大。通过行业属性和战略定位共同确定需求的效益大小，需求的效益越大，需求价值分值就越大。

（2）需求的共享程度。需求的共享程度是指需求之间相近时段是否存在具有同业态、同性质的同技术、软件配置，即财务共享服务中心实施过程中多项需求之间的协同规模效应。如果能够在需求之间通过技术共享、代码复用、员工沟通交流达成知识共享，则可以形成规模效应下的成本节约。采用 1 ~ 9 的分值进行项目协同程度的评分，分值越小，表明该需求的实现过程中共享程度越低。

（3）需求之间的协同程度。财务共享服务中心的标准化、流程化等一系列特点，导致各项需求之间存在着一定的相关关系，并不是完全相互独立的。假如能够梳理识别财务共享服务中心各个需求关联关系，则可以更好提高产品交付质量和用户满意度。因此在需求的优先级排序中，倾向于协同程度更低的需求优先实施。

对于需求 T_1，…，T_6，假如两种需求 T_1 和 T_6 正相关，那么 T_1 需求的实现有利于需求 T_6 的实现。假如两种需求 T_1 和 T_6 负相关，那么 T_1 需求的实现则会阻碍功能需求 T_6 的实现。假设 P' 为财务共享服务中心功能需求的自相关矩阵，p_{ij}' 为功能需求 T_1 和 T_6 的相关系数。两项功能需求的相关程度表示分别用 1 – 3 – 5 表示 "低" "中" "高" 相关关系，功能需求自身的相关度用 $p_{ij}' = 9$ 表示。把自相关矩阵 P' 归一化得到为 P。财务共享服务中心需求的自相关关系，如表 6 – 8 所示。

表 6 – 8　　　　　　　　　　　　需求相关关系

归一化自相关矩阵值	相关关系
$p_{ij} = 0$	两项功能需求之间不相关
$p_{ij} > 0$	两项功能需求之间正相关
$p_{ij} < 0$	两项功能需求之间负相关

（4）需求实现的技术复杂程度。财务共享服务中心的实施过程中，需求实现的技术复杂程度对实施的难度和工作量大小有着重要的影响，技术复杂程度越低，越应该优先实施，体现越容易越先完成的理念，以提高需求实施的效率和质量。需求实现的技术复杂度计算公式为：

$$TCF = 0.65 + Sum（F_i）\tag{6 – 10}$$

其中，i 表示项目复杂程度因素，包含可靠的备份和还原、分布式处理功能、性能、大量的实用配置、联机数据输入、联机数据操作简单性、在线升级、复杂界面、内部复杂数据处理、代码重复使用性、安装简易性、多重站点（多次安装）、易于修改。F_i 表示该需求中技术复杂度影响因素 i 对实施的影响取值。用 F = $\{f_1, f_2, …, f_n\}$ 表示财务共享服务中心需求 T =

$\{T_1, T_2, \cdots, T_T\}$ 实现的技术复杂度，如表 6 – 9 所示。

表 6 – 9 技术复杂度的影响因素取值

取值（F_i）	对软件系统的影响
0	不存在或者没有影响
1	不显著的影响
2	相当的影响
3	平均的影响
4	显著的影响
5	强大的影响

6.3.3 需求优先级的评定

由专家（项目经理、产品经理、系统开发人员、测试人员、用户方专业技术人员）作为评估者对各个影响因素进行两两比较，得出每个评价准则的相对重要性。将比较矩阵记为 E，E ＝（e_{ij}），矩阵 E 中元素 e_{ij} 表示元素 E_i 与 E_j 的重要程度判断值，比较矩阵 E 具有如下特性：当 i＝j 时，e_{ij} ＝ 1；当 i≠j 时，$e_{ij} \times e_{jt} = 1$。一般采用 9 级标度法来确定比较矩阵中矩阵元素的值，相对重要性判断标准如表 6 – 10 所示。

表 6 – 10 相对重要性判断标准

E_i 与 E_j 同等重要	1	1
E_i 与 E_j 稍微重要	3	1/3
E_i 与 E_j 明显重要	5	1/5
E_i 与 E_j 强烈重要	7	1/7
E_i 与 E_j 绝对重要	9	1/9
E_i 与 E_j 的重要程度介于各等级之间	2、4、6 或 8	1/2、1/4、1/6 或 1/8

根据专家组（包括项目经理、产品经理、系统开发人员、测试人员、用户方专业技术人员）进行打分确定各个准则的相对重要性矩阵，为了保证结果的相对准确性，运用加权算术平均群排序向量法保证专家们尽量一致的观点。

设专家组有 s 个决策者的判断矩阵为 E_1，E_2，E_3，…，E_s，则：

$$E_k = (E_{ijk}), \quad k = 1, 2, 3, \cdots, s \qquad (6-11)$$

群排向量为：

$$w = (w_1, w_2, w_3, \cdots, w_n)^T \qquad (6-12)$$

第 k 个专家的排序向量为：

$$w_k = (w_{1k}, w_{3k}, \cdots, w_{nk})^T \qquad (6-13)$$

采用各个判断矩阵的排序向量的加权算数平均值作为排序向量 $w = (w_1, w_2, w_3, \cdots, w_n)$，$w = (\mu_1 w_{j1}, \mu_2 w_{j2}, \mu_3 w_{j3}, \cdots,)$，$(j = 1, 2, 3, \cdots, n)$ (6-14)

当 $\mu_1 = \mu_2 = \cdots = \mu_s$ 时，

$$\sum_{k=1}^{s} \mu_k = 1 \qquad (6-15)$$

有 $w_j = \dfrac{1}{s}(w_{j1}, w_{j2}, \cdots, w_{jn})^T$，计算的 w_j 的标准差：

$$\delta_j = \sqrt{\frac{1}{s-1}\sum_{k=1}^{s}(w_{jk} - w_i)^2} \qquad (6-16)$$

以及相应的新的矩阵：

$$E = (E_{ij}) = \frac{w_i}{w_j} \qquad (6-17)$$

标准差 δ_{ij}，将信息反馈给评分专家，供进一步打分，直到满意为止。并且对矩阵进行一致性检验来保证其有效性，进而确定矩阵 E 的一致性。

计算 E 的最大特征根 λ_{max}，计算一致性指标 CI，查找相应矩阵随机平均一致性 RI，如表 6-11 所示。

$$\lambda_{max} = \frac{1}{n}\sum_{i=1}^{n}\frac{Ew_i}{w_i} = \frac{1}{n}\sum_{i=1}^{n}\frac{\sum_{i=1}^{n}\frac{E_{ij}w_j}{w_i}}{w_i} \qquad (6-18)$$

$$CI = \frac{\lambda_{max} - n}{n-1} \qquad (6-19)$$

表 6-11　　　　　　　　矩阵随机平均一致性指标 RI

阶数	1	2	3	4	5	6	7	8	9	10	11	12
RI	0	0	0.52	0.89	1.12	1.26	1.36	1.41	1.46	1.49	1.52	1.54

最后，计算一致性比例 CR，CR = CI/RI。 (6 - 20)

当 CR < 0.1，则一致性得到满足，当 CR ≥ 0.1 时，则应当修正判断矩阵直到 CR < 0.1。然后根据各层次的权重，从上至下确定最底层对于最高层的综合权重。

需求优先级评定采用专家打分法确定各影响因素的权重。由于是专家打分，那么对于不同财务共享服务中心建设项目的性质特点，专家可以对影响因素的权重确定有所侧重，以保证方案的可扩展性。

财务共享服务中心的实施总是希望在满足用户需求的同时，能够追求更高的交付质量，即在各种影响因素之间取得平衡，当需求之间的协同程度、需求实现的技术复杂程度最越小，需求价值以及技术成熟度满足用户合理风险下时使得需求的交付质量更高，这样的需求实现次序就是最优的解。

量化需求，并利用计算模型或者计算公式计算准确值，多指标决策中各评价指标存在量纲、单位和数量级上的不同，因此为了便于结果分析，将结果进行标准化处理，论文采用直线法对定量指标进行标准化，具体的方法如下。

设优先级影响因素指标的矩阵：

$$B = (b_{ij})^{m \times n} \quad (6 - 21)$$

则标准化后的矩阵：

$$Z = (z_{ij})^{m \times n} \quad (6 - 22)$$

对于成本型指标：

$$z_{ij} = \frac{\min\limits_{1 \le i \le m} b_{ij}}{b_{ij}} \quad (6 - 23)$$

对于效益型指标：

$$z_{ij} = \frac{b_{ij}}{\max\limits_{1 \le i \le m} b_{ij}} \quad (6 - 24)$$

其中，b_{ij} 表示针对第 i 个影响因素，第 j 个模块的量化值；z_{ij} 表示标准化后的第 i 个影响因素，第 j 个模块的量化值。最后，按照得分排序得到功能模块的需求优先级序列。

6.4 财务共享服务中心的实施策略

财务共享服务中心实施策略是一套由建设方和实施方参与的实施规划体系，其目标是促进复杂约束条件下财务共享服务中心需求的有效实现，进而为后续建设实施提供科学依据，最终实现"分析—规划—实施"的全流程管理。

6.4.1 实施策略的总体框架

财务共享服务中心的实现是一项系统性的工作，需要建立在对企业财务共享服务中心实施管理现状、实施约束条件充分分析和实施的影响因素分析的基础上，从建设方和实施方角度对财务共享服务中心的需求实施进行规划。

建设方分析实施过程中的需求重要性、需求预算、变革风险以及技术成熟度等约束条件下，通过适当的需求选择，实现整体财务共享服务中心需求实施价值的最大化。实施方针对财务共享服务中心的实施规划体现为需求优先级排序，着重考虑需求价值、需求的共享程度、需求之间的协同程度、需求实现的技术复杂程度等影响因素下对需求实施优先顺序的规划。在满足用户需求情况下，构建系统有效的需求实施路径，以提高产品交付质量和用户满意度。

财务共享服务中心实施策略，应将需求的获取作为实施规划的基础，在复杂约束条件下和影响因素下，通过实施规划，实现需求总体价值最大化、实现用户需求满意度最大化，并保证较高的交付质量。财务共享服务中心实施策略如图6-6所示。

6.4.2 实施策略的运作机理

企业与供应商通过实施策略促进财务共享服务中心用户需求实现过程所涉及的每一个环节都处在合理规划、承前启后的一个闭路有效流动的状态当中，能够使财务共享服务中心的建设效果达到较高的用户满意度和交

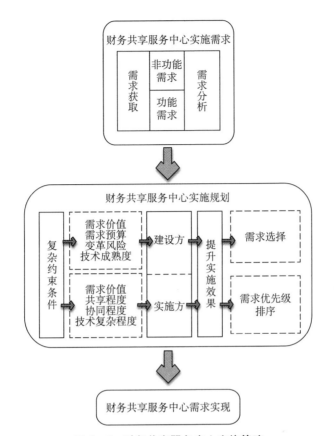

图 6 - 6　财务共享服务中心实施策略

付质量。财务共享服务中心的实施策略，是基于分析、规划与实施的逻辑
运行流程思路，建设方在需求重要性、需求预算、变革风险以及技术成熟
度等约束条件下，通过适当的需求选择，实现财务共享服务中心需求实施
总体价值最大化。实施方针对财务共享服务中心实施规划，是进行需求优
先级排序，着重考虑需求价值、需求的共享程度、需求之间的协同程度、
需求实现的技术复杂程度等影响因素下对需求的实施优先顺序的规划。它
考虑了财务共享服务中心需求实施的重要度，并通过对优先级排序结果进
行分析提出相关的实施建议。财务共享服务中心实施策略的运作机理如图
6 - 7 所示。

　　1. 财务共享服务中心实施需求整合。在财务共享服务中心需求获取的
过程中，通过建设方相关人员与财务共享服务中心实施方的咨询顾问、系
统分析师的交流，把财务共享服务中心的需求传递给系统分析师。系统分

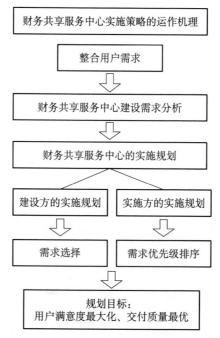

图6-7 财务共享服务中心实施策略的运作机理

析师把从建设方获取的知识传递给软件开发人员，软件开发人员把需求进一步系统、标准化，反馈给建设方和系统分析师，同时接受建设方和系统分析师的反馈，最后进行整合，形成财务共享服务中心的需求文档。

2. 财务共享服务中心建设需求分析。财务共享服务中心实施方需要先对复杂约束条件进行定性或定量的分析，然后在复杂约束条件分析之下寻求全局最优为目标，对财务共享服务中心的实施求出最优解，最终形成决策意见。最优规划理论与方法主要针对在项目工期、成本、项目复杂度、项目协同程度等诸多约束条件下的实现路径优化和项目进度管理等问题进行最优资源调度与配置。

3. 面向建设方的财务共享服务中心实施规划。面向建设方的财务共享服务中心实施规划，主要考虑约束条件与总体需求价值之间的平衡，通过分析复杂约束条件，实现最优化的需求。

财务共享服务中心的实现需要进行整体规划，需要考虑需求重要性、需求预算、变革风险以及技术成熟度的约束与实现难易程度等复杂条件的约束，以实现资源配置最优和需求总体价值最大化的需求选择方案。例如，一些需求实现过程会花费巨大的成本、时间或者占用大量的资源，超过其带来的效益、价值甚微，并且一些需要依托更复杂的技术，所以在实施前需要通过合理的规划来平衡这些利弊的取舍。

4. 面向实施方的财务共享服务中心实施规划。对财务共享服务中心的实施方而言，其需求实施的优先顺序是从财务共享服务中心建设的需求价值、需求的共享程度、需求之间的协同程度、需求实现的技术复杂程度等影响因素进行考量。实施方进行需求实施优先级排序，可以衡量需求的相对重要程度，可以指导需求的实现顺序，有利于指导项目管理。合理地设定优先级，可以解决在资源有限情况下保障交付质量。

利用 AHP 层次分析法，进行需求优先级管理主要指在财务共享服务中心实施过程中，通过对需求价值、需求的共享程度、需求之间的协同程度、需求实现的技术复杂程度的量化来衡量并控制需求优先级顺序，从而实现用户满意度最大化。

6.5　实例研究

6.5.1　研究背景

L 供应商在为 ZJRH 集团提供财务共享服务中心建设服务时，会根据其行业性质、组织架构、业务规模、业务流程以及发展阶段等因素进行财务共享服务软件的功能模块推荐，并根据企业需求进行个性化的定制。ZJRH 集团的财务共享服务软件包含模块的功能越完善和软件质量越高，就越能满足自身需求，进一步提升建设方使用财务共享服务软件的满意度。财务共享服务中心质量、效率越高，越能提高用户满意度，但是由于需求数量较多，实施项目变得庞大，接口配置变得复杂，如果不考虑需求的相互影响和技术的复杂程度，会使得最终建成的财务共享平台系统数据集成混乱，交付质量不高，系统维护的复杂度变大，从而引起项目实施成本增加。因此，需要从 L 供应商和 ZJRH 集团角度进行财务共享服务中心实现路径规划。

6.5.2 ZJRH 集团基于总体价值最大化的需求选择

ZJRH 集团构建基于前期的需求获取与分析、动态评价的基础上，考虑需求的重要性、需求预算、变革风险以及技术成熟度的约束条件下，利用 0—1 整数规划法建立财务共享服务中心需求选择的函数模型，实现财务共享服务中心实施的需求总体价值最大化。

ZJRH 集团财务共享服务中心建设需求按照会计核算、预算管理、税务管理、成本管理、影像管理、档案管理、人力资源管理、风险管理和决策支持九个维度进行分类，如表 6-12 所示。

表 6-12　　　　　　　　ZJRH 集团财务共享服务中心用户需求项

一级需求	二级需求	三级需求	驱动因素
会计核算	费用报销	自动报销申请/审核/审批	业务、技术
	应收管理	应收智能稽核	业务、技术
		应收自动对账	业务、技术
	应付管理	应付自动对账	业务、技术
	账表管理	合并报表自动调整	业务、技术
		自动试算平衡	业务、技术
		自动核对账表	业务、技术
资金管理	票据管理	自动验票入库	业务、技术
		自动背书网银发送	业务、技术
	银企直联	账户余额自动查询	业务、技术
预算管理	预算调整	预算表调整	业务
	预算分析	预算智能报告	业务、技术
税务管理	纳税管理	预缴分配	业务
		自动纳税计算	业务、技术
		自动纳税申报	业务、技术
		自动生成税务底稿	业务、技术
资产管理	资产台账	资产卡片自动填制	业务、技术
	资产处置	报废单自动填制	业务、技术
成本管理	成本计划	计划成本智能考核	业务、技术
		自动编制成本计划报告	业务、技术

续表

一级需求	二级需求	三级需求	驱动因素
影像管理	影像采集	影像智能识别	技术
		影像智能校对	技术
	影像处理	影像智能矫正	技术
		影像智能转换	技术
	影像查询	影像实时浏览	技术
档案管理	档案采集	自动生成会计档案	业务、技术
	档案归档	档案入库保存	业务
		会计档案备份	业务
	档案借阅	档案借阅申请	业务
		档案借阅记录	业务
人力资源管理	员工管理	人员流动智能分析报告	业务、技术
	假勤管理	假勤记录实时看板	业务、技术
		假勤记录智能分析	业务、技术
		薪酬自动审批	业务、技术
		薪酬统计报表自动编制	业务、技术
	绩效管理	绩效考核自动分类	业务、技术
		绩效档案自动归档	业务、技术
		绩效实时看板	业务、技术
风险管理	风险监测	应收风险实时管理	业务、技术
		资金监控预警	业务、技术
		预算风险智能监测	业务、技术
		预算实时预警	业务、技术
		固定资产实时监控	业务、技术
		合同跟踪分析	业务、技术
	风险评估	风险自动智能筛选	业务、技术
		税务风险智能分析	业务、技术
		资产组合风险智能分析	业务、技术
		材料价格风险	业务
		库存风险识别	业务

续表

一级需求	二级需求	三级需求	驱动因素
决策支持	报表分析	智能财务分析	业务、技术
		报表数据可视化展现	业务、技术
	财务预测	财务预测智能计算	业务、技术
		经营业绩智能预测	业务、技术
	成本决策	使用成本智能管控	业务、技术
		成本趋势智能分析	业务、技术
	经营分析	经营资源投入分析	业务
		智能经营报告	业务、技术
	库存控制	库存智能预测	业务、技术
		特殊库存分析	业务
	资产分析	资产运用效率分析	业务
		资产组合投资智能分析	业务、技术
	税务分析	税务筹划分析	业务
		税务智能分析报告	业务、技术
	资金分析	资金运作分析	业务

然后，根据约束条件、满意度函数，构建 ZJRH 集团的财务共享服务中心的需求选择模型：

$$\text{Max } Z = \sum_{i=1}^{7} x_i w_i^T f_i(d_i)$$

$$
\begin{cases}
1.5\, x_1 d_1/5 + 1.8\, x_2 d_2/5 + 1.3 x_3 d_3/5 + 1.2\, x_4 d_4/5 + 2 x_5 d_5/5 + 2.2 x_6 d_6/5 + x_7 d_7/5 \leqslant 20 \\
0.8\, x_1 d_1/5 + 1.2 x_2 d_2/5 + x_3 d_3/5 + 0.9\, x_4 d_4/5 + 1.2 x_5 d_5/5 + 1.3 x_6 d_6/5 + 0.8\, x_7 d_7/5 \leqslant 4 \\
d_1 \geqslant 4;\ d_2 \geqslant 4;\ d_3 \geqslant 4;\ d_4 \geqslant 4;\ d_5 \geqslant 3;\ d_6 \geqslant 3;\ d_7 \geqslant 4 \\
d_1 \geqslant 4;\ d_2 \geqslant 4;\ d_3 \geqslant 4;\ d_4 \geqslant 4;\ d_5 \geqslant 3;\ d_6 \geqslant 3;\ d_7 \geqslant 4 \\
d_1,\ d_2,\ d_3,\ d_4,\ d_5,\ d_6,\ d_7 \leqslant 5 \\
x_1,\ x_2,\ x_3,\ x_4,\ x_5,\ x_6,\ x_7 = 0 \text{ 或 } 1
\end{cases}
$$

基于上述所构建函数模型，运用 Lingo 软件模型对模型进行求解，得到的结果如图 6-8 所示。

根据以上结果，ZJRH 集团基于需求总体价值最大化的需求选择结果如表 6-13 所示。

```
Global optimal solution found.
Objective value:                         50.67000
Objective bound:                         50.67000
Infeasibilities:                          0.000000
Extended solver steps:                           0
Total solver iterations:                         0


            Variable        Value      Reduced Cost
                 X₁       0.000000         16.55461
                 X₂       1.000000         -9.505320
                 X₃       1.000000        -18.24699
                 X₄       0.000000         -1.937780
                 X₅       1.000000         -4.415286
                 X₆       1.000000         -4.485533
                 X₇       1.000000        -14.01687


                 Row  Slack or Surplus   Dual Price
                   1       50.67000        1.000000
                   2       14.20000        0.000000
                   3      0.1000000        0.000000
```

图 6 – 8　ZJRH 集团财务共享服务中心需求选择模型的最优解

表 6 – 13　　　　　ZJRH 集团基于需求总体价值最大化的需求选择结果

一级需求	二级需求	三级需求	驱动因素
会计核算	费用报销	自动报销申请/审核/审批	业务、技术
	应收管理	应收智能稽核	业务、技术
		应收自动对账	业务、技术
	应付管理	应付自动对账	业务、技术
	账表管理	合并报表自动调整	业务、技术
		自动试算平衡	业务、技术
		自动核对账表	业务、技术
资金管理	票据管理	自动验票入库	业务、技术
		自动背书网银发送	业务、技术
	银企直联	账户余额自动查询	业务、技术
预算管理	预算调整	预算表调整	业务
	预算分析	预算智能报告	业务、技术
税务管理	纳税管理	预缴分配	业务
		自动纳税计算	业务、技术
		自动纳税申报	业务、技术
		自动生成税务底稿	业务、技术
资产管理	资产台账	资产卡片自动填制	业务、技术
	资产处置	报废单自动填制	业务、技术

续表

一级需求	二级需求	三级需求	驱动因素
成本管理	成本计划	计划成本智能考核	业务、技术
		自动编制成本计划报告	业务、技术
影像管理	影像采集	影像智能识别	技术
		影像智能校对	技术
	影像处理	影像智能矫正	技术
		影像智能转换	技术
	影像查询	影像实时浏览	技术
档案管理	档案采集	自动生成会计档案	业务、技术
	档案归档	档案入库保存	业务
		会计档案备份	业务
	档案借阅	档案借阅申请	业务
		档案借阅记录	业务
人力资源管理	员工管理	人员流动智能分析报告	业务、技术
	假勤管理	假勤记录实时看板	业务、技术
		假勤记录智能分析	业务、技术
		薪酬自动审批	业务、技术
		薪酬统计报表自动编制	业务、技术
	绩效管理	绩效考核自动分类	业务、技术
		绩效档案自动归档	业务、技术
		绩效实时看板	业务、技术
风险管理	风险监测	应收风险实时管理	业务、技术
		资金监控预警	业务、技术
		预算风险智能监测	业务、技术
		预算实时预警	业务、技术
		固定资产实时监控	业务、技术
		合同跟踪分析	业务、技术
	风险评估	风险自动智能筛选	业务、技术
		税务风险智能分析	业务、技术
		资产组合风险智能分析	业务、技术
		材料价格风险	业务
		库存风险识别	业务

续表

一级需求	二级需求	三级需求	驱动因素
决策支持	报表分析	智能财务分析	业务、技术
		报表数据可视化展现	业务、技术
	财务预测	财务预测智能计算	业务、技术
		经营业绩智能预测	业务、技术
	成本决策	使用成本智能管控	业务、技术
		成本趋势智能分析	业务、技术
	经营分析	经营资源投入分析	业务
		智能经营报告	业务、技术
	库存控制	库存智能预测	业务、技术
		特殊库存分析	业务
	资产分析	资产运用效率分析	业务
		资产组合投资智能分析	业务、技术
	税务分析	税务筹划分析	业务
		税务智能分析报告	业务、技术
	资金分析	资金运作分析	业务

6.5.3　L 供应商财务共享服务中心实施的需求优先级评定

ZJRH 集团在整体实施阶段构建基于需求价值、风险、技术成熟度、预算的多因素的需求优先级评价指标体系，按照优先级评价结果次序安排模块实施。利用 AHP 层次分析方法，建立 L 供应商实施财务共享中心的需求优先级的评价层次模型，递阶层次结构如图 6-9 所示，符号对照如表 6-14 所示。

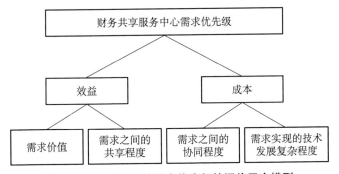

图 6-9　L 供应商的需求优先级的评价层次模型

表 6 – 14 元素、层次符号对照

名称	层次	符号
需求优先级	目标层	A
成本	准则层	B_1
效益	准则层	B_2
需求价值	子准则层	C_1
需求的共享程度	子准则层	C_2
需求之间的协同程度	子准则层	C_3
需求实现的技术发展复杂程度	子准则层	C_4

通过两两比较得出准则层相对于目标层的重要性，确定各因素的相对权重，如表 6 – 15 所示，$W = (0.2579, 0.1548, 0.0857, 0.1042, 0.0528, 0.0688, 0.1495, 0.0710, 0.0553)^T$。

表 6 – 15 相关维度及影响因素权重

一级维度	权重	二级指标	维度内权重	影响因素综合权重
成本 B_1	需求价值 C_1	0.4126	0.6620	0.2731
	需求的共享程度 C_2		0.3380	0.1394
效益 B_2	需求之间的协同程度 C_3	0.5874	0.4446	0.2612
	需求实现的技术发展复杂程度 C_4		0.5554	0.3262

最后根据分析中确定的定量指标的计算模型或公式以及定性指标的打分方法，计算出各需求优先顺序的影响因素指标值，如表 6 – 16 所示。

表 6 – 16 优先级判定中各影响因素的标准化值

模块	影响因素（指标）								
	C_1	C_2	C_3	C_4	C_5	C_6	C_7	C_8	C_9
D_1	1	1	0.86	0.87	0.50	0.22	1	0.63	0.75
D_2	0.89	1	1	0.80	0.63	0.56	0.89	0.63	0.50
D_3	0.56	1	0.96	0.51	0.75	0.89	0.67	0.84	0.60
D_4	0.56	1	0.96	0.51	0.75	0.78	0.67	0.82	0.60
D_5	0.89	0.67	0.71	0.45	0.88	0.33	0.78	0.70	0.50
D_6	1	0.20	0.16	1	1	1	1	1	1
D_7	0.89	0.67	0.83	0.40	1	0.22	0.89	0.56	0.33

（1）需求价值相对权重。

D_1	D_2	D_3	D_4	D_5	D_6	D_7	λmax	W_1
1	1.13	1.80	1.80	1.13	1.00	1.13		0.1731
0.89	1	1.60	1.60	1.00	0.89	1.00		0.1538
0.56	0.63	1	1.00	0.63	0.56	0.63		0.0962
0.56	0.63	1.00	1	0.63	0.56	0.63	7.0163	0.0962
0.89	1.00	1.60	1.60	1	0.89	1.00		0.1538
1.00	1.13	1.80	1.80	1.13	1	1.13		0.1731
0.89	1.00	1.60	1.60	1.00	0.89	1		0.1538

（2）需求的共享程度相对权重。

D_1	D_2	D_3	D_4	D_5	D_6	D_7	λmax	W_8
1	1.00	0.75	0.77	0.90	0.63	1.13		0.1216
1.00	1	0.75	0.77	0.90	0.63	1.13		0.1216
1.33	1.33	1	1.02	1.20	0.84	1.50		0.1622
1.30	1.30	0.98	1	1.17	0.82	1.46	7.0002	0.1583
1.11	1.11	0.83	0.85	1	0.70	1.25		0.1351
1.59	1.59	1.19	1.22	1.43	1	1.79		0.1931
0.89	0.89	0.67	0.68	0.80	0.56	1		0.1081

（3）需求之间的协同程度相对权重。

D_1	D_2	D_3	D_4	D_5	D_6	D_7	λmax	W_4
1	1.09	1.71	1.71	1.93	0.87	2.18		0.1916
0.92	1	1.57	1.57	1.78	0.80	2.00		0.1762
0.59	0.64	1	1.00	1.13	0.51	1.28		0.1123
0.59	0.64	1.00	1	1.13	0.51	1.28	7.0033	0.1123
0.52	0.56	0.88	0.88	1	0.45	1.13		0.0991
1.15	1.25	1.96	1.96	2.22	1	2.50		0.2203
0.46	0.50	0.78	0.78	0.89	0.40	1		0.0881

（4）需求实现的技术发展复杂程度相对权重。

D_1	D_2	D_3	D_4	D_5	D_6	D_7	λmax	W_3
1	0.86	0.90	0.90	1.21	5.52	1.03		0.1571
1.16	1	1.04	1.04	1.40	6.40	1.20		0.1822
1.12	0.96	1	1.00	1.35	6.15	1.15		0.1752
1.12	0.96	1.00	1	1.35	6.15	1.15	7.0018	0.1752
0.83	0.71	0.74	0.74	1	4.57	0.86		0.1301
0.18	0.16	0.16	0.16	0.22	1	0.19		0.0285
0.97	0.83	0.87	0.87	1.17	5.33	1		0.1518

由以上 4 个矩阵的特征向量 W_i（i = 1，2，…，9）以及综合权重向量 W 相乘可以得到结果，如表 6-17 所示。

$$
\begin{bmatrix}
0.1731 & 0.1807 & 0.1571 & 0.1916 & 0.0909 & 0.0556 & 0.1698 & 0.1216 & 0.1751 \\
0.1538 & 0.1807 & 0.1822 & 0.1762 & 0.1136 & 0.1389 & 0.1509 & 0.1216 & 0.1167 \\
0.0962 & 0.1807 & 0.1752 & 0.1123 & 0.1364 & 0.2222 & 0.1132 & 0.1622 & 0.1401 \\
0.0962 & 0.1807 & 0.1752 & 0.1123 & 0.1364 & 0.1944 & 0.1132 & 0.1583 & 0.1401 \\
0.1538 & 0.1205 & 0.1301 & 0.0991 & 0.1591 & 0.0833 & 0.1321 & 0.1351 & 0.1167 \\
0.1731 & 0.0361 & 0.0285 & 0.2203 & 0.1818 & 0.2500 & 0.1698 & 0.1931 & 0.2335 \\
0.1538 & 0.1205 & 0.1518 & 0.0881 & 0.1818 & 0.1818 & 0.1509 & 0.1081 & 0.0778
\end{bmatrix}
\times
\begin{bmatrix}
0.2579 \\
0.1548 \\
0.0857 \\
0.1042 \\
0.0528 \\
0.0688 \\
0.1495 \\
0.0710 \\
0.0553
\end{bmatrix}
$$

= $(0.1584，0.1548.0.1382，0.1360，0.1297，0.1544，0.1285)^T$

表 6-17   需求优先级排序结果

模块	最终综合权重	排序
D_1	0.1584	1
D_2	0.1548	2
D_3	0.1382	4
D_4	0.1360	5
D_5	0.1297	6
D_6	0.1544	3
D_7	0.1285	7

因此，在进行财务共享服务中心需求实施时，需求 D_2 和 D_1 优先实现，D_6 次之，D_4 和 D_3 再次之，最后需求 D_7。用户企业对 D_2 和 D_1 的需求价值大、该需求的共享程度大，优先实施。由此按照评定的需求优先顺序进行，财务共享服务中心的实施能够平衡各因素之间的利弊关系，提高需求实施的效率，保证交付质量且达到最高的用户满意度。

6.5.4　研究结论与相关建议

通过实例研究，清晰地呈现了财务共享服务中心的实现过程中，建设方 ZJRH 集团和实施方 L 供应商如何进行需求实施规划。建设方 ZJRH 集团以价值最大化作为目标导向，通过对影响需求实现的全面分析，构建了需求重要性、需求预算、变革风险以及技术程度等复杂约束条件下的需求选择求解函数模型，然后制定相应的需求选择方案。实施方 L 供应商构建了功能模块实施优先级的评价指标体系，实现了需求优先级系统而科学的管理，在提高交付质量的同时也提高了 ZJRH 集团对 L 供应商的满意度。

随着企业需求的不断变化和发展，以及技术的升级与迭代，影响财务共享服务中心需求选择和需求优先级排序的因素会发生变化，因此在制定具体的财务共享服务中心实现路径规划方案时，要对评价指标进行改进和优化，以适应财务共享服务中心用户需求的动态变化。同时，实施方在对评价指标进行权重确定时，由于打分的主观性较强，这对最后的评价结果影响较大。因此，需要对评价人员进行分析和培训，从而提高评价分数的准确性和提升最后的评价质量。

第 7 章

总结与展望

本章对财务共享服务中心建设与运营管理现状调查情况进行总结，并从财务共享服务中心的需求建模与获取策略、需求评价与优化策略、用户需求与软件模块映射策略、实现路径四个方面对本书研究成果进行总结，并提出了下一步的研究展望。

7.1　总　结

在财政部、国资委等有关部门的引导下，财务共享服务中心建设掀起新的热潮，移动应用、云计算、大数据、RPA、人工智能等新一代信息技术的应用推动企业财务共享服务进入新的发展阶段。企业建设财务共享服务中心可以提高财务工作效率、降低财务风险、节省财务人员和财务成本，实现企业财务数字化转型。

本书针对财务共享服务中心的功能定位和实现路径问题，设计调查问卷对财务共享服务中心建设与运营管理现状进行分析，研究和解决了财务共享服务中心的需求建模与获取策略、需求评价与优化策略、需求与软件模块映射策略和实现路径关键科学问题，建立了财务共享服务中心功能定位与实现路径的基本理论、方法和策略。本书研究总结如下。

1. 财务共享服务中心建设与运营管理现状调查分析总结。根据研究目标，结合研究内容，考虑调查对象填问卷时候的逻辑顺序，设计了调查问卷，以观察企业财务共享服务中心在建设和运营过程中的功能定位及其实现路径。问卷包含五个部分内容，分别是调查对象基本情况、财务共享服务中心的功能定位、财务共享服务中心功能需求获取与评价、财务共享服务中心实现路径和财务共享服务中心需求演化，然后向建设了财务共享服务中心的公司发放问卷，对收到的 83 份有效问卷进行分析，了解财务共享服务中心的基本情况与功能定位、运营管理与需求演化、信息系统与信息技术应用、实现路径与建设实施情况。

2. 财务共享服务中心的需求建模与获取策略研究总结。定义了财务共享服务中心需求的含义，并将需求划分为基本需求和增强需求；引入本体，建立了需求表达模型；考虑财务共享服务中心不同阶段需求的特性，将财务共享服务中心分为初始建设阶段与运营管理阶段，构建了初始建设阶段的需求获取模型和运营管理阶段的需求获取模型。主要研究总结归纳如下。

（1）基于本体的财务共享服务中心需求表达。研究了基于本体的领域需求建模，利用多粒度本体对需求表达进行建模。设计了需求信息本体的概念层次，依据"由抽象到具体"的分析方法将需求信息本体的概念空间划分为元概念层、领域模型层、应用实例层三个层次。通过设计财务共享服务中心的元概念层的概念类层次和财务共享服务中心领域的 IRO 的概念空间，深度分析了财务共享服务中心的需求方、实施方等元概念的派生关系。利用本体进行财务共享服务中心的需求表达大大提升了财务共享服务中心建设方与实施方之间的沟通效率，有效地解决了通信鸿沟的问题，同时让建设方和实施方互相理解对方的知识领域，方便实施方准确地获取建设方需求。

（2）财务共享服务中心初始建设阶段用户需求获取。明确了初始建设阶段用户需求特征，构建了基于 SECI 的初始建设用户需求获取模型，并从流程管理、质量管理、效率管理、信息系统等角度对财务共享服务中心功能需求进行了深入分析，实现了财务共享服务中心初始建设阶段用户需求从隐性到显性，再由显性到隐性的获取过程，并在初始建设阶段需求获取后得到了用户的需求项。利用 SECI 模型对财务共享服务中心初始建设阶段用户需求进行获取，能有效提升财务共享服务中心实施方与建设方协同进行需求获取的效率与质量，从而为建设出用户满意的财务共享服务中心提供有效保障。

（3）财务共享服务中心运营管理阶段用户需求获取。在业务变化与发展、技术升级与迭代的双重驱动下，进行了运营管理过程中用户需求特征分析，构建了基于需求模式的用户需求获取模型。引入需求模式在通用的主题模式中匹配出与自身领域相关的模式，然后在每个主题模式内进行具体的需求模式建模，从而完成财务共享服务中心运营管理阶段用户需求项的获取。通过需求模式获取财务共享服务中心运营管理阶段的需求，为需求实施方与建设方正确理解用户需求提供了参考。同时，有利于解决获取的用户需求不完整和可复用性不高等情况，为后续用户需求的评价奠定了基础。

最后，以 ZJRH 集团的财务共享服务中心需求获取为例进行实例研究，验证了第 3 章提出需求获取模型的可操作性与有效性。

3. 财务共享服务中心需求评价机制与优化策略研究总结。充分考虑业务的变化与拓展、IT 技术的升级与迭代对财务共享服务中心需求的影响，以"需求评价机制设计—需求的初始评价与优化—需求的动态评价与优化"为路线贯穿本研究主题，主要研究总结归纳如下。

（1）从评价主体、评价客体、评价内容和方法四个方面设计了需求评价机制，并从财务共享服务中心初始建设和运营管理两个阶段对评价机制的运行机理进行了详细的分析，完善和丰富了财务共享服务中心需求评价机制的理论研究。

（2）在财务共享服务中心初始建设阶段进行需求的初始评价，根据功能定位并依据需求评价指标的构建原则，从适配性、重要性、正确性以及完整性、紧迫性五个方面设计财务共享服务中心初始建设阶段需求的初始评价指标体系，并引入 CART 决策树算法进行了初始评价，其评价结果对提高需求获取质量，丰富需求评价应用场景提供了理论支撑和实践指导。

（3）在财务共享服务中心运营管理阶段，将其需求细分为功能性需求和非功能性，从正确性、完整性、可用性以及可维护性四个方面构建了功能性需求评价指标体系，同时从可靠性、安全性、时效性、效率、资源占用率五个方面建立了非功能性需求评价指标体系，并引入 SOM 神经网络算法对财务共享服务中心运营管理阶段需求进行动态评价，并根据评价结果有针对性地制定了优化策略，这完善和丰富了需求动态评价理论和方法。

最后，以 ZJRH 集团的财务共享服务中心需求评价为例进行实例研究，验证了第 4 章提出需求评价指标体系和评价方法的可操作性与有效性。

4. 财务共享服务中心需求与软件模块映射策略研究总结。在财务共享服务中心的初始建设阶段和运营管理阶段，如何高效地将用户需求映射转化为软件产品是财务共享软件发展的必要因素。考虑新一代信息技术应用和业务场景，分析了用户需求与软件模块之间的映射关系，构建了财务共享服务中心用户需求到财务共享软件产品的映射模型，同时考虑软件开发的周期和成本等约束条件，提出了财务共享软件产品高效映射策略。主要研究总结归纳如下。

（1）揭示了用户需求与软件模块之间的映射关系。根据需求获取的分类，分别对基本需求、增强需求与财务共享软件产品、子系统、模块之间的映射关系进行分析，总结出了一系列常用的财务共享软件，为财务共享服务中心的建设和运营管理提供参考。

（2）构建了财务共享服务中心用户需求到财务共享软件产品的映射模型。基于质量屋构建了初始建设用户需求与软件模块的静态映射模型，能够将初始建设用户需求转换到软件模块，并考虑软件模块之间的关联性以对软件模块的重要度进行修正。基于三维质量屋构建了运用管理用户需求与软件模块的动态映射模型，不仅能将运营管理过程中出现的新的用户需求映射到软件模块，还能确定运营管理阶段需求变更导致的对软件模块的调整、修改，通过将需求的变更量转换为软件模块的变更量，从而确定软件模块变更项目的工作量，以对项目开发人员进行合理配置，节约软件开发和升级的人工成本。

（3）提出了财务共享软件产品映射策略，并以 L 供应商为例进行实例研究。获取 ZJRH 集团财务共享服务中心费用报销流程的初始建设用户需求和运营管理用户需求，将需求有效地映射到软件模块。根据财务共享服务中心的建设方实际情况，制定需求的映射策略，给财务共享软件产品的实施方为满足用户需求的软件开发、升级提供了科学的解决方案和实施建议，同时对财务共享软件产品开发、更新的项目人员作出最优分配，达到缩短软件变更项目的研发周期和降低研发成本的效果。不仅推动了财务共享服务中心的实践应用，同时也完善了财务共享服务中心在需求映射方面的理论、方法和技术体系，具有实践意义和学术价值。

5. 财务共享服务中心的实现路径研究总结。财务共享服务中心实现路径主要针对财务共享服务中心的需求实施规划，在资源有限以及复杂约束条件下平衡实施内容与实施收益，该研究分别从两个角度，全面讨论了财务共享服务中心实施的不同角色下的实施规划研究，从而发现更加完善的财务共享服务中心实施路径。主要研究总结归纳如下。

（1）提出了面向建设方的复杂约束条件下的财务共享服务中心实施规划。建设方通过对复杂约束条件的分析，并根据一定的数学方法对需求进行取舍，通过合理、科学地规划财务共享服务中心建设需求的选择，以实现需求总体价值最大化。经过分析将需求价值、需求预算、技术成熟度以及变革风险作为复杂约束条件的分析重点，利用0-1整数规划法通过各项利弊的平衡，以需求总体价值最大化为目的进行需求的选择。利用量化的数学方法为财务共享服务中心具体建设时需求取舍的重要参考，实现对财务共享服务中心建设过程系统而科学地管理，使得实施结果的需求总体价值最大化。

（2）提出了面向实施方的需求优先级的财务共享服务中心实施规划。建设方针对需求价值、需求的共享程度、需求之间的协同程度以及需求实现的技术复杂程度等影响因素，建立评价指标体系，并对指标权重进行量化，使用层次分析法进行综合评价，根据评价分数确定需求的优先级排序，以便科学地规划需求的实施先后顺序，从而达到用户满意度最大化以及最优的交付质量，得到财务共享服务中心需求的最优实施方案。

综上所述，本书通过对财务共享服务中心的功能定位和实现路径进行研究，不仅能在学术上推动财务共享服务相关理论的探索与创新，还能为企业建设财务共享服务中心提供实践指导。

7.2 展　望

本书以财务共享服务中心作为研究对象，研究其功能定位与实现路径问题，在综合分析财务共享服务中心功能定位内涵的基础上，分别从初始建设和运营管理两个阶段对需求进行获取、评价和映射进行研究。由于财务共享服务中心本身的复杂性以及研究方法的多学科交叉，本书还存在着一定的不足之处。考虑到研究中的局限性，下面分别从财务共享服务中心的需求建模与获取策略、需求评价机制与优化策略、用户需求与软件模块映射策略、实现路径四个方面提出下一步的研究方向。

1. 财务共享服务中心的需求建模与获取策略研究展望。本书结合企业需求与 IT 技术发展，进行了财务共享服务中心的需求建模与获取策略的研究。随着数智化技术的不断发展和企业业务需求的不断升级，财务共享服务中心的需求获取策略还需不断优化，可以从以下两个方面进一步研究。

（1）在财务共享服务中心用户需求获取方面，随着业务发展和技术升级，财务共享服务中心的建设方的需求并不是一成不变的，而是呈现一种动态变化的过程，而且不同的企业在财务共享方面有不同方面的用户需求。在进行需求获取时，财务共享服务中心实施方应当在不同阶段都关注用户的需求变化，考虑到可以着眼于未来的技术发展和业务变化，将更长远、更广泛的用户需求考虑在内。同时，实施方与建设方应重视双方需求沟通中的信息鸿沟的问题，可以将一些更容易理解的理论或模型应用于财务共享服务中心的需求表达，让建设方和实施方互相理解对方领域知识，从而提高需求获取时的效率和质量。

（2）在财务共享服务中心需求获取模型构建方面，本书虽根据不同阶段的需求提出了不同的需求获取模型，但是这些模型仍然集中在传统的基于规则的模型生成方法和基于机器学习的方法。在经济社会数字化背景下，企业可以尝试将更多的现代信息技术应用于财务共享服务中心的需求获取模型构建中。

2. 财务共享服务中心需求评价机制与优化策略研究展望。随着业务场景和技术应用的变化，企业可能面临的需求越来越多，越来越复杂，这就需要对现有的财务共享服务中心需求评价体系和评价方法进行优化，同理，还可以考虑从以下两个方面进行深入研究。

（1）在财务共享服务中心初始建设阶段，需求的数量较大，可以在评价之前设置相应的过滤机制，直接剔除不合理的需求，减少初始评价过程的工作量。

（2）在财务共享服务中心需求优化方面，可考虑制定约束条件下的需求优化策略，这些约束条件包括交付时间约束、成本约束等，且随着技术和业务的变化，约束条件也会发生变化，应尽可能将新增的约束条件纳入优化配置研究的范围之内。

3. 财务共享服务中心需求与软件模块映射策略研究展望。本书利用质量功能展开和设计结构矩阵构建静态映射模型和动态映射模型，进行财务共享软件产品静态、动态映射研究。分析需求与模块之间、不同模块之间的相关性，计算模块的重要度，确定需求演化对软件模块的影响程度。但如今企业经济业务场景和技术应用不断变化，需求动态演化的程度越来越复杂，因此在进行财务共享软件产品映射管理中，还可以从以下两个方面进行深入研究。

（1）在研究初始建设用户需求到软件模块的映射时，由于各个企业在财务共享领域对产品的需求是存在差异的，因此在将用户需求进行映射时应该考虑其可持续性及个性化的特点。

（2）在研究运营管理需求到软件模块的映射研究时，对于用户需求变更传递到软件模块参数设计的影响时，可以增加两个环节，一个是需求到需求特性的传递，另一个是需求特性到软件模块功能特性的传递，这样可使需求的演化传播研究更为细化全面。

4. 财务共享服务中心的实现路径研究展望。财务共享服务中心实现路径优化兼具阶段性和递进性，企业经营状况的变化，使得财务共享服务中心需求也会有所变化，因此，财务共享服务中心实现路径还可以从以下两个方面进行深入研究。

（1）在进行需求选择和需求优先级排序时，约束条件与影响因素的分析主要基于现阶段情况，未来的财务共享服务中心应该考虑不同行业特性的经营环境与经营特征侧重有所不同，因此不同行业需求选择和需求优先级排序的方式方法还应更具有普适性。

（2）目前基于需求不变前提下考虑需求价值、需求预算、变革风险、技术复杂程度约束下的需求选择，各项复杂约束条件量化为固定不变的数值，但基于财务共享服务中心使用过程的阶段性，随着财务共享服务中心动态演化需求复杂约束条件内容需要切合相应的实际作出调整。

参考文献

［1］毕海天．基于前景理论的银行软件非功能需求评价研究［D］．天津：天津大学，2019．

［2］陈虎，董皓．财务共享服务［M］．北京：中国财政经济出版社，2009．

［3］陈虎，董皓．财务共享服务中心的绩效管理及评估［J］．财务与会计，2008（22）：61－62．

［4］陈世基．软件需求可信性模糊综合评价方法研究［J］．现代计算机（专业版），2014（11）：32－35．

［5］陈学中，盛昭瀚，李文喜．科研项目选择的0－1目标规划模型［J］．科研管理，2005（4）：117－121．

［6］陈翼．"大智移云"时代财务共享服务中心绩效评价体系研究［J］．会计之友，2018（16）：73－78．

［7］陈勇强，宋莹，龚辰．基于分支定界法的多资源约束下项目进度规划［J］．北京理工大学学报（社会科学版），2009，11（4）：41－45．

［8］陈友玲，刘传彪，阳玮琦，等．云制造环境下能力资源需求的评价与选择［J］．计算机集成制造系统，2017，23（10）：2304－2312．

［9］程平，白沂．大数据时代基于财务共享服务模式的费用预算管理［J］．会计之友，2016（22）：128－131．

［10］程平，白沂．基于财务共享服务模式的大数据审计研究［J］．中国注册会计师，2016（5）：84－87，3．

［11］程平，陈珊．大数据时代基于云会计的财务共享服务中心资产管理［J］．会计之友，2017（2）：130－133．

［12］程平，陈珊．基于云会计的财务共享服务中心货币资金管理［J］．会计之友，2016（14）：129－132．

［13］程平，崔纳牟倩．大数据时代基于财务共享服务模式的内部审计
［J］．会计之友，2016（16）：122 – 125.

［14］程平，崔纳牟倩．大数据时代基于财务共享模式的电子会计档案
管理［J］．商业会计，2016（13）：127 – 129.

［15］程平，崔纳牟倩．大数据下基于云会计的财务共享服务中心影像
管理［J］．会计之友，2016（20）：129 – 132.

［16］程平，蔺书东．复杂约束条件下基于可信度的 AIS 可信需求优化
研究［J］．数学的实践与认识，2015，45（12）：23 – 33.

［17］程平，万家盛．大数据时代财务共享服务中心云平台的构建及其
应用［J］．商业会计，2015（15）：20 – 22，85.

［18］程平，万家盛．大数据下基于财务共享服务模式的 A 集团资金管
理［J］．会计之友，2017（6）：121 – 124.

［19］程平，邬蕊竹．云会计环境下 AIS 可信需求演化影响研究［J］．
会计之友，2014（24）：120 – 122.

［20］程平，赵敬兰．大数据时代基于云会计的财务共享服务中心绩效
管理［J］．会计之友，2017（4）：130 – 133.

［21］单洪波，葛滨，于海燕，等．面向概念设计的功能需求获取机制
研究．中国机械工程，2013，24（12）：1605 – 1610

［22］但斌，姚玲，经有国，等．基于本体映射面向模糊用户需求的产
品配置研究［J］．计算机集成制造系统，2010，16（2）：225 – 232.

［23］党建民，王玉珠，叶靖雅，等．基于新常态下功能需求的国家大
学科技园评价指标体系［J］．技术经济，2017，36（5）：19 – 27，89.

［24］范伟达，曾莎洁．资源约束条件下工程项目进度管理方法研究
［J］．建筑经济，2016，37（10）：35 – 38.

［25］冯立杰，李子宇，王金凤，等．面向特征考虑用户创新偏好的软
件产品创新机会识别及优先级分析［J/OL］．计算机集成制造系统：1 – 22
［2021 – 01 – 02］.

［26］耿秀丽，董雪琦．基于云模型和信息公理的产品功能需求配置优
化［J］．计算机集成制造系统，2018，24（1）：154 – 163.

［27］耿秀丽，徐士东，叶春明．顾客需求驱动的产品服务系统模块选
配方法［J］．计算机集成制造系统，2016，22（1）：55 – 61.

［28］耿秀丽，徐士东，叶春明．考虑定量 KANO 分析的产品功能需求优化设计．计算机集成制造系统，2016，22（7）：1645－1653

［29］韩向东，余红燕．智能财务的探索与实践［J］．财务与会计，2018（17）：11－13.

［30］何瑛，周访．我国企业集团实施财务共享服务的关键因素的实证研究［J］．会计研究，2013（10）：59－66.

［31］何昱衡．动态演化下的智能财务共享服务中心功能需求评价研究［D］．重庆：重庆理工大学，2021.

［32］侯芳．服务型制造网络的 Holon 协同需求评价方法［J］．中国管理科学，2019，27（12）：185－196.

［33］侯玉龙．软件性能指标的构建和应用［J］．电子技术与软件工程，2018（8）：55.

［34］胡旭初，王奇娟，张大亮．论顾客价值驱动的需求演化过程［J］．浙江大学学报（人文社会科学版），2006（2）：12－19.

［35］黄东，黄文东．基于 K 均值聚类及模糊支持向量机的海洋灾害风险预警方法［J］．数字技术与应用，2015（2）：86－87.

［36］黄敬猛，毛祖兴．公理化设计功能——结构映射方法研究［J］．中国机械，2015，45（12）：23－33.

［37］姜燕，但斌．MC 模式下基于本体的用户需求映射方法［J］．工业工程，2009，12（2）：19－23.

［38］金燕，杨康．基于用户体验的信息质量评价指标体系研究——从用户认知需求与情感需求角度分析［J］．情报理论与实践，2017，40（2）：97－101.

［39］金芝．基于本体的需求自动获取［J］．计算机学报，2000，23（5）：486－492.

［40］雷鸣，姚立纲，朱祖平．基于灰关联理论的产品概念设计需求映射研究．机械设计，2008，25（10）：11－15.

［41］李安虎，李乔，高飞，等．基于功能聚类映射的应急救援器材箱模块化设计方法［J］．中国工程机械学报，2019，17（6）：523－528，535.

［42］李广森，王筱澜．大数据时代财务共享服务模式的审计研究［J］．会计之友，2016（19）：123－126.

[43] 李建明. YH 公司供应商评价机制的创新优化研究 [D]. 南京：南京邮电大学, 2019.

[44] 李汝鹏, 魏巍, 周峰, 等. 面向用户需求的产品优化设计方法研究 [J]. 中国工程科学, 2018, 20 (2)：33 – 41.

[45] 李赛娟. 基于 ERP 的财务共享服务中心设计 [J]. 财会月刊, 2013 (15)：74 – 75.

[46] 李少武, 毕强, 彭飞. 浅析财务共享模式下内部控制相关体系的构建——以中国电信广东分公司财务共享服务中心为例 [J]. 财务与会计, 2012 (1)：32 – 34.

[47] 李闻一, 朱媛媛, 刘梅玲. 财务共享服务中心服务质量研究 [J]. 会计研究, 2017 (4)：59 – 65, 96.

[48] 刘梅玲, 黄虎, 佟成生, 等. 智能财务的基本框架与建设思路研究 [J]. 会计研究, 2020 (3)：179 – 192.

[49] 刘明朝, 杜洋. 财务共享服务中心建设现状与瓶颈突破——以 D 公司为例 [J]. 财会月刊, 2019 (S1)：88 – 91.

[50] 刘杉杉. H 集团财务共享服务模式下内部控制问题研究 [D]. 石家庄：河北经贸大学, 2022.

[51] 刘煜明, 王卓甫, 张益民. 资源约束下 PERT 施工进度计划的优化 [J]. 水利水电科技进展, 2007 (1)：27 – 30.

[52] 楼伟锋. 基于粗糙集的 ERP 实施过程评价及应用研究 [D]. 成都：成都理工大学, 2012.

[53] 莫磊, 粟梦薇. EVA 业绩评价机制、薪酬支付与公司价值 [J]. 会计之友, 2019 (18)：92 – 98.

[54] 彭兰雅. 智能财务共享服务中心的功能评价与实现路径研究 [D]. 重庆：重庆理工大学, 2021.

[55] 彭秋莲, 杨运东. 高校预算绩效评价机制的构建 [J]. 财会月刊, 2016 (16)：13 – 16.

[56] 荣飞琼, 郭梦飞. 基于大数据的跨境电商平台供应商信用评估研究 [J]. 统计与信息论坛, 2018, 33 (3)：100 – 107.

[57] 阮旻智, 刘任洋. 随机需求下多层级备件的横向转运配置优化模型 [J]. 系统工程理论与实践, 2016, 36 (10)：2689 – 2698.

［58］苏志雄，魏汉英，涂远芬．资源受限下平行工序顺序对优化的 0－1 规划模型［J］．中国管理科学，2019，27（8）：208－216.

［59］孙旻，李婷婷，曾伟，等．基于灰色综合评价法的需求响应项目规划评估［J］．电力系统及其自动化学报，2017，29（12）：97－106.

［60］唐爱国，胡春华．模糊理论在软件项目风险评估中的应用［J］．中南大学学报（自然科学版），2017，48（2）：411－417.

［61］童泽平，李涛，李立杰，等．基于随机需求与产能限制的供应链协同优化研究［J］．计算机科学，2018，45（4）：260－265.

［62］王世安．一种软件构件的非功能属性量化评价方法［J］．计算机时代，2010（7）：39－41.

［63］王兴华．效益成本分析的文化公共服务体系优化选配模型［J］．科技通报，2017，33（10）：261－264.

［64］王映辉，王立福，张世琨．一种软件需求变化追踪方法［J］．电子学报，2006，8（34）：1428－1432.

［65］王映辉，张世琨，刘瑜．基于可达矩阵的软件体系结构演化波及效应分析［J］．软件学报，2004，15（8）：1107－1115.

［66］王致杰，刘珊珊，薛松，等．基于熵权与 TOPSIS 法的需求侧响应资源价值评价模型研究［J］．华东电力，2014，42（1）：143－149.

［67］魏明，黄锦鸽．企业财务共享服务中心能力成熟度评价研究［J］．中国注册会计师，2018（6）：96－99.

［68］文杏梓，罗新星，欧阳军林．复杂不确定环境下可信软件非功能需求评价模型［J］．系统工程学报，2016，31（4）：557－567.

［69］吴领航，王默玉，申晓留，等．基于一卡通大数据的家庭经济困难学生消费预警研究［J］．电子技术与软件工程，2019（14）：182－184.

［70］吴正阳，鲁工圆，马驷．多资源约束下车辆配送路径优化模型［J］．交通运输工程与信息学报，2018，16（1）：122－130.

［71］谢小鹏，林明廷，林英明．火电厂设备状态监测与故障预警的研究［J］．华电技术，2018，40（06）：7－9，14，77.

［72］谢瑶华．财务共享模式下企业会计电子档案管理研究［J］．浙江案，2019（3）：62－63.

［73］熊伟，王晓暾．基于质量功能展开的可信软件需求映射方法

[J]. 浙江大学学报（工学版），2010，44（5）：881－886.

　　[74] 徐尉. 基于多目标蚁群算法的知识型企业人力资源规划模型
[J]. 统计与决策，2014（15）：37－40.

　　[75] 严玉清，李师贤，孙为军，等. 需求演化排队模型研究 [J]. 计
算机科学，2012，39（5）：106－109，123.

　　[76] 尹赤. 智能化背景下财务共享服务中心功能需求动态管理研究
[D]. 重庆：重庆理工大学，2019.

　　[77] 余永亮. 基于业财融合视角的智能财务框架设计 [J]. 财务与会
计，2022（8）：67－69.

　　[78] 袁际军，黄敏镁，杨宏林，等. 客户需求动态变更驱动下的产品配
置更新建模与优化 [J]. 计算机集成制造系统，2018，24（10）：2584－2598.

　　[79] 岳红权，曹敏，张栋，等. 计及需求响应的大用户购电决策优化
模型 [J]. 数学的实践与认识，2020，50（3）：143－153.

　　[80] 曾波. 基于 AHP 的系统模块优先级排序的应用 [J]. 统计与决
策，2007（15）：138.

　　[81] 曾锃，杜林，张利. 基于 BP 模型的电力信息系统非功能需求适
用性评价 [J]. 电子世界，2017（20）：37－38.

　　[82] 湛浩旻，印桂生，王姝音，等. 基于技术组合的软件需求优化
[J]. 系统工程与电子技术，2013，35（7）：1467－1471.

　　[83] 张发明. 一种融合 SOM 与 K－means 算法的动态信用评价方法及
应用 [J]. 运筹与管理，2014，23（6）：186－192.

　　[84] 张芳兰，贾晨茜. 基于用户需求分类与重要度评价的产品创新方
法研究 [J]. 包装工程，2017，38（16）：87－92.

　　[85] 张建辉，王娟，代金玲，等. 基于可拓理论的产品需求—功能映
射方法 [J]. 科学技术与工程，2017，17（24）：166－172.

　　[86] 张晋红. 财务共享服务中心内部绩效测评与改进——基于平衡计
分卡的汉高中国区财务部门绩效分析 [J]. 财会通讯，2014（1）：51－53.

　　[87] 张婧文，刘新慧. 软件研发项目需求复杂性及其与项目风险关系
研究 [J]. 科技管理研究，2015，35（24）：182－185.

　　[88] 张林姿，贾传亮. 基于拓扑路径的网络演化传播机制研究 [J].
计算机科学，2018，45（S2）：308－314，324.

［89］张庆龙．财务共享服务中心建设咨询服务系列专题（九）财务共享服务中心视野中的内部审计职能［J］．中国注册会计师，2012（9）：51-55.

［90］张庆龙，董皓，田春红．财务共享服务中心建设咨询服务系列专题（七）有效实施财务共享服务中心的绩效管理［J］．中国注册会计师，2012（7）：48-52.

［91］张庆龙，田春红．财务共享服务中心会计档案管理［J］．中国注册会计师，2012（8）：57-60.

［92］张瑞君，陈虎，张永冀．企业集团财务共享服务的流程再造关键因素研究——基于中兴通讯集团管理实践［J］．会计研究，2010（7）：57-64，96.

［93］张瑞民，杨达，李娟．基于 WinWin 模型的需求协商工具的设计与开发［J］．计算机工程与设计，2009，30（1）：100-104.

［94］张以文，项涛，郭星，等．基于 SOM 神经网络的服务质量预测［J］．软件学报，2018，29（11）：3388-3399.

［95］张真昊，孙玥璠．基于云的财务共享服务模式设计——以费用报销流程为例［J］．财务与会计，2013（7）：48-49.

［96］赵晓铃，丘云琳．集团财务共享服务模式的效益分析——以中兴通讯为例［J］．会计之友，2014（22）：61-65.

［97］朱蕾．财务云共享模式构建与应用［J］．财会通讯，2018（26）：79-82.

［98］Bargui F, Ben-Abdallab H, Feki J. A domain ontology based approach for analytical requirements elicitation. Proceedings of the 2011 International Conference on Information & Knowledge Engineering（IKE 2011），2011：29-35.

［99］Baxter I D, Pidgeon C W, Software change through design maintenance. International Conference on Software Maintenance, Proceedings, 1997.

［100］Beitz W, Pahl G, Grote K. Engineering design：a systematic approach［J］. Mrs Bulletin, 1996, 71.

［101］Bohner S A, Software change impacts-An evolving perspective. International Conference on Software Maintenance, Proceedings, 2002.

［102］Breech B, Danalis A, Shindo S, et al., Online impact analysis via dynamic compilation technology. 20th Ieee International Conference on Software

Maintenance, Proceedings, 2004.

[103] Changshuai Cao, Yuchan Jin, Huang Huang. Research on the Construction of Enterprise Financial Shared Service Center Based on Cloud Computing [J]. E3S Web of Conferences, 2021: 235.

[104] Chen C Y, She C W, Tang J D, An object-based, attribute-oriented approach for software change impact analysis. 2007 Ieee International Conference on Industrial Engineering and Engineering Management, 2007.

[105] CHOLJ, REALFF M J, LEE J H. Dynamic programming in a heuristically confined state space: a stochastic resource-constrained project scheduling application [J]. Computers and Chemical Engineering, 2004 (28): 1039 – 1058.

[106] Darius Sas, Paris Avgeriou. Quality attribute trade-offs in the embedded systems industry: an exploratory case study [J]. Software Quality Journal, 2019.

[107] Dietmar Winkler, Stefan Biffl. Guest editorial: special section on software quality assurance and quality management [J]. Software Quality Journal, 2014, 22 (3).

[108] Domenico Amalfitano, Vincenzo De Simone, Stefano Scala, Anna Rita Fasolino. A model-driven engineering approach for supporting questionnaire-based gap analysis processes through application lifecycle management systems [J]. Software Quality Journal, 2020: 535 – 565.

[109] Hang Sun, Juan Du. Research on Internal Control Strategy of Group Company under Financial Shared Service Center Model [J]. 5th Annual International Conference on Management, Economics and Social Development (ICMESD 2019), 2019.

[110] Ioan Petrişor, Diana Cozmiuc. Pecific Models for Romanian Companies-Finance Shared Services [J]. Procedia-Social and Behavioral Sciences, 2016: 221.

[111] Malik H, Hassan a E. Supporting Software Evolution Using Adaptive Change Propagation Heuristics [C]. 2008 Ieee International Conference on Software Maintenance, 2008a: 177 – 186, 483.

[112] Matzl K, Hinterhuber H H. How to make product development projects more successful by integrating Kano's model of customer satisfaction into qual-

ity function deployment [J]. Technovation, 1998, 18 (1): 25 –38.

[113] Muhammad Shafiq, Zhihong Tian, Yanbin Sun, Xiaojiang Du, Mohsen Guizani. selection of effective machine learning algorithm and Bot-IoT attacks traffic identification for internet of thingin smart city [J]. Future Generation Computer Systems, 2020: 107.

[114] Naemi Luckner, Geraldine Fitzpatrick, Katharina Werner, Özge Subasi. Setting up and Running a Sharing Service: an Organisational Perspective [J]. Interaction Design and Architecture (s), 2015 (24) .

[115] Philipp Clemens Richter, Rolf Brühl. Shared service center research: A review of the past, present, and future [J]. European Management Journal, 2016, 35 (1) .

[116] Rachel Cooper, Andrew B. Wootton. "Requirements capture": theory and practice [J]. Technovation, 1998, 18 (8/9): 497 –511.

[117] Tang J, Fung R K, Xu B, et al. A new approach to quality function deployment planning with financial consideration [J]. Computers and Operations Research, 2002, 29 (11) : 1447 – 1463.

[118] Turetken O, Elgammal A, van den Heuvel W, et al. Capturing Compliance Requirements: A Pattern-Based Approach [J]. IEEE Software, 2012, 29 (3): 28 –36.

[119] Veryzer R W. Key factors affecting customer evaluation of discontinuous new products [J]. Journal of Product Innovation Management, 1998, 15 (2): 136 – 150.

[120] Xiaojun Chen, Yuan Zhou. Performance Evaluation and Process Optimization of Financial Shared Service Center based on Blockchain Technology [J]. Scientific Journal of Economics and Management Research, 2022, 4 (4) .

[121] Y. Zeng, P. Gu. A science-based approach to product design theory Part II: formulation of design requirements and products [J]. Robotics and Computer Integrated Manufacturing, 1999, 15 : 341 –352.

附录　课题调查问卷

尊敬的女士/先生：

您好！

企业在战略发展过程中，受降低成本、提高效率、风险控制和财务转型等因素的驱动，会大力推进企业财务共享服务中心建设。财务共享服务中心作为一种新型的财务管理模式，叠加移动互联网、云计算、大数据、人工智能、RPA 等新一代信息技术，会对企业的组织结构、财务流程、会计核算、会计管理与决策带来深刻的影响和挑战。企业财务共享服务中心的功能如何定位，如何演化，如何实施，成为我们需要重点关注的研究问题。

为此，重庆理工大学会计学院副院长程平教授携手 CABD 研究生团队，基于主持的国家社会科学基金项目"财务共享服务中心的功能定位与实现路径"，设计了本问卷并诚邀您参与调查，主要目的是了解企业财务共享服务中心在功能定位、功能需求与评价、实现路径和演化需求等方面的现状，同时也为国家社会科学基金项目研究报告撰写提供客观、真实的调查数据支持。

填写调查问卷需要占用您 10～15 分钟的时间。我们承诺，本次调查问卷只作为课题组内部研究参考，绝不会对外泄露填报人任何信息。

衷心感谢您的大力支持和积极参与！

第一部分：调研对象基本情况

1. 请问贵公司的性质是什么？［单选题］ ＊
○ 国有企业

○ 民营企业

○ 合资企业

○ 外商独资企业

○ 其他，请说明＿＿＿＿＿＿＿＿＿＿ *

2. 请问贵公司所属行业是什么？［单选题］ *

○ 建筑业

○ 制造业

○ 信息传输、软件和信息技术服务业

○ 交通运输、仓储和邮政业

○ 金融业

○ 房地产业

○ 租赁和商务服务业

○ 科学研究和技术服务业

○ 其他行业，请说明＿＿＿＿＿＿＿＿＿ *

3. 请问贵公司是否为上市公司？［单选题］ *

○ 是

○ 否

4. 请问贵公司的收入规模是多少？［单选题］ *

○ 50 亿元以下

○ 50 亿 ~ 100 亿元

○ 100 亿 ~ 500 亿元

○ 500 亿 ~ 1 000 亿元

○ 1 000 亿 ~ 2 000 亿元

○ 2 000 亿 – 5 000 亿元

○ 5 000 亿元以上

5. 请问贵公司的财务共享服务中心运营时间为多久？［单选题］ *

○ 1 年以内（含 1 年）

○ 1 ~ 3 年（含 3 年）

○ 3 ~ 5 年（含 5 年）

○ 5 ~ 10 年（含 10 年）

○ 10 年以上

6. 请问您的职位层级是什么？［单选题］＊

○ 高级管理人员（财务副总、财务总监、财务共享服务中心负责人等）

○ 管理人员（共享中心的各个部门的负责人，如组长、部长、经理等）

○ 一线人员（稽核、核算、结算、运营等岗位）

○ 其他人员

7. 目前贵公司财务共享服务中心的人员规模为多少人？［单选题］＊

○100 人及以下

○ 101～200 人

○ 201～300 人

○ 301～500 人

○ 501～1 000 人

○ 1 000 人以上

第二部分：财务共享服务中心功能定位

1. 贵公司建立财务共享服务中心的战略目标是什么？［排序题，请在中括号内依次填入数字］＊

［　］公司的后台职能平台，提高资源的配置效率，以降低成本

［　］财务转型的基础，提升财务对企业经营管理的支持

［　］总部财务管控的方式，加强对分支机构运营情况的管控

［　］数据中心，沉淀公司数据，利用数据支持企业的经营决策分析，为企业创造价值

［　］人才中心，储备并培养全球化财务管理人才，成为战略财务和业务财务的人才"资源池"

［　］其他，请说明

2. 根据贵公司对财务共享服务中心的需求，财务共享服务中心的功能定位于以下哪些方面？（按重要性进行先后选择）［排序题，请在中括号内依次填入数字］＊

［　］会计服务

［　］价值创造

［ ］风险控制

［ ］其他，请说明

3. 请问贵公司财务共享服务中心目前提供了哪些会计服务？［多选题］*

□ 费用报销

□ 会计核算

□ 资金结算

□ 影像管理

□ 税务管理

□ 档案管理

4. 关于贵公司财务共享服务中心的风险控制功能定位，目前主要控制了哪些风险？［多选题］*

□ 报销风险

□ 支付风险

□ 交易风险（经济业务等方面）

□ 税务风险

□ 业务流程风险（业务流程变更、缺失等）

□ 信息系统风险

□ 数据风险

5. 目前，贵公司财务共享服务中心在价值创造功能定位方面体现了哪些价值？［多选题］*

□ 战略转型

□ 支撑管理会计

□ 业务拓展（如金融业务）

□ 降本增效

□ 人尽其才

□ 其他，请说明_____ *

6. 贵公司的财务共享服务中心有哪些财务相关的信息系统？［多选题］*

□ 会计核算系统

□ 资金管理系统

☐ 网上报账系统

☐ 预算管理系统

☐ 税务管理系统

☐ 资产管理系

☐ 影像管理系统

☐ 档案管理系统

☐ 其他，请说明_____ *

7. 只有多种系统共同协作，才会更好更全面地支持您公司业务的运营，请问贵公司的财务共享服务中心有哪些业务信息系统？［多选题］ *

☐ 合同履约系统

☐ 项目管理系统

☐ 运营管理系统

☐ 人力资源管理系统

☐ 综合业务管理系统

☐ 一体化办公协同系统

☐ 供应链系统

☐ 其他，请说明_____ *

8. 请问贵公司的财务共享服务中心系统在费用报销、应收应付、资金管理等核心业务的处理上满足程度如何？［单选题］ *

○ 完全不满足

○ 不满足

○ 一般

○ 满足

○ 完全满足

9. 请问贵公司的财务共享服务中心实施之前，是否已具备成熟的 ERP 系统或拥有功能完善的 IT 信息化应用平台？［单选题］ *

○ 完全不具备

○ 基本不具备

○ 一般具备

○ 较大程度具备

○ 完全具备

10. 贵公司的财务共享服务中心系统是否存在未使用的功能模块？［单选题］＊

○ 存在完全未使用的模块

○ 使用了小部分模块

○ 使用了一半的模块

○ 使用了大部分模块

○ 使用全部模块

11. 请问您在使用财务共享服务中心的其中一个功能模块时，是否会频繁切换至其他模块？［单选题］＊

○ 非常频繁

○ 频繁

○ 一般

○ 较少切换

○ 完全不切换

12. 请问您在使用财务共享服务中心信息系统过程中，系统的响应时间怎么样？［单选题］＊

○ 非常快

○ 较快

○ 一般

○ 较慢

○ 非常慢

13. 请问您在使用财务共享服务中心时，是否存在较多的付款错误数量、扫描单据不符合清晰度、内容识别不准确等系统质量问题？［单选题］＊

○ 非常多

○ 较多

○ 一般

○ 较少

○ 非常少

14. 请问贵公司财务共享服务中心以后，处理业务的时间是否得到缩短？［单选题］＊

○ 处理时间增加了 1 倍以上

○ 处理时间增加了一点点

○ 处理时间无变化

○ 处理时间缩短了一点点

○ 处理时间缩短了一半以上

15. 请问贵公司的财务共享服务中心是否发生过信息泄露？［单选题］ ＊

○ 是

○ 否

16. 请问贵公司的财务共享服务中心是否发生过因为系统故障导致的数据异常、缺失或冗余？［单选题］ ＊

○ 是

○ 否

第三部分：财务共享服务中心功能需求获取与评价

一、功能需求获取方面

1. 请问贵公司财务共享服务中心所设定的制度、流程是否足够清晰明确？［单选题］ ＊

○ 制度、流程非常清晰明确且执行到位

○ 制度、流程比较清晰明确且基本可以执行到位

○ 制度、流程等不够清晰，存在部分漏洞或模糊地带

○ 制度、流程不清晰明确，甚至影响了我的工作效率

2. 请问您认为影响财务共享服务中心系统工作时效和及时性的因素有哪些？［排序题，请在中括号内依次填入数字］ ＊

［   ］单位单据审批流程链较长

［   ］单据在本单位留置时间过长

［   ］单据在共享任务池留置时间过长

［   ］运维人员长时间未处理单据报错

［   ］其他，请说明

3. 请问您认为贵公司财务共享服务中心的哪些方面需要改进？［多
选题］ *

　　□ 扩展功能
　　□ 处理效率
　　□ 工作质量
　　□ 操作易用性
　　□ 响应速度
　　□ 对数据的利用与分析
　　□ 其他，请说明_____ *

4. 请问您认为与贵公司财务共享服务中心相关的会计服务中有哪些方
面需要改善？［多选题］ *

　　□ 影像管理
　　□ 资金结算
　　□ 会计核算
　　□ 费用报销
　　□ 档案管理
　　□ 税务管理
　　□ 其他，请说明_____ *

5. 请问与贵公司财务共享服务中心相关的哪些工作需要提高准确性？
［多选题］ *

　　□ 费用类单据
　　□ 合同类审单据
　　□ 薪酬类单据
　　□ 资产类单据
　　□ 应收类单据
　　□ 应付类单据
　　□ 其他，请说明_____ *

6. 请问贵公司在财务共享服务中心的管理工作中有哪些难点？［排序
题，请在中括号内依次填入数字］ *

　　［　］ 与业务脱节
　　［　］ 下级单位难以管控

［　］数据分析与预测

［　］高效执行

［　］财务基础工作量大

［　］人员管理

［　］其他，请说明

7. 以下哪些信息技术已经用于贵公司的财务共享服务中心？［多选题］*

□ OCR（光学字符识别技术）

□ NLP（自然语言处理技术）

□ RPA（机器人流程自动化技术）

□ 大数据分析技术

□ 数据可视化技术

□ 机器学习

□ 区块链

□ 云计算

□ 其他，请说明＿＿＿＿＿＿＿＿＿ *

8. 请问贵公司财务共享服务中心是否已经部署了 RPA（机器人流程自动化）？［单选题］*

○ 是

○ 否（请跳至"二、功能需求评价方面"第 1 题）

9. 请问贵公司的财务共享服务中心已在哪些业务上应用了 RPA（机器人流程自动化）？［多选题］*

□ 费用报销

□ 应收应付

□ 固定资产管理

□ 总账管理

□ 税务管理

□ 账表核对

□ 报表自动化

□ 其他，请说明＿＿＿＿＿＿＿＿＿ *

10. 请问贵公司财务共享服务中心部署的 RPA（机器人流程自动化）解

决了哪些痛点？［排序题，请在中括号内依次填入数字］ *

[　] 提高效率

[　] 降低成本

[　] 减少错误率

[　] 提高合规性

[　] 其他，请说明

11. 请问贵公司在财务共享服务中心应用的 RPA（机器人流程自动化）技术，有哪些方面未达到您的预期？［多选题］ *

□ 操作灵活度

□ 应用广泛度

□ 使用流畅度

□ 工作协同度

□ 通用性

□ 其他，请说明_____ *

二、功能需求评价方面

1. 贵公司是否对财务共享服务中心功能需求进行了评价？［单选题］ *

○ 是

○ 否（请跳至第 4 题）

2. 贵公司目前从哪几个方面对财务共享服务中心功能需求进行了评价？［多选题］ *

□ 技术环境（技术适用性、技术成熟性等）

□ 业务流程（流程标准化、流程自动化）

□ 功能质量（匹配准确率、扫描准确率等）

□ 功能效率（处理时间等）

□ 其他，请说明_____ *

3. 针对财务共享服务中心功能需求变化，贵公司目前主要从哪三个方面进行改进？［排序题，请在中括号内依次填入数字］ *

[　] 技术环境（技术适用性、技术成熟性等）

[　] 业务流程（流程标准化、流程自动化）

[　] 功能质量（匹配准确率、扫描准确率等）

[ ] 功能效率（处理时间等）

[ ] 其他，请说明

4. 您怎样评价贵公司财务共享服务中心费用报销业务的报账流程？[单选题] *

○ 非常顺畅，标准统一，一次性通过

○ 基本顺畅，标准基本统一，有时需要 1~2 次退回重新提交审批

○ 不顺畅，标准不统一，经常需要 3 次以上退回重新提交审批

○ 个别业务报账流程非常不顺畅，标准严重不统一

5. 您对贵公司财务共享服务中心人员的审单时效是否满意？[单选题] *

○ 非常满意，单据处理迅速、准确，沟通顺畅

○ 基本满意，单据处理仍能进一步加强

○ 不满意，单据处理时效较慢，影响了工作效率

○ 十分不满意，单据处理时效慢，严重影响工作效率

6. 贵公司财务共享服务中心的业务风险管控处于较高水平。 [单选题] *

○ 同意（业务流程中的风险控制点完善，风险管控十分有效）

○ 中立

○ 不同意（共享中心业务流程中许多风险难以管控）

7. 财务共享服务中心的以下性能中，您认为哪三项对您工作效率影响较大。[排序题，请在中括号内依次填入数字] *

[ ] 与其他系统信息的互通性

[ ] 系统处理速度

[ ] 操作易用性

[ ] 系统灵活性

[ ] 界面友好性

第四部分：财务共享服务中心实现路径

1. 如果要实现财务共享服务中心的功能优化，需要考虑哪些因素？[排

序题，请在中括号内依次填入数字〕*

　　〔　〕预算超支

　　〔　〕开发时间

　　〔　〕技术成熟度

　　〔　〕开发人员技术能力

　　〔　〕其他，请说明

　　2. 您认为以下哪项会对财务共享服务中心的功能实现产生阻碍？〔排序题，请在中括号内依次填入数字〕*

　　〔　〕优化成本

　　〔　〕建设时间

　　〔　〕系统环境

　　〔　〕专业技术能力

　　〔　〕管理水平

　　〔　〕其他，请说明

　　3. 如果对财务共享服务中心的财务模块进行优化，您认为应该考虑以下哪些因素？〔排序题，请在中括号内依次填入数字〕*

　　〔　〕风险管控效益

　　〔　〕业务管理效益

　　〔　〕实施优化所需时间

　　〔　〕人力成本

　　〔　〕资金成本

　　〔　〕其他，请说明

　　4. 请问在财务共享服务中心实施项目的过程中，以下哪些风险需要多加防范？〔排序题，请在中括号内依次填入数字〕*

　　〔　〕验收达不到预定要求

　　〔　〕超出预定的验收时间

　　〔　〕实施成本超支

　　〔　〕没有能够支持优化实施的软件环境

　　〔　〕其他，请说明

第五部分：财务共享服务中心演化需求

1. 贵公司财务共享服务中心功能需求变化的驱动因素是什么？［排序题，请在中括号内依次填入数字］*

［　］业务驱动

［　］技术驱动

［　］结果驱动

［　］其他，请说明

2. 当功能需求发生改变时，贵公司财务共享服务中心的更新速度怎么样？［单选题］*

○ 快（能够马上更新系统以适应新的需求）

○ 一般（需要一定的时间更新系统以适应新的需求）

○ 慢（需要很长的时间更新系统以适应新的需求）

○ 暂时未进行更新

3. 当贵公司的财务共享服务中心系统的功能需求发生变化后，相应跟着更新的软件模块功能是否能满足新的需求？［单选题］*

○ 完全能满足新需求

○ 能满足一部分新需求

○ 完全不能满足新需求

○ 暂时未进行更新

4. 您认为贵公司哪些方面改善可以更好地支持财务共享服务中心的优化改进？［排序题，请在中括号内依次填入数字］*

［　］信息系统

［　］人力资源

［　］知识培训

［　］财务制度

［　］其他，请说明

5. 结合您的经验，您觉得 RPA 在财务共享服务中心的应用中哪些方面需要进一步完善？［排序题，请在中括号内依次填入数字］*

［　］ 图像识别能力

［　］ 识别和应对突发状况的能力

［　］ 流程的通用性

［　］ 应用稳定性

［　］ 在财务工作流程改善上的贡献度

［　］ 深度学习能力

［　］ 其他，请说明

\#. 请问您从什么渠道获取这份调查问卷的？［单选题］ ＊

○ 微博、微信公众号、微信群、QQ 群等

○ 重庆理工大学程平教授

○ 高校老师、领导或朋友等推荐，推荐人姓名＿＿＿＿＿＿＿＿＿ ＊

○ 软件企业推荐，推荐单位名称＿＿＿＿＿＿＿＿ ＊

请问您可以留下您的联系方式吗？（我们会严格保密）［填空题］

＿＿＿＿＿＿＿＿＿＿＿＿＿＿＿＿＿＿＿＿＿＿＿＿＿＿

您的姓名：［填空题］

＿＿＿＿＿＿＿＿＿＿＿＿＿＿＿＿＿＿＿＿＿＿＿＿＿＿

您的单位：［填空题］

＿＿＿＿＿＿＿＿＿＿＿＿＿＿＿＿＿＿＿＿＿＿＿＿＿＿